中国风俗图志

武汉卷

刘晓峰
李北山　总主编

萧继石　绘
严昌洪　著

为民族风俗的传续留念
为中华文化的复兴存根

泰山出版社·济南·

出版说明

随着当代中国工业化和城市化进程的加快，人们的生活方式快速变迁，乡风民俗正迅速发生变异甚至消亡。对各地的乡风民俗的抢救性记录，成为当务之急。

乡风民俗作为人们生产生活过程中所形成的一种文化现象，因其非物质性，甚至非口头性，只能以文本、影像等形式加以记录保存，但都有其局限性。因此，泰山出版社另辟蹊径，以“图绘+文献”的形式整理、记录、保存中国各地的乡风民俗。

在中国，风俗画有着悠久的历史，是劳动人民热爱生活、记录生活而进行的艺术上的创造。从石器时代的岩画到汉代的画像砖，都以图绘的形式记录了人们的日常生活。到唐宋时期，风俗画的制作已蔚然成风，如北宋张择端的《清明上河图》、南宋李嵩的《货郎图》，不仅形象生动地展示了当时的风俗人情、衣冠服制等，还让画作本身成为艺术珍品。当代风俗画在传统风俗画的基础上，将中国画艺术和民俗主题进一步融合，其作品形式直观、鲜活，充满了艺术的魅力和民间的气息，以特有的艺术形式为我们呈现了正在加速消亡的乡风民俗。

泰山出版社历时四年推出《中国风俗图志》系列丛书，以图绘形式尽可能系统地整理、记录、保存中国各地的风俗，与文字记录、研究形成互补和互释，以“左图右史”的形式加以呈现。二者相辅相成，不仅描述“民俗是什么”，更探究“民俗为什么”；既希望让读者能够记住乡愁，也力图为中国的民俗学研究提供另一种文本。此次推出的《中国风俗图志》系列第一辑共11卷，分别为：“北京卷”“武汉卷”“关中卷”“杭州卷”“苏州卷”“常州卷”“石家庄卷”“吉林卷”“中山卷”“川西卷”及“鲁西南卷”。本卷为“武汉卷”，由萧继石先生绘图并撰写图注文字，严昌洪教授撰稿。

为民族风俗的传续留念！为中华文化的复兴存根！这就是《中国风俗图志》这套大型丛书的目的。

总序

风俗和图画，是我们每个人从小就熟悉的两件事物。

以风俗说，人以群居，则事有相沿，浸浸自然成俗。习俗积久，其数必夥，自有聪明之士，兰心蕙目，笔墨志之。是故汉有风俗之书，梁有荆楚之记。以图画说，巧拙不论，凡人从小到大，皆有笔画彩涂的经历。而人最喜欢摹画者，当然是身边诸物，是自己觉得最有意思的生活细节。所以风俗入画，在中国早见于岩画、画像石与壁画之中。今天博物馆留存的中国历代画作，如《清明上河图》这样专以风俗为题材的亦多有。进一步说到文字与图的结合，同样历史久远。流传至今的《山海经》，就是为已经遗失的《山海图》写下的注释文字。而以图插于书中，则更为中西书肆业者共同热心做的事情。因为图文有相互参映之效，所以鲁迅称赞之“不但有趣，且亦有益”。但举目书林，像本套书这样大规模将图画与笔墨并举而为地方风俗图志者，可谓前所未有。《中国风俗图志》将艺术之美与文字之美紧密地结合在一起，擎优美文字介绍一地之风俗，嵌艺术彩墨展示一方之风化，诚可谓具有极高艺术价值，展示深湛审美意蕴，足以令人耳目一新。

总序

风俗就是我们的生活。每一个人从出生那一天起，就身处于某一地风俗之中，并不知不觉被此地风俗浸染，美之乐之。但是，我们所在的，是一个充满变化的世界。改革开放四十多年，中国的变化天翻地覆。一方面，是城市的巨变。北京，如大饼般一环一环摊开，成为拥有七环的巨大首都；深圳，由南方一个小小渔村变身成千万人生活的现代化城市；在我们注意不到的地方，都市在扩展，以亿万计的人口在涌进城市。另一方面，是农村的巨变。在我们不知不觉间，已经有很多个拥有几百年历史的村庄从这个世界消失。而依旧存在的村庄，也都已经不是旧日的面貌。

1924年，有一位名叫青木正儿的日本学者来到中国。时当中华民国成立刚十几年，社会上新文化运动狂飙突进，正是传统中国社会风俗日渐磨灭的年代。这位研究中国古代戏曲小说的学者走遍中国大江南北，像中国老百姓一样赶早市、逛戏园、进茶馆，漫步北京大小胡同，他发现中国依旧保留有许多古老的风俗。有感于中国社会变化之迅速，他列纲目，选对象，请画师，想为后世留下一部《中国风俗志》，可惜后来由于财力不足，只请中国画师刘延年画下了一百余幅描绘北京风俗的彩图。后有内田道夫教授博采众书，为这些图做了解说，这就是日本平凡社出版的《北京民俗图谱》。二十世纪六十年代老舍睹图，惊叹书中所画许多风俗已不可见。今天的中国，依然行驶在一条迅疾发展的高速路上，城市的扩张、生活空间的巨变，使许多旧日风俗变化甚至消失得无处追寻。风俗承载着我们成长的记忆，但遗憾的是，这些记忆在一天天地消失。时移世迁，令人无限叹惋。有幸的是，我们生活中，有这样一群学者，他们坚持着一笔一画地记录下了故乡点点滴滴的风俗；有这样一群画家，他们用画笔追寻乡土记忆，留下精彩纷呈的风俗图画；更有泰山出版社这样的“及时雨”，把这两群人的力量汇聚到一起。群贤毕力，就是为给亲爱的读者们呈现这套《中国风俗图志》。

神州赤县，江山代有奇文出；彩墨华章，且留胜迹待追寻。相信假以数年，《中国风俗图志》中所记所画，一定会成为留给未来的宝贵精神文化财富。

是为序。

刘晓峰
中国民俗学会副会长
清华大学人文学院历史系教授
2019年12月12日 清华园

劉記早點

目录

图录

图录

私塾

旧时，私塾很普遍。有钱人家，自家孩子和亲友孩子满三五人便可请一位先生，在厢房开课堂上课。一般人家子弟，就近找一家私塾上学。笔者也读过几天私塾，启蒙读的线装本的“四书五经”，没有标点，先生（老师）用红笔在上面像苍蝇下蛋似的圈圈点点断句，然后我们照先生教的读音，念经般摇头晃脑唱读。七八岁的小孩不懂所读，只好把“之乎也者”“呜呼矣鄗哉”之类的词串起来搞笑。先生的桌子上一杆乌黑发光的戒尺永远放在手边，对付淘气的孩子主要靠两招：罚站、用戒尺打手心。

第一章　武汉风俗形成的背景及特点

在武汉，一百多年前，发生了一个伟大的历史事件，对湖北乃至全国的社会风俗演变产生了重要影响，那就是辛亥革命武昌起义。

首先爆发于武汉的辛亥革命，作为20世纪中国三次历史性巨变的第一次，推翻了君主专制制度，建立了中华民国，推行了一系列有利于政治革新与经济发展的政策法令，推动了中国社会的变革，使民国初年的社会结构、社会观念和社会生活等都发生了巨大变化，开启了中国社会进步的闸门，同时也促进了社会风俗的飚转豹变。

在中国革命先行者孙中山先生指引下，埋头苦干、长期经营的湖北革命党人在清宣统三年，即农历辛亥年的八月十九日，公历1911年10月10日，打响了辛亥革命的第一枪，人们称之为“武昌起义”。

武昌起义后成立的湖北军政府颁布了一系列法令，推行了一系列政策，反映出这是一个革命的政府。湖北军政府首先做的一件事就是宣布革命宗旨，号召全国响应。它发布一系列文告、檄文，声讨清政府对内实行民族压迫的残暴统治和对外屈膝投降的卖国罪行，宣传反清革命的正义性和必要性，号召全国人民迅速响应，脱离清廷，拯同胞于水火，复大汉之山河，建立共和政体，建设富强国家。与此同时，湖北军政府在政治、经济、文化教育方面采取了一系列革命措施，其中很重要的一个方面就是改良社会风尚。

反对满洲“辫发胡服”，曾是革命派动员民众投入反清革命的重要武器。湖北军政府成立伊始，仍然使用此口号，并随即发布禁止蓄辫文。1911年11月上旬，又由都督府传谕军、警、政三界人士，一律除去发辫，否则革职。有几天还特设检查哨于各城门，蓄辫者不得出入。一开始，对平民采取比较宽容的政策，故一般商民仍多观望，直至1912年1月3日始严令警士干涉，勒令平民剪发。不到三天，武汉之“头颅一新”，各属民众也纷纷剪辫。通过一段时间的努力，在这首义之区里，虽然不能说辫子已经全部被剪干净，但像绅士宓昌墀那样不

肯剪辫，挽高髻于头顶，自号“魋结老道”的人确实很少了。当时一些人对剪辫存观望之心，是因为害怕剪辫后需改穿洋服。为此，军政府采取“民间服饰，暂时听其自便”的原则，并于1912年1月1日由内务部发布告示，宣布“国民服制，除满清官服应行禁止穿戴外，一切便服悉暂照旧，以节经费而便商民”。此后剪辫之人才渐多。

中国古代改朝换代，以新王朝取代旧王朝，往往要“改正朔”；辛亥革命以共和政体取代专制政体，更不能沿袭旧的纪年。故革命派在革命准备阶段就已创制黄帝纪年法，以其代替清朝年号。湖北军政府成立后，在布告、文书和机关报上一律改用黄帝纪年法，以当年（1911年）为“黄帝纪元四千六百零九年”，月、日仍用旧历。作为过渡，在新编印的“中华民国黄帝纪元新历”中“仿照泰西各国月份牌式将西历附载”。后临时大总统孙中山通电改用阳历，并以“中华民国”国号纪元，湖北军政府立即通谕“军民人等一体遵照毋违”。

湖北军政府内务部于1911年10月19日发布了关于妇女放足的告示，其文为：

照得缠足恶习，有碍女界卫生。躯体受损尤大，关系种族匪轻。现值民国成立，理宜百度维新。男子一律剪发，女子亦宜振兴。况为国民之母，岂可玩忽因循。特此示令放足，其各毋违凛遵！

放足在清末已是大势所趋，做父母者多不再坚持给女儿缠足，故一经军政府劝谕，放足之人渐多。

湖北军政府改良风俗的另一项措施是禁鸦片。为了解决当时财政困难，湖北军政府照派土捐，同时又坚决主张戒绝鸦片，禁种禁吸，晓谕人民“农则改种他物，商则别计营生，吸则

尤当实时戒除”。

对于革命队伍内官佐、军人所沾染恶习，军政府亦采取措施予以整顿。在政府更迭之时，府、县知事随带之幕僚、随从多有不能洁身自爱者，或吸食洋烟，或性好冶游，甚至需索规费，影响新政权的行政与声誉。内务部通饬各府县严密察查，破除情面，按名辞退开除，其余幕僚随从、科长科员均须出具联环保结，送部查考。这种整顿吏治、加强纪律的措施在过去的革命之初常常被忽视，而湖北军政府却予以足够的重视，实属难能可贵。

军政府还废除“大老爷”之类的封建等级称呼，革除前清官员仪从，并改跪拜礼为鞠躬。据当时在武汉从事新闻工作的蔡寄鸥回忆：“起义以后，人人都讲平等，所有起义的同志，都能够以身作则，不许喊老爷，不许喊大人，不许坐轿，尤其不许坐四人大轿。”

由于湖北军政府采取了以上改良风俗的措施，民国初年湖北尤其是武汉地区的社会风气为之一变：许多封建习俗因政体变更而衰微，带有科学、民主色彩的近代习尚渐渐深入人心，社会生活趋新趋洋的速度比前清时期加快。

回顾历史上武汉风俗习惯的演变，使我们进一步看到辛亥革命推动社会变革的伟大历史意义。

第一节　武汉风俗形成的背景

一种风俗习惯在横向传播的过程中，由于地理环境、区域传统等的转换，会发生变异，因此，风俗习惯具有地域性。所谓“百里异习，千里殊俗”，说的就是这个道理。同时，一种风俗习惯在纵向的传承过程中，由于时代的变迁，经济、政治制度的变革，它的形式和内容或迟或早，或多或少地要发生改变，体现了风俗习惯的时代性，这就是古人所说的“世异则事变，事变则时移，时移则俗易”。地域性和时代性使风俗习惯因时而异，因地而异，千差万别，极其复杂。所以我们要了解一个地方风俗习惯何以形成、如何传承时，需要从该地的地理环境和人文传统等背景入手。

一、“两山并峙”“两江汇流”的山水风貌

毛泽东1927年在武汉作词《菩萨蛮·黄鹤楼》，描绘了烟雨苍茫中龟蛇二山紧锁奔腾长江的壮丽景象。类似景象，我们在清人邓嘉缜的词《多丽·黄鹤楼燕集》中也可看到：“试登楼，一卷横锁双流。莽苍苍，西来东注，奔腾不肯回头……”这种“两山并峙”“两江汇流”的山水风貌在中国城市群中是十分罕见的。

先看“两山并峙”。

龟山、蛇山是武汉地区最早的“主人”，也是这里沧桑巨变的见证人。

汉阳龟山，东起长江边，西临月湖旁，全长约1730米，高度为海拔90.02米。其最古老的名字叫“翼际山”，盖来源于古人“天星分野”之说。“翼”是天上二十八星宿之一，与另一星宿“轸”对应的分野，从古代九州来说是荆州，从列国来说是楚，从郡府来说是南郡。而龟山所在的地区在古代既属荆州，属楚，又属南郡，入翼十度。龟山古名“翼际山”或来源于此。

龟山很长一段时间内被人们称为“大别山”，传说得名于大禹的一句话。清雍正《湖广通志》记载：“大别因禹导水所憩之地也。”当年大禹治水，疏江导汉，登上龟山，见山南芳草萋萋，山北却烟波浩渺，于是惊呼：“一山隔两景，真大别也！”后人便将大禹驻足之山称为“大别”。龟山头伸出江边的部分称“禹功矶”，上面建有禹王庙（又称禹稷行宫），就是为了纪念大禹治水的功绩。明代楚王府左长史华亭人管时敏有《大别山》诗，记其登龟山缅怀大禹治水之功云：

南纪名山壮楚关，虎蹲龙伏大江湾。
登临兴在烟云外，疏凿功存宇宙间。
二水合流通汉沔，一峰特立控荆蛮。
涧毛清荐虚祠下，惆怅何人继克艰。

武昌蛇山西起长江边，东止大东门，全长约3500米，海拔高度为85.1米。修建武汉长江

粮行

清初，汉口已成为重要的粮油集散地，乾隆十年（1745年），湖广巡抚《请设商社疏》称：楚北汉口一镇，户口20余万。日销米谷不下数千。所幸地当孔道，云、贵、川、陕、粤西、湖南，处处相通。本省湖河，帆樯相属，粮食之行，不舍昼夜，是以朝食夕炊，无致坐困。同治六年（1867年），武汉三镇有“永丰”“源丰”等10余粮行规模较大。硚口至杨家河一带杂粮行沿汉水河而设，俗称“内河行”；米谷商行多设汉阳、武昌一带，俗称“外河行”。民国初年，武汉三镇粮食行已有170余家。

大桥时，蛇山西部1000多米被夷为平地，建了引桥。蛇山原名“黄鹄山”，山下称“黄鹄岸”，江边水湾称“黄鹄湾”，蛇山伸入江中的石矶称“黄鹄矶”。“鹄”是多音字，当读gǔ音时，是指箭靶；当读hè音时，可与“鹤”相通，故“黄鹄山”也可叫“黄鹤山”。古时黄鹤山山涧甚美，风景颇秀，故李白有诗云：“东望黄鹤山，雄雄半空出，四面生白云，中峰倚红日。”宋时因鄂州治城于山上，一度称“石城山”，分山峰又有殷家山、黄龙山、高观山、大观山、棋盘山、西山等名称。中部的高观山，元时作“高冠山”，明时称“长春山”。

龟山、蛇山的名称出现较晚。由于二山，一座“隆然若巨鳌浮水上”（明人袁宗道《大别山》语），一座“缭绕如伏蛇”（宋人陆游《入蜀记》语），“雄踞江之东西，势若龟蛇环卫”，本地民众在明末以来便逐渐以龟山、蛇山呼之。明末布衣诗人邢昉的《登大别山》云：“大别势嶒崒，雄立江汉间。其名表禹贡，而乃称龟山。”可见那时人们就已将大别山称为龟山了。清初顾祖禹《读史方舆纪要》记曰：“黄鹄山，一名黄鹤山。……今起城东，而达于西南隅。山形蜿蜒，俗名蛇山。”蛇山之名也进入了官方所纂的《大清一统志》：“高冠山，一名高观山，一名蛇山，即黄鹄山支阜。”

如果说翼际山、黄鹄山是它们的本名，那么龟山、蛇山则是其俗名。俗名叫响以后，本名反倒不显了。

传说龟、蛇二山是大禹手下两员大将所变化。大禹治水时，命二将竭尽全力制伏长江、汉水的水怪。但由于水怪厉害，仍时常兴风作浪，为害百姓。两员大将为了彻底战胜水怪，以自己的身体变作龟、蛇二山，将水怪永远镇压在山下。

传说毕竟是传说，但龟、蛇二山束住了江流，限制了沙洲涨没的范围，使武汉地区有了长期不变的深水港，确是事实。而且，龟蛇“锁”大江的地势，奠定了万里长江第一桥——武汉长江大桥的基础。这种有利于武汉交通运输发展的客观优势，比两座山的登临和观赏价值要大得多，只是不被兴致勃勃的游人所察觉罢了。

再看“两江汇流”。

明代永乐年间汉阳知府王静有《汉阳十景》诗，其中《江汉朝宗》一首，描写了汉水和长江在武汉汇流的景色：

岷江汉水合重流，远接长天领素秋。
滚滚烟波归大海，滔滔雪浪浸芳洲。

磨坊

记得小时候，在磨坊玩耍，至今仍留下深刻印象：那简陋的木架房，破旧的门窗透过来昏暗的光线，一头驴蒙着眼罩拉着石磨一圈接一圈地打转，石磨发出嗡嗡的声音，粉子从石磨边沿掉下。磨坊伙计忙着往石磨上的木斗里添料，用吊着的大罗筛筛米粉。空气中弥漫着微微的粉尘，伙计们的头上、脸上、身上，像是着了一层白霜。

鱼吹萍藻通京口，鸥荡芦花过岸头。
飞鹭落霞吟趣外，云帆来往送行舟。

“江汉朝宗”一语，最初出自《尚书·禹贡》：“荆及衡阳惟荆州，江汉朝宗于海。”先秦时期，诸侯朝见天子，春天朝见叫“朝”，夏天朝见叫“宗”。宋人蔡沈《书经集传》卷二：“春见曰朝，夏见曰宗，朝宗，诸侯见天子之名也。江汉合流于荆，去海尚远，然水道已安，而无有壅塞横决之患。虽未至海，而其势已奔趋于海，犹诸侯之朝宗于王也。”

“江汉朝宗”的“江”即长江，古代“江”是长江的专名，后来别的水流亦有称江的，“江”便成为通名，为了区别，人们就把前者称为“长江”“大江”。“江汉朝宗”的“汉”就是汉水，又称“沔水”“汉江”，发源于陕西宁强县的嶓冢山，全长约1577公里，是长江最大的支流。老武汉人称其为“小河”，以区别于“大江”。“江汉朝宗”的磅礴气势，在历代均受到墨客骚人的关注。如驻藩武昌的楚庄王（楚昭王朱桢第三子朱孟烷）在《大别山》诗中咏道：

名山钟秀自天开，岿然盘礴天之隈。
汉水西来出其下，江流东合涛声回。
江汉滔滔南国纪，万里朝宗自兹始。

我们今天来看“江汉朝宗”，长江、汉水奔流不息地流向大海，寓意着武汉走向世界，融入全球化的历史潮流，也寓意着武汉人民团结一心，奋勇前进，奔向更加美好的未来。

“两山并峙”“两江汇流”的磅礴气势，使武汉人具有博大胸襟和长远眼光。这种独特的山水风貌也对风俗的形成产生了一定的影响。黄鹤楼耸立黄鹄山头，晴川阁坐落禹公矶上，龟、蛇二山成为人们登高观景的好去处，汉口汉阳的人们就有“端午踏龟迎屈原”的风俗，而武昌的人们亦有登蛇山赏花的兴致。两江汇流分隔三镇，使武汉成为一座“江城”，人们来往两江四岸需要乘船过渡，所以武汉码头多，渡船多，渡资廉，非常方便。长江、汉水时常有洪水泛滥，人们在两江汇流处的集家嘴修建了龙王庙，遇有水灾就到庙里祭祀，祈祷龙王降福免灾。江上遇有风浪，常有翻船事故发生，武汉的善堂就备有“红船”用于救援。此外，武汉一些民间传说，如伯牙鼓琴遇知音的传说、蝴蝶杯与蝴蝶泉的故事、忽必烈正名禹公矶的典故、吕洞宾跨鹤飞升的传说、黄鹤楼飘金的故事等，也都与这种山水风貌有关。

磨剪戗刀

“磨剪子咧，戗菜刀……”现代京剧《红灯记》的那位磨刀人的装束和吆喝声都是地道汉式的。过去，平常人家一把菜刀、一把剪刀，用钝了，花一毛钱请磨刀人磨锋利了再用，这样磨了用，用了磨，大刀变小刀，剪子成窄条。居家过日子，分分厘厘得算仔细，磨刀人总有活儿干。

慢慢地，这行当退出了市井，前两年还偶见磨刀人，有时光倒流的感觉。

二、“九省通衢”“得中独厚”的区位优势

武汉素有“九省通衢”的说法。所谓“九省通衢”，有的人说是指武汉通过长江、汉水和陆上交通，可与湖北及四川、湖南、贵州、陕西、河南、江西、安徽、江苏九个省份相联通。也有人说“九省通衢”并非实指九个省，“九”为数之极，形容通达的地方很多，极言武汉交通便利。笔者更倾向于后一种说法。

武汉地处华中腹地、江汉平原东部，在古云梦泽的范围内。这里除了两江汇流外，还有众多湖泊，地势平坦，土地肥沃，水资源丰富，是有名的“鱼米之乡”。而且就像原武汉市市长李宪生曾经指出的那样：武汉“与北京、天津、上海、香港、重庆、西安等特大中心城市的距离都在1200公里左右，‘得中独厚’，辐射四周，可谓中国经济的地理中心，有着其他一些中心城市不可替代的独特的区位优势”。流经武汉的长江，既是水路交通的大动脉，又是一道天险，使武汉成为兵家必争之地。得益于这种区位优势，武汉早在明清之际就已经是全国著名的商业都会，各地商帮会聚武汉，带来四面八方的风俗习惯，形成“五方杂寓，家自为俗”的局面。

当然，武汉也有缺点，尤其是气候。武汉属亚热带季风性湿润气候区，具有雨量充沛、日照充足、四季分明、夏天酷热、冬天严寒等特点。三伏天的武汉常常闷热难当，昼夜温差小，坐着躺着也汗流不止，是全国著名的“三大火炉”之一，外地人将夏季来武汉视为畏途。有一个故事可以说明武汉之热。某人在阴间犯了罪，阎王要将他下油锅，他却哈哈大笑，阎王问他为何下油锅之前还能大笑，他答道：“我乃武汉人，还怕下油锅吗？”而三九天的武汉时常干冷，冻手冻脚，从前没有暖气设施和空调，北方人来武汉都喊冷。民国初年徐焕斗《汉口小志》引日本人《新译汉口》曰：“汉口在北纬三十度三十五分，与日本种子岛同一纬度，然距海过远，气候不免激烈，附近无崇山峻岭，冬季微寒，至夏则炎热酷烈……且日夜同一温度，少最高最低之差，其苦热实觉难堪。”武汉一些特有的风俗，如人们喜欢“玩水”、热天不修边幅、夏夜露宿街头、习惯煨汤喝汤等，盖与这种气候有关。

九省通衢、“得中独厚”的区位优势，使武汉文化具有了包容性和多元性；而夏天酷热，冬天严寒的极端气候，养成了武汉人脾气急躁、劲直易怒的性格。这样的风土民情成为一种基因，渗透到风俗习惯之中，使武汉风俗有了许多特色。

染坊

老汉口的街市，都有染坊，裁缝店的布拿到这里染色，旧时的市民买了白布或穿的衣服褪色后，也拿来这里染色。染色以靛青为主，还有浅灰、鱼肚白、浅绛、深红、苹果绿等颜色。印蓝花布最具东方民族特色。染工先将大豆、石膏、石灰一类东西调制成浆，用雕好花纹的皮纸蒙在布上刮浆，染色后洗去这层浆，便成了图案朴拙、对比鲜明、色彩单纯含蓄的印蓝花布。还有一种扎染的蓝花布，即将白布按一定程序用针线捆扎，再染色、漂洗，扎紧的地方，染色后留下空白，形成自然而富于变化的几何图案。

三、“楚国文化”“荆楚岁时”的历史传承

湖北为古楚国之地，楚文化的根基很深厚，影响很深远。

当年楚人“筚路蓝缕，以启山林”，艰苦创业，奋发图强；他们“不服周”，敢于问鼎中原，挑战周王室；楚庄王实行“虽无飞，飞必冲天；虽无鸣，鸣必惊人”的策略，韬光养晦，一旦时机到来便一鸣惊人，楚国经过几代人的励精图治，终于称霸天下。楚庄王还通过改革传播、推行华夏文明，“以夏化夷”，接受以“周礼”为代表的中原文化，在文化上使楚国重新融入中原各国，使被周天子和中原各国看不起的“南蛮之邦”，发展成为具有高度文明的南方强国。到秦朝末期，楚南公所言“楚虽三户，亡秦必楚”，虽带有几分情绪化色彩而显得决绝，但秦朝确实是被楚人推翻的。古代楚人的这些豪迈言行，一直鼓舞着包括武汉人在内的湖北“人天不怕，地不怕”，敢作敢为。这些都成为清末武汉革命党人抱定“亡清必楚”的信念，决心与清王朝决一死战的思想因子。

楚国出生的老子著有《道德经》，并形成了最早的道家学说和老庄哲学。

楚国的琴师伯牙与樵夫钟子期因琴相遇，结为知音的故事发生在汉阳。

楚国产生过屈原与《离骚》，他曾“登大坟以远望”，登临龟山西望楚都；他曾“游于江潭，行吟泽畔”，徜徉在武汉一带的山水之间。他拥有“哀民生之多艰”“恐皇舆之败绩”的爱国情怀，最终自沉于汨罗江，以此来表达与国家同生死的悲壮气节，使武汉人念念不忘，至今每年都要举行龙舟竞渡，向江中投下粽子，表达对他的怀念。

此外，南北朝时期梁人宗懔所著《荆楚岁时记》是我国最早记录楚地岁时节令、风物故事的笔记体专书。该书既是对之前流行的岁时风俗的记录，也是之后楚地民众过四时八节的参照。由于风俗习惯的传承性，该书所记岁时风俗的许多事象一直传承到了近现代，下文将有具体介绍。

王生铁主编的《楚文化概要》一书，总结了楚文化的六大支柱和五种精神：六大支柱是炉火纯青的青铜冶铸、绚丽精美的丝织刺绣、巧夺天工的木竹漆器、义理精深的老庄哲学、惊采绝艳的屈骚文学、恢诡谲怪的美术乐舞，五种精神是筚路蓝缕的艰苦创业精神、追新逐奇的开拓进取精神、兼收并蓄的开放融会精神、崇武卫疆的强军爱国精神、重诺贵和的诚信和谐精神。这些支柱和精神在武汉的风俗习惯中都有充分的传承和表现。在当今时代，古老的楚国文化依旧处处体现在我们的生活中，最典型的一例就是“不服周”已成为武汉人表示不服气、不服输的口头禅。

水站

过去自来水管尚未通到各户时，有的市民到水站取水用，有的到江边或河塘取水用。市区有的几条街巷共用一个水站龙头。担水者排着长队候水。有的干脆把扁担往桶上一搁，坐在扁担上抽烟聊天。一担水交一分钱。早先需要先买涂有颜色标记的竹签，挑一担水，往水站交一根竹签。

两个木桶、一根扁担，成为居民必备家具，挑水成为家务的一部分。儿子勤快，每天主动挑水，年迈的母亲不用为水发愁；儿子做事拖拉，或者根本就是懒汉，母亲会每天不厌其烦地催促儿子挑水。有钱人雇人挑水，普通人家也有几户一起请一个挑水工送水的。

水，千百年来，一直是百姓天天要提起的话题。从前，自来水进户时，市民们觉得幸福的日子真的来到了身边。如今的很多人可能觉得用自来水就像日出日落那么自然，对身边的种种幸福早已麻木。其实幸福就是一种体味，不要等到失去了再去找寻。

四、“码头文化”“西俗东渐”的广泛影响

武汉可说是一个移民城市，“武汉文化东西结合、南北杂糅的特征十分明显”（易中天语）。清代的汉口已是“本乡人少异乡人多”。一是“下江人”多，就是江西、安徽、江浙一带的生意人多；二是周边地区进城人多，就是黄陂、孝感一带进城的小商小贩和苦力工人多。人员频繁流动，货物大量流通，使武汉不仅水陆码头多，还形成了人们所谓的“码头文化”。“码头文化”不应该是贬义词，其内涵应该是交流频繁，不断更新，包容性强，多元化。这种文化使得武汉人襟怀宽广，思想解放，性格豪放，容易接受新思潮，追求新事物，能吸纳各种外来文化和四面八方的风俗习惯。晋商出于对关公的信仰，他们联合陕西商人在汉口建造的规模颇大的山陕会馆就称为“关帝庙”，会馆里几座戏台经常演出关公戏。山西的汾酒受到武汉人的喜欢，并被改造成武汉特产“汉汾”。徽商则带来不同于江夏民居的徽派建筑和不同于本地祭祀的“徽祭”，徽州方言的谐音还被用作典当行的暗码。湖南竹木商人把当地“霸蛮”的性格带到武汉来，武汉河边的湖南吊脚楼式的木板房也是竹木商人所建。可见武汉许多风俗习惯的形成与码头文化有一定的关系。

对武汉风俗演变影响更大的是近代以来的“西俗东渐”。湖北武汉步入近代化的历程，是以汉口开埠为嚆矢的。如果说长江是祖国母亲的一条金色项链，那么汉口则是这条项链上一颗耀眼的明珠。当西方殖民者把窥视的目光从中国沿海转向内地的时候，一眼就看中了这颗长江中游的明珠。咸丰六年（1856年）英法两国联合对中国发动了第二次鸦片战争，胁迫清政府签订《天津条约》和《北京条约》，开放汉口等10个城市为新的商埠。咸丰十一年（1861年）3月，英国驻华公使馆参赞巴夏礼和舰队司令贺布率军舰到达武汉，要求按条约的规定开放汉口，划定租界。于是，汉口正式开埠通商。根据“利益均沾”的“原则”，德国、俄国、法国、日本等国相继在汉口划定了租界，驻扎军队，设立领事馆、工部局、巡捕房和领事法庭，俨然一个个“国中之国”。

“洋人”来了以后，办公司，开洋行，设银行，通过汉口租界加紧对中国腹地的侵略。洋货源源不断地运进来倾销，农副产品和各种资源被源源不断地掠走。租界无疑是西方列强侵略中国的据点。但租界同时又是向中国人展示西方文明的窗口。开埠以后，汉口的洋玩意一天天多了起来，许多西方事物向内地传播。首先是物质文明方面，西方建筑如高大的银行、洋行大楼，别致的洋式住宅，文艺复兴式、维多利亚式、哥特式、古典式等各种风格的都有，使汉口租界成了一座万国建筑博物馆。大轮船在上海至汉口的江段上航行，汽车、西式马

剃头挑子

一头是炭火炉子、小铜盆，一头是带抽斗的油漆凳子。剃头匠挑着这行头走街串巷，有人招手，就找块空地卸下来，从抽斗里拿出工具，洗、剪、刮，一袋烟儿功夫就将客人收拾得体面光亮。剃头匠过去从师学艺都要学会一手松骨、掏耳、梳头、敲背的好手艺，长年游走江湖，耳听六路，眼观八方，似乎天上的知道一半，地上的全知，练就一张“嚼不烂”的嘴巴皮，一边为顾客掏、按、捏、敲，一边漫无边际地神侃，不知不觉把客人打理得神清气爽。

车、东洋车穿梭于宽阔的马路上，路灯照亮了繁华街道，为外侨服务的邮政、电信设施遍布各地，供西方人娱乐的跑马场、波罗馆（俱乐部）、夜总会、弹子房点缀其间，学校、医院、影剧院、歌舞厅也不少。洋行则在掠取中国资源的同时，向市民推销各种新奇的洋货。武汉人从租界这个窗口看到了西方物质文明，看到了一种新的生活方式。

在西方文明的影响下，武汉的社会风气开始开化了。人们纷纷学习西方文明，模仿西方人的生活方式，于是在租界以外的地方，出现了“阛阓尽仿西式”的现象。有了点经济实力的武汉商人盖起了洋式楼房，开办起华商跑马场和夜总会来。地方当局也学习租界，修筑马路，修建市政设施，办学堂，开医院……20世纪初，张之洞主持拆毁汉口城堡，修建后城马路（就是今天中山大道的一段）。后城马路的边上，耸立起既济水电公司的高大水塔，成了那个时候汉口的标志性建筑。电话联通了三镇，电报连接到各大城市，商办公司的轮船来往于上海、汉口、重庆，铁路连接起京师与汉口、武昌与广州……在保有众多传统事物的同时，武汉开始向近代化都市转轨，出现了生活方式和社会风尚东西并存的景象。

第二节　武汉风俗的特点

由于武汉具有独特的山水风貌、优越的地理位置、悠久的历史传承和广泛的外来影响，因此武汉风俗具有一些比较明显的特点。

铜匠

小时候，对铜匠的扁担特别好奇，弯得像张弓似的，是如何挑起那副担子的？后来，才明白那扁担是用韧性极好的木料做成的，细而薄，却有弹性，挑在肩头晃悠悠的，觉着担子也轻盈许多。

铜匠用来招揽生意的响器，叫“惊叶”，是串油亮发光的铜片，抖动时发出悦耳的碰撞声。

“师傅，请过来。”听到这惊叶的声音，人们便知道铜匠师傅来了，需要修锁，修铜脸盆、铜壶、铜勺，买个顶针、挖耳勺什么的，都过来了。铜匠放下担子，支起小马扎，取出小陶炉，用薄铁筒将炉子与担子的一头相连。原来担子这一头实际上是个风箱，点上火，拉动风箱，炉子就能窜出火苗来；担子另一头抽斗备有锤、剪、钳、锉、烙铁等工具，铜匠拿出工具敲敲打打的忙活起来。

铜匠们除精于制作、修补铜器外，还会修补瓷器、陶器。过去有的人家瓷瓶破了，会请铜匠修补。铜匠会在破瓷片上钻眼，钉上铜铆钉，抹上油灰，将瓷瓶补起来。

一、过渡性

从时间上看，武汉从明清至近代，一直处于农业社会向商业社会、传统社会向现代社会的转型时期。这是一个过渡时期。此时社会风俗的嬗变有一个重要特点，就是一方面古老的传统习俗拼命要保住地盘，另一方面是新的社会习尚在艰难地夺取阵地。守旧势力与革新势力激烈的斗争，导致了古老传统习俗与新社会风尚的并存与杂糅。许多人家中“天地君亲师”的牌位改为“天地国亲师”，“国”字取代“君”字，表明共和战胜了君权，但照样“早晚一炷香，晨昏三叩首”地供奉着，显示了旧习尚的顽固性。在“父母之命”外，出现了父母在征得子女认可后始通媒妁的“允诺婚”，这是包办婚姻与自由婚姻之间的一种过渡形态。在历法方面，以阳历为“官历”，阴历为“民历”，“新旧参用，官民各分”。把新事物变得合于传统，把旧习俗改头换面地保存下来，形成社会风俗演变中许多过渡现象。

从空间上说，武汉是位于东南沿海与内陆腹地之间的过渡地带，又是位于外部世界与内地农村之间的中心城市，这就使它在风俗演变过程中起着一种桥梁作用。由于受国外习俗的影响和东南沿海（特别是上海）风俗嬗变的带动，武汉在社会风尚的开化方面往往走在全省前头，并以自己的社会风俗改革为全省树立榜样。近代水陆交通网促进了商品流通、人口流动和文化传播，使得武汉地区出现的新事物、新风尚比较迅速地呈辐射状向四周中小城镇及农村传播，其影响力随距离的延伸而由强变弱。如《麻城县志续编》记载，该县一些地区，“与武汉交通便利，似觉开通，而奢靡之风亦渐濡染，但乡间普通人民淳朴者尚居多数”。此外，武汉社会风俗演变的速度和程度，远远不及上海、广州等海边城市，但又为长沙、宜昌及各县镇、农村所远远不及。这也是空间上具有过渡特征的一种表现。

这种过渡特征说明武汉风俗在近代的变革并不彻底。特别是由于武汉城市近代化是在西学东渐和武汉处于历代反动政权统治下的背景下进行的，带有半殖民地半封建的畸形性质，大量的封建习俗尚未来得及清理，西方社会的不良风尚又汩汩而来，这使得移风易俗成为迄今为止人们仍在为之付出艰巨努力的重大课题。

二、包容性

明清之际，在湖北及周边省份出现了一个移民潮，即所谓“湖广填四川”“江西填湖

修伞

旧时，雨伞前身用既薄又韧的皮纸制作，伞把、伞骨竹制，撑开时嘎嘎响，有一股桐油味，收拢时既粗又重。伞坏了，便请修伞人换骨架或裱褙皮纸，上油。也有精工制作的阳伞，描上五色花卉、山水图案，轻盈、小巧、美观，多受姑娘青睐。钢丝骨架细布伞出现后，以其便捷耐久的优势迅速取代了纸伞。纸阳伞与着汉服的村姑组合的那种古朴韵致渐渐地远去，只能在工艺店和博物馆偶见了。

广”，武汉很多人是来自江西的移民及其后代。武汉九省通衢，成为东南西北交会的一个大码头。各省人都来武汉经商，人员与物资交流频繁。外来客商将东南西北的风俗也带到武汉来了。

叶调元《汉口竹枝词》记曰：

徽客爱缠红辫线，镇商喜捻旱烟筒。
西人不说楚人话，三处从来习土风。

此处“西人”指山西、陕西人，他们性嗜葱蒜，雨天不着钉鞋（木屐），齐脚跟的长袍必配“羊头”（羊肚手巾包头），表现出与本地人完全不同的风貌。苏馆、西馆将苏肴西馔的各种花色品种介绍给武汉居民，丰富武汉人的餐桌。晚清时代绍兴酒在武汉受到欢迎，汉阳月湖堤一带就有人仿造。

武汉妇女的服饰习俗也受外地式样的影响：

蜀锦吴绫买上头，阔花边样爱苏州。
寻常一领细衫子，只见花边不见绸。

（叶调元《汉口竹枝词》）

汉口同乡会馆如林，“一镇商人各省通，各帮会馆竞豪雄”，各会馆不同的建筑风格使汉口更显繁盛。各帮还信奉着不同的神祇，江西帮敬许真君，山西帮则有关帝庙，福建人奉妈祖为保护神。

从前丧礼中的祭奠，有徽祭、本地祭之别。本地祭仪大致疏简，礼生一般有6到8个，分坐灵旁，别无所事，唯轮流读祭文而已。徽祭则在一大厅堂，设20张以上祭席，用60到80位礼生，每一祭席均供九件头和三牲礼。徽祭的三叩三献礼与本地祭差别不大，唯多一场仪式，由赞领歌童手持琉璃果灯，灯上扎有飞禽走兽，孝子孝孙跟随其后，在灵堂里走卍字格，走至一定时候，即奏钧天大乐和燃放鞭炮，比本地祭显得更为庄重、肃穆。

还有一些到武汉谋生的各地回族民众，在三镇大分散、小聚居，形成一个个回民聚居点。他们或宰牛，或卖馍，或经商，或做手艺，而且有他们独特的风俗习惯，有他们的宗教伊斯兰教和宗教场所清真寺。回族饮食习俗对武汉本地饮食有不少影响，如，回族的传统食品“油香”“馓子”至今仍是武汉人喜欢的食品。在叶调元《汉口竹枝词》里还曾说到

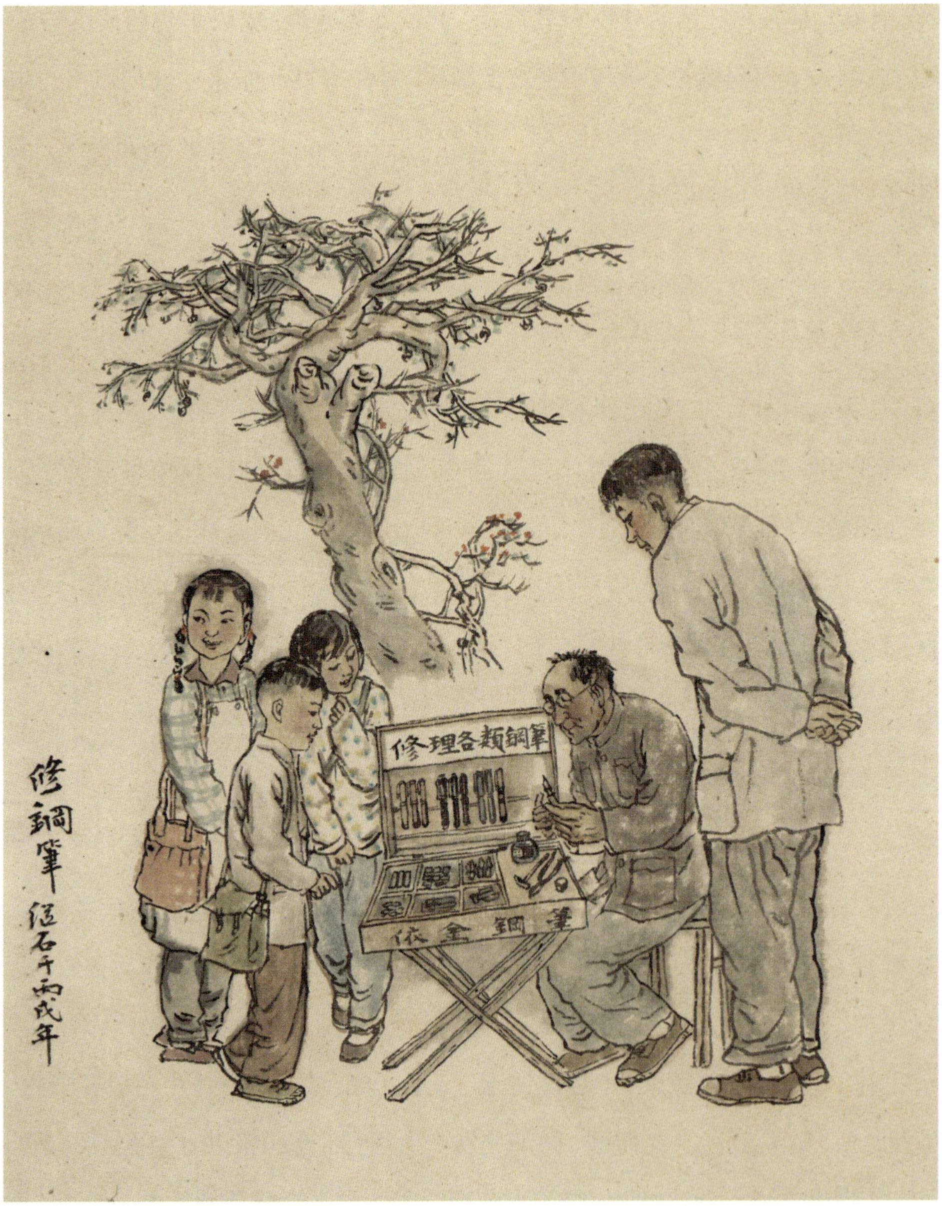

修钢笔

“一支钢笔，中学生；二支钢笔，大学生；三支钢笔，修笔的。”20世纪60年代流行这一说法。那时的钢笔，弥足珍贵，恋人相赠视为定情物，朋友相赠视为厚礼。凡有钢笔者必然将其挂在上衣口袋上，笔挂闪闪发光，方便美观，显示知识与身份。人们用“三支笔”讥讽有的人显摆过度，适得其反。其实修钢笔并不一定在口袋插多少钢笔。那时，钢笔坏了，街市上有专修钢笔的摊位，修钢笔的摊位也常在学校之间进行流动服务。

回族糖糕：

花布街连广益桥，教门生意独殷饶。
糖糕切片经油脆，牛肉悬门扑鼻臊。

外来客商的开拓精神、竞争意识，使武汉原来不尚浮华的质朴俗尚，一变而为“俗尚多刁”；也使武汉本来就劲直易怒的民性，更加负性使气，形成所谓“九头鸟”性格。武汉乡俗民风受客籍人士及其风俗习尚的影响可见一斑。

近代以来，西方殖民者在武汉建租界开商埠，又带来了许多西方风俗，中西风尚经过由冲突到融合的过程，使本土风俗发生了迅速地演变，形成熔中国与西方、传统与现代于一炉的多元化的复合习俗。下面这首竹枝词所描写的情景揭示了对外通商和外国人来华是西方习尚传入武汉的重要渠道之一：

梯山航海远通商，估客多来自五方。
衣服不同言语异，欧洲女子美洲娘。

（吴炳焱：《新汉口竹枝词十二首》其一）

外来语和外来事物也对武汉产生了影响，许多新词语进入了武汉人的日常生活中。据朱建颂先生的研究，以前武汉人平时所讲的“巴德油”（黄油）、“巴堆”（馅饼）、“番茄梭司”（番茄酱）、“三梅子”（三明治）、“叽司”（奶酪）、“味之素”（味精）、“泗瓜泗”（果汁）、“啪司”（通行证）、“颇克”（扑克）、“赖子水”（来苏）、“咪斯”（失误）、“空勒”（角球）和“洋芋”（土豆）、“洋糖”（白糖）、“洋得螺”（空竹）、“洋油”（煤油）、“洋巴巴”（沥青）、“洋火”（火柴）、“洋画”（香烟盒里的画片）、“洋碱”（机制碱）、“洋纱”（机纺纱）、“洋鼓洋号”（西洋乐器）、“洋瓦”（机制的红瓦）、“洋船”（轮船）、“洋娃娃”（外国小孩）等都是受外来语或外来事物的影响形成的词语。

三、商业化

武汉三镇之一的汉口，在明清时是全国“天下四聚”之一（清代刘献廷在《刘继庄先生广阳杂记》中说：“天下有四聚，北则京师，南则佛山，东则苏州，西则汉口。”），说明汉口

劁猪

旧时，武汉“三十六艺”中有“三缝，九佬，二十四匠”之说。劁猪佬为九佬之一。劁猪即给公猪“净身”，让其丧失生殖能力，一心贪吃贪睡，快快膘肥体壮，让主人满意。干这活计的不需要什么本钱，技术简单，要的是力气。劁猪人都生得膀大腰圆。别看猪与“苕货”并称，但要割它的命根子，也是要拼命嚎叫与挣扎的。劁猪时，劁猪人倒提公猪仔，往两腿之间一夹，使公猪动弹不得，只有干嚎的份，然后操起锋利小刀，三下两下便收拾得干干净净。

在当时已是全国农副产品和各种手工业制品的重要集散地。汉口还是全国“四大名镇”之一（乾隆《祥符县志》上说：“朱仙镇，天下四大镇之一也。食货富于南而输于北，由广东佛山镇至湖广汉口镇，则不止广东一路矣；由湖广汉口镇至河南朱仙镇，则又不止湖广一路矣。朱仙镇最为繁多，江西景德镇则窑器居多耳。”），说明汉口当时也是商业手工业繁盛的市镇。到了近代，武汉工商业有了新的发展，汉口被外国人称为“东方芝加哥”，因为汉口在中国商品市场上所处的地位，可与芝加哥在美国的地位媲美。日本驻汉口领事水野幸吉在《汉口：中央支那事情》一书中开始就说：“船去吴淞，溯扬子江六百里，为汉水之所朝宗，与武昌、汉阳鼎立之汉口者，贸易年额一亿三千万两，夙超天津，近凌广东，今也位于清国要港之第二，将进而摩上海之垒，使视察者艳称为东洋之芝加哥（Chicago，美国第二大都会）。”

从明清之际直到近现代，五百年来武汉商业繁盛，一直是全国著名商业城市。在这里，聪明的商人利用风俗的传承性，在自己的经营活动中有意识地迎合人们在风俗习惯上的各种需求，从而获得商业上的利益。这就是今天人们常说的“适销对路”。更聪明的商人则利用风俗的变异性，在自己的经营活动中推陈出新，以新的商品、新的服务方式促进风俗习惯的改变，这就是所谓的“领导消费新潮流”。于是就出现了商人的媚俗与创新，使风俗习惯充满商业化气息。

四、平民化

武汉不像北京那样做过封建王朝的都城，这里没有王公贵族，也没有皇亲国戚，因此武汉人没有京城人那种天子脚下的“傲气”。武汉也不像上海，历史上和海外联系不是很多，洋场习气不甚浓厚，更没有海派文化的大气。这里的市民，说话做事讲实际，人际关系讲诚信，生活方式讲体面，休闲娱乐讲舒适。著名作家易中天在《读城记》中评论武汉人平民化的性格时说：“武汉人是很可爱的。他们为人直爽，天性率真，极重友情。要说毛病，除爱骂人外，也就是特别爱面子，要味。所以，和武汉人打交道，一定要面子给足，顺着他的毛摸。苟能如此，你就能在他们粗鲁粗暴的背后体会到温柔。”

卖茶叶蛋

一只小炉，一盆黄褐色的茶叶蛋，热气腾腾。行色匆匆的过客，饥肠辘辘，掏几枚硬币，买几个茶叶蛋，吃下肚，既便宜又省事，还特别顶饱。

守摊的多为婆婆、太太，她们耐得住性子，不畏寒风、烈日，禅定般地守着，不嫌利微。同时卖冰棒、茶水、干果、小吃，多种经营。守的是时间，给予的是方便，赚的是饭钱。

第二章 生活习尚

生活习尚包括了人们在衣、食、住、行等方面的习俗和风尚。它受地理环境、历史传统和经济条件的制约，因而具有很鲜明的地域性。但它又具有人类的共通性，各地的生活习尚在漫长的演进中，会出现交流、融合并存的现象，十分复杂。下面我们选取武汉地区日常生活的几个侧面，看看人们在衣、食、住、行方面的习俗和风尚有何特点，又是如何传承与演变的。

第一节 服饰习尚

生活习俗是社会风俗领域里处于表层、较易变化的部分，对于异质文化的接纳也往往从生活文化层次开始。武汉近代服饰的变革，与全国各地一样，大致经过了三部曲：先是用“细密光泽”的机制布取代粗糙的土布，用进口呢绒取代传统的毛皮衣料，传统款式尚无大的变化；第二步是模仿外国人穿洋服；第三步则是追求时尚，出现时装。这种变化，与服饰的国际化趋势是一致的。

从前，汉口人讲“刮器”（清道光年间叶调元《汉口竹枝词》中有这种写法。“武汉通”徐

大碗茶

武汉人好客，普通人家来了客人，请坐，端上大碗茶，敬上“游泳”（20世纪70年代一种大众香烟品牌）。市面上、公园里多有卖大碗茶的摊点。累了、渴了，付上两分钱，咕咚咕咚一碗下去，喘口气，解渴、便宜、舒服。

大热天，常见有老人在路边置小桌小椅，桌上备有茶水、茶碗，行人可随意取用，无须支付分文。当地百姓乐善好施，义务修桥补路、为路人提供茶水的善事时常可见。

土茶壶、大碗茶，敦厚朴实的民风，构成我辈少年时代记忆的一部分。

明庭老先生解释为“俗呼体面曰‘刮器’，或取刮垢磨光之意”），穿着打扮比较讲究。在商界工作的不论是老板还是店员，多穿长衫，出苦力的劳动者则多穿短打。冬夏衣服花色，按季节而有所不同。夏季酷热，有钱人家偏爱轻罗薄纱，愈轻愈好，颜色则好蛋青、血青、宝蓝、白色、灰色、米汤娇色、出炉银色，以淡雅为主，下层劳动群众则有终日赤膊者。有一种“香云纱”（据说，香云纱俗称莨绸、云纱，是一种用广东特色植物薯莨的汁水对桑蚕丝织物染色，再用珠三角地区特有的含矿河涌塘泥覆盖，经日晒加工而成的一种昂贵的纱绸制品。由于穿着走路会“沙沙”作响，所以最初叫“响云纱”，后人以谐音叫作“香云纱”）制作的衣服，穿着凉快，很多人都喜欢穿。冬季则一般要穿棉袄棉袍，极寒之时，有钱人多着狐皮、羊皮袍袄，以御寒气。妇人还喜欢将火炉、火钵放在袍子里面，燃烧白炭、炭巴等，以暖和身体。冬装的颜色则爱玄青、二蓝、品蓝、玉色、虾青、灰青等颜色。至于衣着之花纹则常变，男女老幼无大分别。

洋布倾销以来，不仅武汉市内商民多改穿洋布，连四乡的妇女老幼，在非劳作时，如祭祀、应酬或往稠人广众之中时，亦穿细密光泽的洋布做的衣服，因为外观美丽。衣料的变化逐渐引起服制的改变，慢慢地人们的起居服饰，“改易旧观，更从新制”。湖北巡抚端方认为出现这种趋势的原因在于“一起于新奇之俗尚，二出于便利之人情”。他不仅对这种趋势表示理解，而且还提出紧追潮流改订学堂冠服的建议。

从前女子“衣必红绿”，以红为吉服之色，凡有婚姻、喜庆时，家内一切布置，如帷帐等皆以红色布制之，其他家居物品亦多用红色，满堂光耀，彩幔缤纷，俗称为“满堂红”。除了夏衣以外，余多忌讳白色，因为中国传统以白为丧服之色。民国以后，服制发生改变，迷信观念逐渐淡化，加之受西人尚白色的影响，城市女子穿“一套缟素衣裳”的人逐渐多了起来，房门门帘也用起带花的白布，大红大绿的搭配渐渐只见于农村。

服装发生较大变化是在辛亥革命时剪了辫子之后。

清朝末年，出于下述原因，出现了剪辫易服的呼声。

一是鸦片战争以后，西人东来，讥笑中国人的辫子，认为辫子是中国人未“进化”好的标志。于是，改良社会，革除陋俗，剪辫易服，让中华民族以文明、健康的面貌立于世界民族之林，成为许多爱国之士的夙愿。

二是随着反清革命的兴起，辫子作为清朝统治者压迫人民的标志，理所当然地成为争取

豆腐佬(脑)

“豆腐佬……”武汉街市一年四季都能听到这种低沉的叫卖声。鲜嫩的豆腐如同鱼脑,大概是武汉把这种嫩豆腐叫“豆腐佬”的来历了。“来一碗。”小贩麻利地取出一只白瓷碗,用铜瓢舀上一碗热腾腾的豆腐佬,撒上白糖端上来。要吃咸的,便撒上佐料,倒上酱油。什锦豆腐佬最具武汉风味,即在一碗豆腐佬中加入馓子、碎花生仁、果仁、榨菜菜末、小麻油等丰富佐料。什锦豆腐佬入口嫩滑、香脆、爽口。

“出奴隶之籍，脱牛马之羁”的人们攻击的目标。就像清初剃发与否成为归附清朝与否的标志一样，清末剪辫与否，也常常成为人们是否拥护革命的一种表现，即“以去辫不去辫为尊王、革命两党之一大标识”。

三是辫子这种发式不适应近代社会的发展趋势和世界潮流。在生活节奏加快的情况下，拖着一条长辫子很麻烦：行礼时不便于脱帽，健身不便于锻炼，做工时不便于开机器，练兵时不便于操演，每天要花时间梳头编辫，勤洗花费时间，不勤洗又不卫生，衣裳上沾满油渍，且繁殖细菌和虱子，传播疾病，总之，“对于卫生对于操作对于经济均有所害”。维新志士康有为在戊戌变法时所上《请断发易服改元折》中指出：“欧美百数十年前，人皆辫发也，至近数十年，机器日新，兵事日精，乃尽剪之，今既举国皆兵，断发之俗，万国同风矣。”

既然剪辫有如此重要的理由，清末呼吁剪辫和实行剪辫的人逐日增加。在20世纪的头十年里，各地剪辫风潮此起彼伏。清宣统三年（1911年）初，湖北陆军四十一标二营学兵李佐清，认为发辫于操作上大有妨碍，毅然带头剪去。陆军第三中学，不约而同，竟有200余人同时剪发，合计该校先后剪发者竟达400人。湖北陆军测绘学堂学生剪发者，亦有数十名之多，余下未剪者无几。按清政府规定，这些剪辫的学生本当开除，但因人数甚众，校方只得从轻办理，仅记大过一次，以示薄惩。新军协统黎元洪甚至还对剪辫的学兵李佐清表示钦佩，说：“我国朝野上下，近因受外界之激刺，于剪发一事几乎风靡一时。余本欲先行剃去，以为军界同人倡，因明诏未颁，故尔中止。今而毅然剪去，免豚尾之讪笑，导文化之先机，匪惟社会所欢迎，亦即余所崇拜也。”

武昌起义后，湖北军政府以都督黎元洪的名义发布告示命令民众一律剪辫。该告示曰：

> 照得我汉同胞，服制自应一律。既已立成义师，发辫速宜剪剃。况我大汉从前，概无豚尾法制。改旧从新之时，岂效满奴习气？各界办事人员，出示业经剪去。令我民国同胞，勿得顽固主义。从此一律剪去，好防满奴奸细。为此告我国民，切勿三心二意。

革命军在各城门口检查剪辫情形，遇有不肯剪辫的人，就强行剪下他们的辫子。在剪辫易服风潮的推动和革命军武昌起义的压力下，清廷在其最后的日子里，于宣统三年十月二十七日（1911年12月17日）根据资政院的呈请，准官民自由剪发。此时离清帝退位、清朝覆亡仅50余天。革命派关于“发辫之所由来，由于满洲之入中原”“发辫之消除，亦与满洲而俱尽”的口号，终于得以实现。

陈记三鲜豆皮

豆皮是湖北孝感村妇的家常手艺，后有人携手艺进城上街面市，落地生根，遂成武汉特色小吃。据说，同治年间，杨洪发于武昌王府井首开豆皮馆，人称“杨豆皮”，名号虽不甚雅，但不影响食客趋之若鹜。通城人曾氏于汉口后开“老通城”，所创三鲜豆皮，广为食客所称道。20世纪50年代，伟人毛泽东来武汉东湖小住，曾于一日到“老通城”品尝豆皮。“老通城”自此更是声名大噪，“豆皮大王”称谓随之而起。

民国初年，人们剪辫以后，不能再穿满式服装，一时兴起洋装热，武汉很多人穿着洋式衣服，女子亦间有剪发着洋装者。

汉口在1861年开埠通商，西方商品输入较多的是洋布。洋布较之武汉地区原来农家所织土布要细密有光泽，虽然不耐穿，但胜在价格低廉，因此受到包括农户在内的武汉人的欢迎。洋布的销售量比较大，购买洋布的人比较多，汉口花楼街匹头店做起洋布生意以后，买卖兴隆，经常围满了买布人：

洋货行销布大宗，漏卮无限势汹汹。
请君试往花楼看，布店人围数十重。

（罗汉：《汉口竹枝词·匹头店》）

人们在衣着上趋新和洋化的心理，导致传统的“装绒”与“局缎”等都成了过时的料子，穷人、富人均喜爱带有西洋异国情调的花色品种。

人们在服装材料上喜欢用洋货，在服装式样上却多保持传统式样，穿惯了“长裘”“短褐”的人穿西服很不习惯。因为不懂“西人服裳亦分时”，有的人不论在炎热的夏天，还是在寒冷的冬天均穿西服，所以不是热得冒汗，就是冷得发抖。况且开始时国人制作西服不得要领，不是尺寸不合体，就是样式不伦不类，穿起来总觉得有点东施效颦的味道。

当年男士时髦的打扮是：西式短装或中式马褂，足登革履（皮鞋），头戴礼帽，梳法国拿破仑式的一字头，蓄德国威廉式的八字胡，戴金丝眼镜，佩进口挂表，手拿文明棍（时人称为“空心洋伞柄”），口说洋泾浜英语。

女士的时髦打扮是：短发，或盘龙式、旋螺式发型，或堕马髻，天足，皮鞋，西装。上着高领窄袖短衣，下穿西式黑裙，冬季则披外套，鼻架金丝眼镜，手拿皮革小坤包。试看：

女儿剪发学西装，双足天然体态强。
别有霞光风吹散，满身花露湿衣裳。

（吴炳焱：《新汉口竹枝词十二首》之一）

因西服制作不得要领，使人感觉逼窄拘束，人们认为穿西服有碍身体自然发育，于是逐渐摒弃，又重新穿起传统服式，将满族服装加以改良——将马褂罩在长袍外边，形成长袍马褂套装，对襟式马褂也有作便服穿者。20世纪30年代初流行长袍马褂，人们穿着次数远超过

卖发糕

“洋糖——发糕，洋糖——发糕……”有着特有音调的叫卖声，有点低沉，但在里巷清晨的嘈杂声中，却能轻易地触动市民的听觉神经。卖发糕的掀开白净的布幔一角，露出热腾腾、白花花的透出淡淡米酒香味的发糕。这种米粉加糖发酵的蒸糕，一毛钱三个，最受老人、小孩儿喜爱，是武汉街头四季常有的小吃，很快就能兜售一空。发糕利微，本钱小，无家底的百姓才做这种辛苦的小买卖。

了西装和制服。作为礼服的长袍马褂套装在20世纪40年代后渐少，而作为常服的长衫、长袍则一直流行到1949年前后。

民国时期的女式旗袍在满族旗袍的基础上作了较大的改变，由宽袖改为窄袖，由宽松肥大型改为紧身贴腰式，滚边亦变窄。20世纪40年代，汉口白海记制作的这种改良旗袍非常流行，几乎成了妇女的代表性时装，从富家贵妇到小家碧玉，以至青年女学生，都有穿旗袍者。女子出门，无不穿着自己喜爱的旗袍赴会，使交际场变成了旗袍展示会。妇女日常所穿则是大襟上衣，折腰长裤，部分人穿裙。

1949年以后，随着革命进入城市，战争年代的供给制和标准化的生活方式在公职人员中推行开来，他们穿着清一色的制服，解放服、列宁装成为城市里的一道风景线。《武汉市志·社会志》记载："建国后很长一段时期内，干部男着干部服、女着列宁装，工人着工作服，农民则着对襟或大襟衫，大抵分类一统，仅以大中小号区分，色调更是单一。着装成为人们的职业象征。"

苏联"老大哥"对我们的影响，也反映到服饰上。除了列宁装以外，女青年爱穿的"布拉吉"是从苏联学来的连衣裙，连名称也用俄语платье的音译。当时正在小学念书的笔者，一天突然发现身边的许多男同学都穿起了鲜艳的花衬衣，然后看到街上也流行起这种称为"苏联大花布"的花衬衣来，顿时疑惑不解，以为世道发生了什么变化，后来才明白，那时人们多穿花衬衣并非像时下青年是为了赶时髦，而是为了响应政府的号召，以便适应苏联对华贸易中布匹的倾销。

然而好景不长，"大跃进"时期人们的生活方式又回到20世纪50年代初的状况。白衬衣、学生装、中山装是男子的重要行头。女子夏装主要是浅色衬衣、深色裤子或裙子，偶尔可见花色素净的上衣。为了发扬艰苦朴素的革命精神，人们的衣服布料以棉布为主，夏天颜色以白为主，秋冬除了蓝、黑就是灰，所以那时中国人被外国人称为"蓝蚂蚁"。

20世纪60年代中期以后，老式衣裳被认为是封建主义的事物，或者被没收，或者被烧毁。发型变得千篇一律，从小姑娘到七八十岁高龄的老奶奶都被迫剪去辫子甚至有几十年历史的发髻，全部变成齐耳短发。当时笔者从外地回家，看见老外婆手臂上戴着红袖章，头发也从过去几十年的"粑粑头"（妇女挽髻束发盘于脑后像米粑，武汉人称为"粑粑头"）变成了"搭毛"（武汉妇女剪短发称为"搭毛"），好生奇怪。

锅盔

锅盔，又名烧饼。卖烧饼的在屋檐下支起一块案板，放一个废旧铁桶做的炉子。把发好的面团中间夹一层佐料擀开，撒上芝麻，贴在炉膛壁上烧烤，几分钟便熟了，一个便可让人解决温饱问题。有人说烧饼是“中国披萨”，是最平民化的食品。卖烧饼的人可谓最能满足平民基本温饱的人之一。

在“破四旧，立四新”的同时，又出现了一个新现象，就是革去了西装旗袍的人们，时兴穿起旧军装。绿军装成为革命的象征，成为“红五类”的标志。奇装艳服则被视为“封资修”，西装革履更被视为“崇洋媚外”。领带、高跟鞋及各种相关饰品均销声匿迹。

“文化大革命”期间，石油的增产、化学工业的发展，使中国人以穿“的确良”和塑料凉鞋为时髦。不论棉布或丝绸的价格如何划算，人们都把人造纤维视为上等品。直到20世纪80年代化学纤维织物的弊端日益显露以后，棉毛织物才又重新受到青睐。

《武汉市志·社会志》还记载：“‘文化大革命’结束，服饰不再受禁锢，个人有选择服饰的自由。稍有标新立异，也不再被‘上纲上线’，最多也只被视为‘生活小节’。（20世纪）80年代以后，物质生活水平提高，年轻男女追逐新潮新款服饰，以示风度。家长对独生子女的装扮，多舍得破费。老人装束也较前讲究，式样、色彩纷呈。”

1978年开始的改革开放，带来了服饰习尚的巨大变化。改革开放之初，人们从各种渠道了解到外面的精彩世界，在学习西方的潮流中，生活习尚的趋新趋洋成为一大特色，模仿外国人生活方式的现象很突出。穿着一种长可扫街的喇叭裤，手提一部“三洋”录音机，一边走，一边听流行音乐，一度是时髦青年的形象。但由于喇叭裤不合中国的风尚和社会环境，青年人很快把它脱下，而换上了经久不衰的牛仔裤。

西服的登场开始是“犹抱琵琶半遮面”，不久出现了“西服热”，流行速度之快、流行地域之广，使匆忙接受这一新事物的人们来不及仔细琢磨它，于是出现了许多有趣的现象：末代皇帝溥仪的父亲载沣初穿西装时，把衬衣穿在裤子外面，使衬衣总比外衣长一截；有的人把领带系在毛衣外面；有的人穿西服时里面不穿衬衣而穿背心；有的人穿西服时足登解放鞋，头戴干部帽；有的人不打领带时，衬衣领扣也扣起来，而袖扣则不扣；有的人穿双排扣的西服却又让它敞开；诸类现象，不一而足。不过，这只是一种过渡现象，后来形成穿西服的服饰新习尚，各种不规范的穿法慢慢被纠正。曾几何时，人们休闲时穿的是各种颜色的夹克衫、牛仔服，而在正式场合穿的则是一色的西服领带，中山装逐渐受到冷落。笔者曾在一篇回忆学术会议的文章中写过这样一段话：

我既以社会风俗为研究对象，对服饰便特别敏感。我保存着1981年会议（指纪念辛亥革命70周年国际学术讨论会）和这次会议（指1991年纪念辛亥革命80周年国际学术讨论会）的两张合影，拿出来作一比较，可以发现一个很有趣的现象：1981年时，中国的官员和学者除了少

洪山菜薹

旧时武汉除固定的菜市外，菜农常挑担卖于街边里巷，自产自销。冬末春初，经霜之后的洪山菜薹应市最俏。叶调元作的《汉口竹枝词》中有“不需考究食单方，冬月人家食品良，米酒汤圆消夜好，鳊鱼肥美菜薹香”的诗句，后面作了“菜薹碧穗，深霜倍佳”的描述。《（同治）江夏夏志》也有洪山菜薹的记载：“芸菜薹俗名油菜薹，与城东宝通寺相近，其味尤佳，他处皆不可及。”

数几位年轻人穿着青年装，个别人穿着未打领带的西服外，几乎是清一色的中山装，显得庄严凝重，甚至连蓄有大胡子的美国学者高慕轲（加斯特）也不例外，以此表示他对中国的友好之情。10年之后的照片不同了，中国的官员和学者大部分穿上了笔挺的西服或潇洒的夹克，颜色也多样化，不再是10年前青色的或蓝色的一统天下了。服饰的演变从一个侧面反映了我国实行改革开放以来物质和文化上的巨大变化，也象征着环境的宽松、学术的活跃。

事实也是如此，在大众服饰风尚方面，政治干预呈减少的趋势，人们在穿着打扮上有了很大的自由。到了20世纪90年代，一些有实力、有品位的人士，讲究穿名牌服装和皮鞋，认为那种服饰可以让人感觉品位高贵，显示某种身份和地位。当然，一般而言，名牌服饰的质地、做工、款式确实明显优于同类产品，因而备受消费者青睐。其市场份额日益扩大，到了20世纪末，名牌服饰的专卖店及各类精品店已充斥武汉街头，逛名牌服饰店、穿名牌服装已成为消费者特别是青少年的消费追求，而将自己的服饰产品打造成国内甚至国际知名品牌，也成为国内众多服装厂家的经营诉求。人们的服饰用品再不像当年那样“新三年，旧三年，缝缝补补又三年了”，服饰种类多了，样式多了，可供选择的余地也大了，在不同的场合要穿不同的服装，有人还将其上升到“服饰礼仪”这样的理论高度来认识。

第二节　饮食习惯

武汉的饮食习惯与全国大部分地区大同小异，其具特色者，乃过早、过中与消夜。

以前武汉人早晨要“过早”，下午要“过中”，晚上要“消夜”。叶调元《汉口竹枝词》云：

卖凉粉

夏日，武汉街头常见卖凉粉的担子，一头是反扣一盆晶莹洁白的凉粉，上面罩着干净的布幔，一头是凉粉刮挠成的凉粉丝和罗列两排装有麻油、蒜末、榨菜丝、小葱、酱油、食醋、辣椒酱等佐料的小瓷罐。“了了撇撇咧——了了撇撇咧”（武汉方言，意即方便）“来一碗？”卖凉粉的一面叫卖一面招呼客人。一有客人，他就麻利地拿碗盛上凉粉，配好佐料送到客人手中。

凉粉嫩滑爽口，有诗赞曰：“冰镇刮条漏鱼穿，晶莹沁齿有余寒，味调浓淡随君意，只管凉来不管酸。”

菜蔬鱼肉总肩挑，食物殷繁快楚饕。
过早过中兼两饭，留心还把夜来消。

“过早”“过中”的“过”是什么意思呢？北魏贾思勰《齐民要术》卷八“脯腊”介绍做鱼脯的方法时，称鲤鱼脯“白如珂雪，味又绝伦，过饭下酒，极是珍美也”，意思是说鲤鱼脯是吃饭下酒的美味佳肴。《水浒传》第六十一回则有：“卢俊义留道：‘先生少坐，过午了去。’”意为请吴用吃了中饭（午饭）再走。这都说明“过”有食、咽的意思。武汉人从前说“过早”，是指起床不久，先吃点东西垫垫肚子，等会还要吃早饭，叶调元《汉口竹枝词》：“小家妇女学豪门，睡到晨时醒梦魂；且慢梳头先过早，糍粑油饺一齐吞。”后来，过早与早餐合二为一，过早就是吃早餐。从前“过中”是指中饭以后，晚饭以前，下午三四点钟吃点东西，颇像西方的下午茶。后来渐渐不流行了。可见以前的“过早”“过中”，都是正餐前的垫补。“消夜”是指晚上干活的人或打牌的人十一点钟左右吃点汤圆、面条，以免饿着肚子去睡觉，后来变成了一部分人晚上的休闲方式——喝“靠杯酒”，三五成群到街头大排档或小吃摊喝点小酒。为什么叫“靠杯酒”，并没有人知道它的确切含义，笔者认为可能是缘于零卖的酒按杯计价。喝靠杯酒的下酒菜一般是花生米、凉拌毛豆、油炸臭干子、藕元和卤顺风之类，比较简单。过早的早点却丰富得多，最普通的是热干面、豆丝、豆皮、面窝、糍粑、油饺（油条）或糯米包油饺、糯米鸡、欢喜坨、油香、米粑、发糕……其中很大一部分是以大米做原材料的，所以著名评书表演大师何祚欢先生说“武汉小吃米当先”。武汉著名女作家池莉在其作品《热也好冷也好活着就好》中罗列过武汉著名早点：“老通城的豆皮，一品香的一品大包，蔡林记的热干面，谈炎记的水饺，田恒启的糊汤米粉，厚生里的什锦豆腐脑，老谦记的牛肉枯炒豆丝，民生食堂的小小汤圆，五芳斋的麻蓉汤圆，同兴里的油香，顺香居的重油烧梅，民众甜食的伏汁酒，福庆和的牛肉米粉……”

武汉流行的湖北菜，原来叫“鄂菜”，现在为传承楚文化改称“楚菜”，为“中国十大菜系”之一，以水产为本，鱼馔为主，汁浓芡亮，鲜香劲辣，注重本色，菜式丰富，擅长蒸、煨、炸、烧、炒等烹调方法，具有滚、烂、鲜、醇、香、嫩、足“七美”。排骨藕汤、武昌鱼和洪山菜薹，是最具特色的武汉菜，也是武汉人招待客人必备的佳肴。此外，餐桌上比较常见的有沔阳三蒸（蒸鱼、蒸肉和蒸蔬菜）、红烧野鸭、黄陂三鲜（鱼丸、肉丸和肉糕）、炒藜蒿。

武汉人爱喝汤，有“无汤不成席”的说法。有的武汉人一星期不喝汤，就觉得肚子里

卖汤圆

汤圆有团团圆圆之意，元宵节，武汉家家都吃汤圆。昔日，武汉街头有专门卖汤圆的担子。人们常常吃汤圆过早或消夜。

“渴”了油，即肚子里没有油水。喝汤是旧时人们补身子的一种方法。有时家中来了客人，不到吃饭时间，而恰好家里煨了汤，一定要请客人喝一碗。可见请喝汤也是一种待客之道。所以，以前排骨在其他许多地方老百姓买得比较少，价格比纯肉便宜，而在武汉，价格有时会高过纯肉，凭票供应时期，人们半夜起床去排队买排骨的现象是外地人无法理解的。武汉是百湖之城，许多湖泊都种有莲藕，而且品质很好。中秋节一过，天气转凉，莲藕也成熟了，人们就要煨莲藕排骨汤。武汉人喝汤不像广州人，广州人绝大多数习惯饭前喝汤，认为可以润肠开胃，如同西方人餐前喝鸡尾酒，饭前一碗汤，食欲大开，故有“进食先饮汤”之说。也不像上海人，上海人喝汤用料不太讲究，有时用一个鸡蛋、一点紫菜就可煮成一碗汤，边吃饭菜边喝汤。武汉人喜欢拿莲藕和肉骨头煨汤，煨汤的用具也有讲究，一般要用沙铫子，因为莲藕遇铁会变黑，莲藕去皮也用破瓷碗片来刮，不用刀。再就是用煤炉，以文火煨到肉烂脱骨，一铫子汤常常要煨三四个小时。这样汤酽而香浓，藕粉而糯。

武汉最出名的鱼是武昌鱼，武昌鱼可以做成清蒸武昌鱼、红烧武昌鱼、花酿武昌鱼、杨梅武昌鱼等。

“武昌鱼”有什么来历呢？这要从历史故事讲起。

221年，割据江东的孙权见曹丕代汉称魏帝，刘备亦在蜀称帝，遂作称帝的准备，自公安迁鄂（今鄂州），取“以武而昌”之义，改“鄂”为“武昌”。229年，孙权即帝位，改元“黄龙”，迁都建业（今南京）。265年，吴国末代君主孙皓又自建业迁都武昌，沿途扬州诸郡百姓要负责武昌帝室、官僚的供给，劳役繁重，怨声载途，甚至有人劫持孙皓庶弟孙谦，抗议迁都加重了民众负担。左丞相陆凯乃引童谣“宁饮建业水，不食武昌鱼；宁还建业死，不止武昌居”上疏，极力要求还都，孙皓终于返回建业。

这段史实使“武昌鱼”的名声大振，以此事入典的诗词历代颇多，著名者如南北朝时诗人庾信所作《奉和永丰殿下言志诗十首》，其中有“还思建业水，终忆武昌鱼”的诗句。唐代诗人岑参《送费子归武昌》：“秋来倍忆武昌鱼，梦著只在巴陵道。”宋代诗人范成大《鄂州南楼》：“却笑鲈乡垂钓手，武昌鱼好便淹留。”毛泽东《水调歌头·游泳》中的“才饮长沙水，又食武昌鱼”，可谓典故活用，使武昌鱼更加扬名天下。

仔细品味这些诗词佳句，可知“武昌鱼”本来是对古今武昌地区所产鱼类的泛称，而现在作为湖北著名品牌的“武昌鱼”，是后来经过科学鉴定而命名的。20世纪50年代初，我国

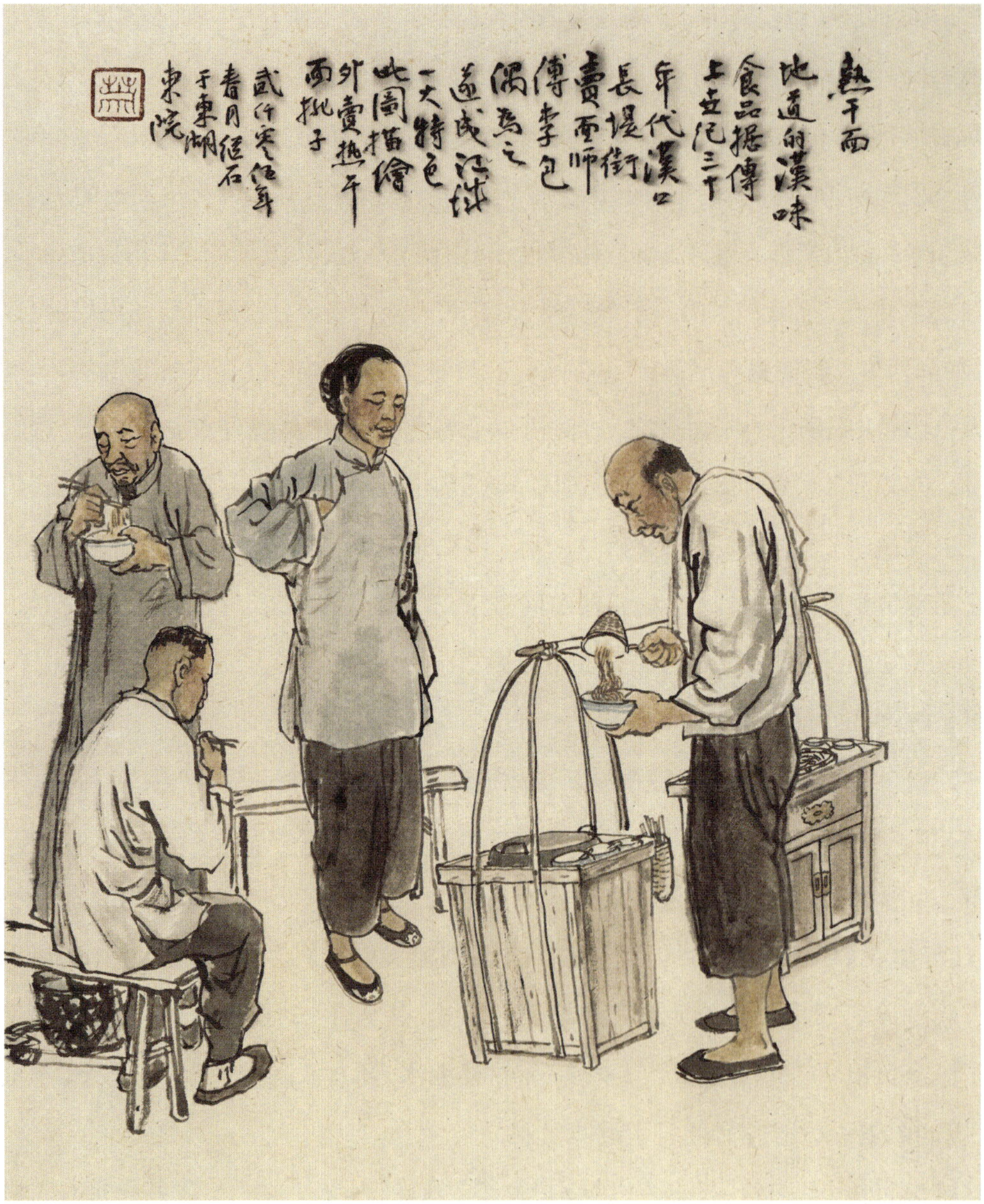

热干面

热干面这种最普遍最市民化的小吃却贴着一个大大的“汉味”标签。外地人谈起武汉小吃，大多都会提到热干面；对生活在外地的武汉人来说，热干面让他们多了一份对故乡的眷念。

热干面的特别之处在于它的做法和佐料。它还有一个有趣的故事：20世纪30年代，汉口长堤街有位卖凉粉和汤面的人名叫李包。一天，他将没卖完的面条煮到七分熟后捞起来摊在案板上，一不小心，油壶里的麻油泼到了面条上，他索性再倒一些油，将面条拌匀。第二天早上，李包把这些拌了油的面条放在沸水里烫一烫，捞起来，加上拌凉粉用的芝麻酱、葱花、大蒜、酱萝卜丁等佐料在碗中拌匀，供顾客食用，广受顾客称赞。有人问李包卖的这是什么面，他随口说道：“热干面。”此后，李包专卖这种面，并授徒传艺，很快热干面作为早点风行江城。

鱼类学专家、华中农学院（今华中农业大学）教授易伯鲁等通过对梁子湖（今由武汉市江夏区和鄂州市共辖）所产鳊鱼进行观察、鉴别，发现了三个鳊亚科鱼种，即长春鳊、三角鳊和团头鲂类，前两种鱼广泛分布于全国各地的江湖中，唯团头鲂系梁子湖独有，故命名为“武昌鱼”。这种鱼确实具有肉嫩味鲜等优点，加上名人诗词的宣传效应，武汉饮食行业便将其作为名菜推出。但是普通的市民并不能辨别三种鳊鱼，常常把所有的鳊鱼都认作武昌鱼而介绍给外地来的客人，客人们也便一面品尝着清蒸鳊鱼或花酿武昌鱼、杨梅武昌鱼，一面吟咏着“才饮长沙水，又食武昌鱼”的诗句，高兴地感谢主人的盛情款待。

冬天，武汉人都爱吃洪山菜薹，清炒菜薹、菜薹炒腊肉都很好吃。关于洪山菜薹也有一些很有趣的故事。菜薹本名芸台菜，俗称油菜，红色者称红油菜。洪山菜薹即属于红油菜。种植此菜需要肥沃的土壤、较低的气温，一般是秋植冬撷。其紫干亭亭，黄花灿灿，茎肥叶嫩，素炒登盘，鲜美可口。据说洪山宝通寺一带的菜薹味道尤佳，他处所产均不能与之媲美，以至于当地有一种说法，以宝通寺钟声所到之处为范围的地方出产的菜薹才是正宗的，距武昌城三十里则变色，算是另外的品种。王景彝《琳斋诗稿》有咏菜薹一首：

甘说周原荠，辛传蜀国椒。
不图江介产，又有菜薹标。
紫干经霜脆，黄花带雪娇。
晚菘珍黑白，同是楚中翘。

这首诗是说，说到甘甜，要数周原的荠菜；说到辛辣，要数蜀国的辣椒。这些都是很有名的蔬菜。想不到长江边上的武昌，又有菜薹这样的好菜。紫色的菜茎经过霜打后特别脆嫩，黄色菜花在雪地里显得特别娇艳。还有黑油白菜，与菜薹一起都是楚地的名产。

人们相信名人，也青睐名人喜欢的食物。于是，关于洪山菜薹便出现了“刮地皮”的典故。王葆心《续汉口丛谈》上记载：光绪初年，李鸿章的哥哥李瀚章任湖广总督，酷嗜洪山菜薹。他告老还乡后，弄了菜薹种子在家乡合肥种植，但品质远不及洪山菜薹。有人告诉他是土壤不适合，他便派人挖洪山的土，用船载到合肥种菜薹，结果还是不行，反倒留下湖北人说“李制军刮湖北地皮去也”的笑谈。民国初年，湖北都督黎元洪离开武汉到北京当大总统后，因他的如夫人黎本危爱吃洪山菜薹，所以每到冬季必派专差到洪山调运菜薹。如今，有硅窗保鲜袋包装，全国各地的鄂籍同胞也可以吃到新鲜的洪山菜薹了。“刮地皮”云

米粉

武汉人过早，面与米粉是常选项。有人戏称“面爹”“粉娘”，天天见“面”。百姓家中和早餐馆中，早餐必备粉和面。武汉米粉有很多吃法，诸如清汤粉、糊汤粉、热干粉、牛肉汤粉、牛肉炒粉、素三丝炒粉等，一般最常吃的是汤粉和热干粉。汤粉即兑上筒子骨汤，放卤牛肉或榨菜、香菇烩的三鲜肉丝。热干粉的吃法类似热干面，米粉控水后放上芝麻酱、榨菜、五香萝卜丁、酱油、蒜末等佐料。

武汉著名的米粉馆老字号为汉口福庆和田恒启。

云，已成为历史上的笑谈。

许多人认为武汉饮食除了排骨汤、热干面外，并无多少特色，笑称“没有特色就是它的特色”。可是有人认为武汉地区饮食还是有特色的，并为此挖掘出了以武汉菜为基调的“楚菜”谱系。其实，武汉在饮食方面的特色是它的包容性，即各地饮食习尚在武汉这水陆码头交流融会，所谓“楚菜”也是在吸收各地菜系特点的基础上发展起来的一种菜系。

武汉地处我国中部地区，南北气候、南北农作物均在此交汇，既有北方的小麦，又有南方的大米；既有北方的青菜，也有南方的果蔬。所以武汉人对北方人爱吃的面食和南方人爱吃的米饭均不排斥，不像有些北方人来武汉吃了米饭说是不消化，总惦记着馒头、包子、面条，也不像有些广西人来武汉讨厌吃面条而时常怀念桂林米粉。更重要的是，各地人员，特别是商人的流动，造成了饮食习尚交流、四方食事聚武汉的现象。

各地饮食文化交流的现象随处可见，而以流动人口众多的大城市最为显著。汉口自明清以来即是一个以贸易为主的城市，各省商帮都有，他们带来了各地的饮食文化。苏馆、西（山西、陕西）馆将苏肴西馔的各种花色品种介绍给武汉居民，面馆业除本帮外还有徽帮、湖南帮、小京帮、川帮的佳肴面食，使武汉人饮食习俗更加多样化。民国初年，这里餐馆已有鄂、川、粤、湘、徽、苏、浙、闽、京、津和清真、素菜、西菜13个帮口，宁波汤圆、金华火腿、嘉湖糕点、天府麻辣菜、下江的“毛豆”、江汉的鱼圆与“三蒸”（蒸鱼、蒸肉、蒸鸡）、山陕的烧腊羊羔等各地名菜，应有尽有。来自全国20多个省市的各种不同风格、不同流派的“大师傅”在江城各显技能，互相竞争，都在色、香、味、形上下功夫，形成多种不同风味。各地风味小吃通过人员和商品的交流，更是遍布大街小巷。

这种饮食文化交流的结果，一是丰富了人们的生活，使久居武汉的人们能够品尝到各地食品和菜肴，使旅居武汉的外地人能够吃到可口的家乡食品，使努力尽到地主之谊的主人能够在不同的餐馆招待不同籍贯的客人。二是促进了饮食文化的融合与创新，楚菜亦吸收了各地菜肴的特点，熔一炉而冶之。正是在各地各具特色的食俗的争奇斗艳、取长补短、交流融合的推动下，武汉的饮食文化才得到不断的丰富和发展。

在饮食文化的交流中，西餐大菜的传入是不能不提的。西餐大菜由外侨带来中国，起初西餐馆由洋人在租界经营，为外国人服务。19世纪60年代以后，在洋务活动中中国官商与外国人交往日多，礼尚往来，一部分中国人也开始尝试吃西餐，并学会举办西式宴会招待

刘记烧梅

第一次吃烧梅，是在汉口六渡桥的福庆居，买了三两烧梅、一碗糊米酒。小吃烧梅，外形像汤包，馅是糯米加肉末、皮冻等佐料，也有人叫它烧麦。至于因何得名，有多种说法。

武汉的烧梅，以花楼街的顺香居最为有名。顺香居创建于1904年，店面不大，生意却很红火。旧时能在花楼街有一席之地，足见其口碑不错。顺香居的烧梅选料精，佐料分量足，火候准。

外宾。清末各大城市相继出现华人开办的西餐馆。武汉西餐馆以汉口租界为多，那里华洋杂处，无论中菜西餐，式式俱备。为适应贫富悬殊情况下不同的消费水平，西餐馆分为几个档次，有大、中、小三种类型，即大酒店、高级餐厅和小餐室。外国人极少在小餐室进食，中国富商也乐于去高级西餐厅。中国人开设的西餐馆以1913年建成的汉口大旅馆所设瑞海西餐厅首开风气。20世纪30年代初期，中餐馆经营不景气，而西餐馆生意红火，著名的大中型西餐馆有26家，西餐小吃馆也盛极一时。大型西餐馆均为中国人经营，厨师大多是洋行帮厨出身，馆内设施、餐具西洋化，主要供应公司菜（即份饭或套餐），也供应点菜。有的送餐上门，在星期六将下周菜单分寄各常客，方便食客点菜品尝。高级餐厅门面堂皇，布置豪华。餐桌排列有长方式或四方式，桌上台布雪白，桌面中央置鲜花，座椅柔软舒适。侍役一律穿白制服，招待客人礼敬有加。一旁有乐师演奏轻音乐以娱宾客。在此进餐，着西装无须着礼服，着唐装无须着马褂，并无在大酒店进餐的拘束，故一部分富裕的中国人喜欢前往。一般餐室则布置比较简单，政府文员、洋行职员多在此进食。那里供应全餐和散餐，午间食客拥挤，大多吃鸡丝饭、牛肉窝蛋饭、牛扒、猪扒等快餐，晚间则多供应全餐。试看几首描写武汉人吃西餐的竹枝词：

洋字横行写菜单，馐肴汤饼各堆盘。
主宾都说招呼便，交错觥筹吃大餐。

（罗汉：《汉口竹枝词·番菜馆》）

家家姊妹巧梳妆，笑指巍巍新市场。
一块洋钱撕一票，西餐厅内话家常。

（蔡寄鸥：《后城马路》）

但许多人吃不惯西餐，花了钱还吃不饱，只得又去中菜馆，酒足饭饱后心满意足地回家。比西餐大菜要普及一些的是洋烟洋酒，这些东西已成为主要进口商品。洋酒的美味似乎陶醉了国人，再高的价格也有不少人消费。洋烟牌号很新奇，有“强盗牌”“三炮台”等名目，人们不顾尼古丁“攻心伐髓”，吞云吐雾，好不自在，汉口有不少妇女抽香烟。

新中国成立后最初的几年里，国家机关和企事业单位干部职工沿用解放区的供给制，开办食堂，各级干部职工均在食堂就餐。1954年以后，实行工资制，但办公共食堂的制度沿袭下来，各机关、厂矿、学校都建有食堂，作为对本单位职工、师生生活上的一种照顾。

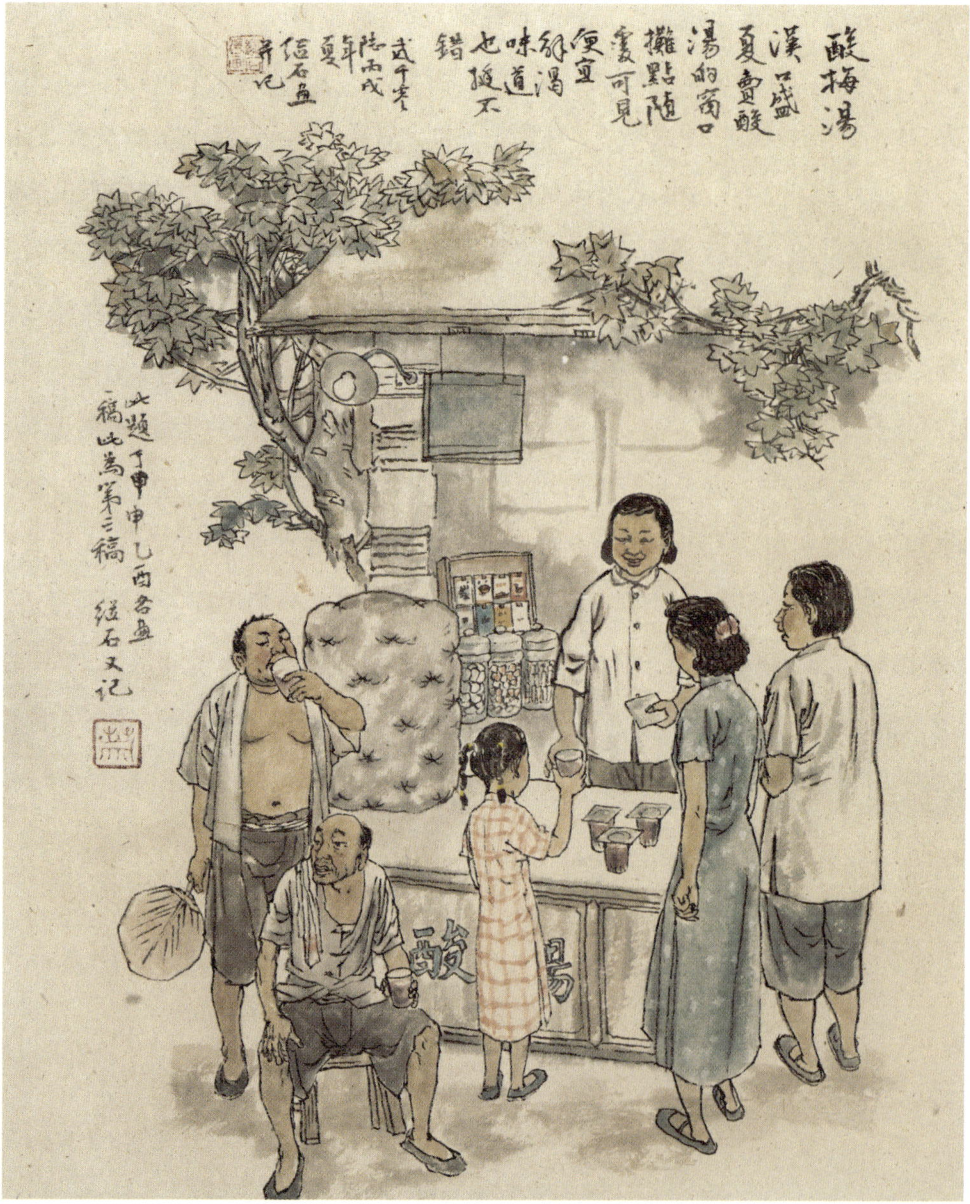

酸梅汤

提起酸梅汤，年龄稍长的人有一种特别滋味在心间，不会遗忘。武汉的夏天，酷热难挡，卖酸梅汤的窗口、小摊随处可见，5分钱一杯，解渴解暑，最受平民欢迎，无色素、无添加、纯天然，用现在的标准，应是地道的绿色饮料。

20世纪80年代，酸梅汤淡出了市场。这种中式“可口可乐”大抵是来不及进行时髦包装就被眼花缭乱的“洋装”（铝罐、塑料瓶）饮品挤掉了。

1958年，城市的街道、农村的公社都办公共食堂，吃饭不要钱。当时有个口号：“放开肚子吃饭，鼓足干劲生产。”公共食堂天天像过年一样，炊事员大手大脚，进餐者狼吞虎咽，造成极大的浪费。不久到了三年困难时期，食物严重匮乏，公共食堂只得解散，人们吃不饱肚子，出现了一大批饥民和浮肿病人。为了活命，群众尝试了一切可以充饥的东西，从米糠到野菜，从莲子壳到萝卜籽。为了帮助群众克服暂时的困难，政府推广各种代用食品，什么“小球藻”（一种在水中培养繁殖的藻类，绝对没有今日螺旋藻之类的营养）、“人造肉精”（用丢弃的烂菜叶、菜根培植出某种霉菌，收集起来经烘干而成的一种东西），还有自欺欺人的“双蒸饭”（公共食堂把钵饭加水再蒸一次而使饭粒涨大以填饱肚子，实际上是使干饭变稀饭）和画饼充饥的“瓜菜代”（即以瓜菜代替主食，然而当时连瓜菜也少有），等等。

改革开放以后，武汉饮食业经历了这样一个发展过程：20世纪80年代初，大型餐厅少，到那里吃饭还要排队，而小餐馆则遍布城市各个居民点，大排档也因为具有食物新鲜、价格便宜、环境舒适、服务热情、通宵营业等优点很受欢迎。80年代中期到90年代初，大型饭庄和酒楼拔地而起，有一部分是开小餐馆赚了钱的老板把生意做大了而开的。90年代中后期，一些酒楼做大做强，做出特色（或者“正宗川菜”，或者“生猛海鲜”，或者潮州菜、湖南菜、东北菜，菜肴经常花样翻新，以迎合食客口味的不断变化），渐渐受到欢迎，形成品牌效应，连锁店亦分布各处。随着生活水平的提高，人们对于吃越来越讲究，餐桌上的食物要求多样化，五味俱全，粗细搭配；吃下去既要扶正固本，又要延年益寿，甚至要与美容驻颜、护发明目、美体丰乳等结合起来，因而那些山珍海味、绿色食品、富硒食品等最受欢迎，仙人掌、野山菌等都成了饕餮们的腹中之物，从前穷苦人家才采摘的野菜也身价百倍，就连各种稀奇古怪的昆虫也上了餐桌。

西式快餐更以异域风味吸引了中国人，西方品牌快餐店如雨后春笋般在各地开业，满街可见麦当劳、肯德基、阳光一簇、加州牛肉面等快餐店的招牌和广告，汉堡包、热狗、薯条尤其受青少年的欢迎。

武昌鱼

长江流经鄂州、夏口一带，水生物丰茂，江中漩流呈梅花形，俗称“梅花水”。此地的鱼，味道鲜美，久负盛名。当年，吴国君主孙皓自建业迁都武昌，左丞相陆凯上疏中有“宁饮建业水，不食武昌鱼”句，力劝其返都建业。此后，历代多有诗人借用这一典故。南北朝时庾信有“还思建业水，终忆武昌鱼”，唐代诗人岑参有“秋来倍忆武昌鱼，梦者只在巴陵道”，毛泽东《水调歌头·游泳》中有“才饮长江水，又食武昌鱼”的名句，更使得武昌鱼闻名天下。

武昌鱼先是泛指武汉一带的鱼类，如鲫、鲤、鳜、鳊、鲢等，后来专指产于鄂州梁子湖“团头鲂”的鳊鱼。

第三节　阛阓仿西式

中国传统住宅式样，用孙中山的话说，就是“庙宇式”的。所谓“庙宇式”不仅指其外观像庙宇，而且还指在居室设计上，视神事比人事更重要，为死者计过于为生者计。旧式住宅先考虑祖先神龛安置在正屋中央，适合供奉香火和祭祀。此外为适于做红白喜事，往往把厅堂（武汉称为“堂屋”）做得很大，以便能够安放下若干桌酒席或布置灵堂。总之，把居住的安适、方便摆在并不太重要的位置。这与中国人的家族制度、宗法观念有关。普通人家住房一般比较矮小，不太注重采光与通风，有的房间竟没有一扇窗户，采光要靠屋顶一两片明瓦（武汉俗称“亮瓦”），十分阴暗潮湿。武汉城里，明清时期建造的房屋多半属于这一类，而农村就是到民国时期也还是如此。

近代以来，一方面受到西俗的影响，一方面由于都市化程度的提高，在一些通商口岸，“阛阓多仿西式”。在汉口，出现了“尺地寸天，阛阓日密，中西厂肆，角胜争奇”的现象，甚至连祭祀先人的冥屋也出现了纸扎洋房，表现了人们在住房上趋新崇洋的心理。

武汉的西式建筑早期是在租界里，领事馆、洋行、银行以及住宅，根据不同国家的习尚，具有不同的建筑风格，汉口租界的建筑堪称“万国建筑博览会”。教堂和教会学校也是较早的西式建筑。

19世纪90年代，张之洞主办的洋务企业以及其他官办机构，成为武汉近代第一批仿西式建筑。首先仿西式的当然是公共建筑，江汉关道署旧址上就建了一座小洋楼：

> 汉关道缺素称优，衙署当年本隘湫。
> 劫后荒凉如瓦砾，东边新建小洋楼。
>
> （罗汉：《汉口竹枝词·汉关道署旧址》）

后来三镇居民也学习租界，建造起洋房来，新式学堂、西医医院、近代工商企业、新式娱乐场所，以及官僚、军阀、富裕商人的住宅，都模仿西式建筑风格，所谓“中西厂肆，角胜争奇”，就是指此而言。一些建筑还在室内安装了现代化的电梯，歆生路（今江汉路）上的汉

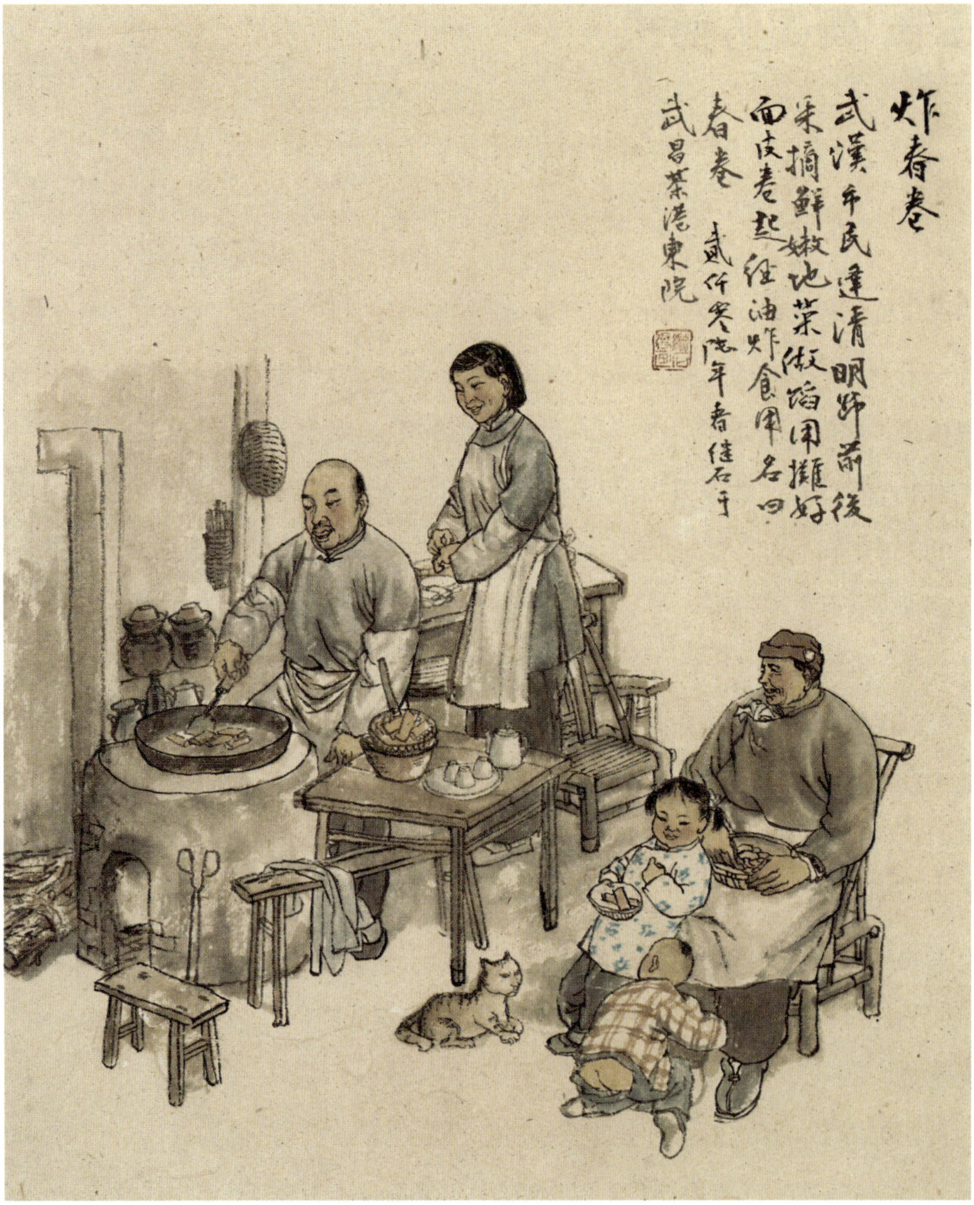

炸春卷

印象中，以季节冠名的食品不多。春卷尤其能带给人春的气息、印象与味道。三月，乍暖还寒，荠菜（武汉叫“地菜”）贴着地面生得翠绿，村姑们用小铲挑起荠菜，提到街市上卖。主妇们用荠菜、肉末、佐料调好馅，用米浆摊成面皮，卷成小小包袱状，用油炸得金黄便可上餐桌了。

口饭店由于高达五层，被人称为“楼外楼”，它里面就装有电梯。

武昌县华林的名人公馆，大多仿西式别墅建造：

漫将世变问沧桑，番舶新通万国商。
遥指楼台凌绝顶，花园山上起洋房。

（棣华馆主：《鄂垣竹枝词》）

据江汉关的《海关十年报告》记载：“（汉口）老城厢和租界一样，新式西洋建筑使老式建筑黯然失色。”“官府治所武昌城变化也很大……城内有不少外国建筑和工厂，其中以官方、半官方机构居多。”

虽然由于固守传统文化的观点占上风而使洋式住宅在广袤大地上如凤毛麟角，但这种建筑却矗然而立，打破了中国人“美卑宫而恶峻宇”的传统观念和“秦砖汉瓦”大屋顶的建筑模式，开创了中国住宅建筑改革之先河。民居建筑和公共建筑的西化现象，反映了国人在近代突破传统文化和吸纳西方文化的进程中的努力，同时推动了居住条件的改善。事实上，即使不愿弃中从洋的人们，也对旧式房屋建筑简陋、通风不畅、采光不足等弊端进行了改革。史料记载，有的地方，“近来渐讲卫生，屋稍宽敞，窗尚明亮，较之以前专重坚固者尚矣”。有的地方，“昔时茅檐土壁以蔽风雨，今则城镇阛阓间亦稍事壮丽，不似从前之卑陋矣”。

就像今天人们装修了住房就要添置新家具一样，当时有了西式住宅，室内陈设自然也需要西式家具来装点其间了：

旧式铺陈不在行，大家都要摆洋装。
甬人贩卖西家具，讲究铜床与铁床。

（罗汉：《汉口竹枝词·西式家具》）

之所以楼外楼能有电梯通到“云霄”去，还有后面将要提到的马路平坦宽敞，娱乐活动花样翻新，许多前所未有的新奇玩意进入武汉人的日常生活，乃是因为学习西方，兴建了许多近代化的城市设施，如自来水、电灯、电话、电报等。武汉商人开设的第一家生产自来水和发电的工厂是宁波商人宋炜臣创办的拥有欧式发电厂房和英国人设计监造的水塔的既济水电公司，它不仅使古老卦象中的“水火既济”有了新的含义，而且使武汉人的传统生活方式

炸面窝

武汉人管吃早点叫“过早”，过早的小吃花样繁多，热闹的码头荟萃南北风味的同时，不失本地特色，炸面窝便是特色小吃之一。旧时武昌户部巷的面窝是远近有名的。

武汉人的智慧在炸面窝的勺子上可见一斑，这勺子是谁灵光乍现让它中间凸起来？面窝料经这形状奇怪的勺子舀起来放在油锅里一炸，黄灿灿的面窝中间脆、边缘酥、里面松软，脆而不硬，油而不腻，十分可口。

面窝至少有上百年历史，至今仍受到大众喜爱，武汉的老字号以及近年来走红的酒店食谱中都离不开这道特色小吃。

有所改变。宁波市政协文史委员会编的《汉口宁波帮》写道：“延续千年的喝江水、点油灯被清洁的自来水、明亮的电灯所取代，广大市民享受到近代工业文明带来的方便舒适，汉口社会生活领域发生革命性的变化。”武汉有了电以后，市面更显繁华，夜晚在长江上可看到这样的景色：

卖酒人家一半天，老渔归去隔江眠。
篝灯电火纷交错，十万流星窜客船。

（范昶：《春日武昌杂咏》）

电话的开通使人际交往有了新的方式，连自由恋爱新风的兴起也与电话的推广有关。

汉口里份的兴起是“阛阓多仿西式”的典型表现之一。高大洋楼是外侨和富商的住宅，平民是难以入住的。在此情况下，适合普通市民居住的西式里份应运而生。

武汉旧式小巷，或者因讲求风水，或者因迁就地势，大多弯弯曲曲，高低不平，而且十分狭窄，以致民间流传着这样的歇后语：“巷子里赶猪——直来直去。”到了近代汉口开埠以后，在租界建筑的影响下，在正街上洋式或半洋式建筑增多的同时，还出现了一种民居建筑的新形式——里份。里份房屋多为砖木结构，许多里份一色两层楼房，中间留出笔直宽敞的通道，其整齐划一的外观与旧式小巷形成鲜明对照。多数里份每栋住房的造型和布局几乎一致：石库门，进门为天井、大厅，大厅两侧是厢房。厅后是楼梯间及后天井，再后为厨房、厕所和后门。楼上与楼下结构大致相同，木楼梯，木楼板，房里空间较大。据建筑专家分析，这种形式的住宅，颇符合当时中国人的居住习惯和经济条件，所以清末民国初建造者甚多。在成片建造时，有总体规划，或呈“工”字形，或呈“丰”字形、“井”字形，左右对称，排列整齐。里份出口多，便于疏散人流和消防。缺点是弄堂里一般不植树，这与传统小巷是一样的。民国初年出现的少数高级里份为混合结构，共三层，底层配汽车间及杂屋，侧面有露天台阶通向二层，里面有门厅、客厅、餐厅，第三层才是卧室、书房、卫生间，其平面及立面墙身并不规则，窗户大小不一、上下错落，清水外墙、红平瓦，略带西班牙建筑艺术风格。

人们在里份里过着与家族或家庭独处的传统生活方式不同的生活。在里份中，居民的社会联系与交往增加了，对养成他们开放的性格有所影响，但同时邻居之间的摩擦和争吵不断，家庭主妇们的饶舌与搬弄是非，使人的隐私权被剥夺；倒洗马桶的声音和生煤球炉子的青烟以及横跨弄堂的晾衣竹竿上挂着的“万国旗”，使里份显得那样狭窄、杂

炸藕元（圆）

武汉的菜肴中，必有三丸：鱼丸、肉丸、藕丸。外地，膳食菜肴中鱼丸、肉丸普遍都有，唯独藕丸不多见。湖北将丸子呼圆子，有圆满吉祥之意。因此，管藕丸叫藕圆。

清末叶调元新撰《汉口竹枝词》：“吃新食品较常添，荤素相参价亦廉。麻雀头酥鹅颈软，豆黄饼脆藕鱼圆甜。”可见百年前武汉人就喜欢食藕圆。武汉许多人家会自备一个内面带粗棱纹的陶钵，俗称“擂钵”，买来莲藕，经擂钵搓磨成藕泥，配以佐料做成藕圆。当下时兴油炸的咸味藕圆。

武汉街头常见炸藕圆的担子，落脚于社区闲地路边，最受小食客青睐。

乱和压抑。

汉口最早的里份已不可考。著名的里份有楚善里：位于现胜利街中段，清光绪二十六年（1900年）建，原名宝善里，后以《大学》引《楚书》“楚国无以为宝，惟善以为宝”之意改现名。主巷全长100米，纵横6条巷道，4个进出口，里内房屋一律为两层青砖结构，天井式建筑。生成里：位于中山大道水塔对面，光绪二十七年（1901年）建。原为大买办、地皮商刘歆生所有，1923年为偿欠款，作价交与官钱局。全里房屋均为二层砖木结构，南里、北里共计160栋，占地1833方丈。三元里：位于中山大道东端卢沟桥路附近，有南、北两条主巷道。清末建南里，民初建北里。因营建者沈氏名中有“元”，排行老三，故名“三元里”。长400米，宽4米，共有12条巷道。此外还有清末和民国年间建造的许多里份，如坤厚里、一三里等。地方志专家董玉梅著有《汉口里分》一书，全面介绍了汉口的里份建筑。

从前住房不够宽敞，又没有空调设备，在三伏天气温高达40摄氏度上下的“火炉城”武汉，人们的日子并不好过。白天稍微好一点，有南阳风，民谚所谓“小暑南阳十八朝，大暑南阳日夜嚎”。一到晚上风就息了，闷热难熬。这种酷热的时间长达两个月左右，于是武汉人形成了特有的习惯：一是不修边幅。夏季男人常常光着膀子，女人有时也穿大短裤上街，所谓“伏天无君子”。二是爱玩水。一到夏天，长江、汉水和各处湖塘，都有游泳的大人小孩。三是扇子不离手。有人在扇子上写着一首顺口溜：“六月天气热，扇子借不得。虽然是朋友，你热我也热。”四是喜欢露宿。入夜，大街小巷摆满横七竖八的竹床，形成“竹床阵”，男女老幼就在竹床上乘凉、睡觉，直至天亮。有网友回忆：“夜深了，人们逐渐进入梦乡，各展风姿。恐怕世界上最大、最壮观、不事任何修饰的人物形体展览，就在这武汉夏夜的竹床阵中。万籁俱寂中，偶尔可听见拍打蚊子声、男人的鼾声和婴儿的啼哭声。许多大街上，千人百众，竹床阵连绵数里，通宵达旦，堪称一绝。”

1949年以后，随着革命队伍进城，新政权接管了一批敌伪房产，一部分用作机关办公室，一部分分配给干部职工居住。20世纪50年代起，各单位新建简易宿舍，低租金分配给干部职工居住。为解决无力自建宿舍的小单位人员和社会上无房户的居住问题，由政府房管部门盖了一大批住宅楼分配给这些人居住。不论是单位自建的还是房管部门所建，宿舍都比较简陋，一般是三层楼房，也有部分平房，户型小而单调，没有阳台，楼房里厨房、卫生间共用，平房则自己搭盖厨房，上公共厕所。一般是一户人家一间，非常拥挤。

卖蒸糕

街头卖蒸糕的担子是用竹子制作的，十分精致，年深日久，担子呈现琥珀色。担子的一头是装米粉的抽斗，一头是炉子与蒸锅。担子两头上下相连，增加担子的稳固性。卖蒸糕的将放有白糖的米粉装进木斗，放在担子面上的蒸锅出气口上，只见蒸气叱叱直冒，须臾，米糕便蒸熟了。一次只能蒸一块，边蒸边卖。这种蒸糕特别受儿童与老人的喜爱。

20世纪80年代以后，国家加快了住宅建设的速度，每年有一大批人喜迁新居。新建的住宅楼，多为三层至八层不等的火柴盒式建筑，但都有阳台、独立厨房和卫生间，户型有三房一厅、两房一厅、一房一厅。人们的居住条件有了明显的改善。但部分住在老城区旧房子里的居民，居住条件没有什么改善，周边环境仍然脏乱差。

20世纪90年代初，国家推行住房制度改革，走住房分配货币化的道路，将国家建的住宅出售给个人，想住大房子的可在单位集资建房，也可到房地产市场上购买商品房。直到此时，城市居民的住房困难问题才有了一定程度的解决。但是，武汉属于南方城市，多数住房没有集体供暖设施。也囿于七层以下住房不安装电梯的规定，七层及七层以下楼房大都没有电梯。所以，武汉居民生活还是有许多不便之处。

家庭装修是居住条件改善的一项重要指标。城市干部职工在20世纪80年代以前因为住的是单位房子，而且随着职务、职称的变动不断地更换住房，那时尚无装修一说。就笔者个人来说，随着职称的提升和学校整体住房条件的改善，笔者在校内搬了四五次家，都是调整到别人腾出来的房子里，不过由修缮科派人来在墙壁上刷上一道石灰水而已。房改以后，才渐渐有了住房装修活动。随着人们对家庭装饰的要求越来越高，装修工程也由开始的马路游击队承包发展到20世纪90年代中期后期由正规家装企业承揽。到90年代末，家装攀比之风愈演愈烈，花费越来越高，所耗精力更无法计量。有人调侃说：“要减肥，就装修。”有人编段子说，一套新房装修完成会出现五个“基本”：积蓄基本花光，时间基本占完，精力基本耗尽，身体基本搞垮，感情基本破裂。为什么还牵涉到感情问题？因为对装修中的各种具体问题，如，选什么风格、用什么材料、吊不吊顶、打不打墙，等等，夫妻之间会发生许多争论。在这种潮流中，家装最终变得高档化、宾馆化。

拉黄包车

光绪十四年（1888年）第一辆黄包车出现于汉口租界，很快成为许多人代步的工具。黄包车工人拉的车子大都从车行租用。富商巨贾自备有专车，装潢华丽，雇用专职车夫。黄包车陈设新旧好坏成为乘坐者身份的象征，有点像现在的奔驰、宝马和夏利、吉利车的区别。

黄包车工人卖的是体力，是这座城市最辛苦的人，无论风霜雨雪，他们都重负在身，奔波于街市间。

1957年10月，市政府取消人力车，并安置了人力车工人。

第四节 交通工具

中国传统的交通工具，水上是木船，有划子、舢板之类；陆上是车，有马车、牛车、鸡公车（即独轮车），还有肩舆（即轿子）。武汉古代交通工具也不出这个范围。木船是传统交通工具中使用较多的一种，在江城武汉，清康熙年间有民谚说："行遍天下路，唯有武昌好过渡。"所谓"好过渡"，似指渡口多、渡船捷、渡资廉。

渡口多，是因为长江和汉水把武昌、汉阳、汉口分隔开来，三镇间的交通在古代只能靠渡船。渡船多了，各占码头，渡口自然就多。而且，随着经济的发展、商业的繁荣和城市人口的增长，渡口也在不断增多。据范锴《汉口丛谈》所引《汉阳县志》资料，汉口在明清之际有六个重要渡口：宗三庙、五显庙、老官庙、沈家庙、接驾嘴、四官殿。在郊外则有郭师口、平塘渡、蔡店渡，这些都是那时汉口渡河过府城汉阳之路。到了道光年间，按范锴的说法："今则处处有渡，'招招舟子，印须我友'矣。"民国年间渡口相对固定，龙王庙、打扣巷、大水巷、鲍家巷、集家嘴、泉隆巷、武圣庙、大王庙、硚口等处都是过汉阳的划子码头。武昌过江的渡口也不少，而以平湖门和汉阳门最为重要，一般去汉阳者在平湖门唤渡，去汉口者在汉阳门唤渡，这是明万历年间以来的习惯。汉阳过河的渡口与汉口略同，过江的渡口则在晴川阁、东门、鹦鹉洲等处。

武汉过渡的船以木划子为多，明清时代称为"双飞燕"。刘献廷《刘继庄先生广阳杂记》记载："汉阳渡船最小，俗名双飞燕。一人而荡两桨，左右相交，力均势等，最捷而稳。"明韩纯玉《汉阳渡口作》云：

汉阳窥鄂渚，夹岸走长虹。
小艇双飞燕，中流五两风。
一江分二郡，三国斗群雄。
多少兴亡事，销沉向此中。

正是由于双飞燕这种"捷而稳"的优点，小木划子成了当时武汉的主要渡河工具。每只

送水工

旧时武汉，自来水尚未通往各家各户时，由市民到水站取水。更早的时候，没有自来水，市民到江湖、水塘、水井取水。居住在江边的取江水食用。大户人家和年老体弱的花钱雇人送水。送水工和今天的“扁担”一样，多是乡下进城谋生的农民工，他们付出了高强度劳动，收入甚微，生活清苦，吃了上顿无下顿，住窝棚，穿着破旧，不少是终身娶不到老婆的光棍汉。

划子可坐6人，渡江的划子只准坐5人。载人少，在渡口等齐人的时间则相应短，开船快。但这种小木划子亦有缺点，风浪大时不安全，只得停渡。这时，官府和慈善机构（善堂之类）所设置的义渡就需发挥作用了。义渡使用一种大木船，配置船工较多，可在较大的风浪中行驶。义渡的设置缓解了因木划停渡而阻碍两岸通行的困难，实是一大善举。明万历二年（1574年），左布政使陈瑞在长江置“巨舰”8只，由江夏县（今武昌）岁补水手12名，招募船家领班，在江上摆渡。这是从前官渡之始。清光绪年间，仍有这种官渡，可坐50人。这种大船备有帆，遇风可借风行船。如遇逆风而张帆，谓之“走戗”，十分危险，有“一戗输一戗赢”之说。清末，长江上过渡开始有了轮船，武昌人到汉口办事，就是乘坐轮渡过江的。

轮渡比起双飞燕来，就更具“捷而稳”的优点了。但是汉江上各码头直至1957年江汉桥建成之前，一直用小木划子过渡，大约在20世纪60年代集家嘴至南岸嘴才有了轮渡。

关于渡资，有一种看法认为，在民初以前，武汉三镇居民过渡都是乘坐不收费的几只“义渡划子”。这实是一种误解。武汉的这种不收费的“义渡”，不是平时摆渡的小划子。《夏口县志》上是这样说的：“当水流汹涌之时，于关圣祠、五显庙、接驾嘴、打扣巷四处各设义渡二只，以渡行人。”而平时摆渡的木划子是收费的，前引刘献廷《刘继庄先生广阳杂记》中还记云：“汉阳渡船……且取值甚廉，一人不过制钱二文，值银不及一厘。即独买一舟，亦仅数文。”这是康熙年间的渡资。到嘉道年间，叶调元《汉口竹枝词》所记是五文过江，二文渡河：

五文便许大江过，两个青钱即渡河。
去桨来帆纷似蚁，此间第一渡船多。

光绪年间，官渡过江仍是二文，民船（小划子）可能略贵。王葆心在《再续汉口丛谈》中是这样说的：“光绪辛卯，予初入鄂，其时渡江附官渡者，每人给钱二文，满五十人足陌（百）而开渡。划船亦略同。”可见200年间，不论官渡、私渡，不论大船、小划，渡资总是维持在几文钱的水平，真是够便宜的了，难怪有“行遍天下路，唯有武昌好过渡”的民谚。

晚清时期从国外传来了一些近代交通工具，开始主要是西式马车、人力车、三轮车、自行车等，后来有了汽车、火车、电车、轮船甚至飞机。

在19世纪60年代，为了防止北方捻军骚扰，影响汉镇商业，在汉口镇的后面、今中山大道一线筑起了一座长形城堡。到清末它成了汉口城市进一步扩展、交通进一步发展、商业进一步繁荣的障碍，在外国人在租界修马路的带动下，由湖广总督张之洞主持，拆了城堡修马路，当时称“后城马路”。后来其他马路陆续修成，而且与租界一样，道路平坦，灯火通明。武昌修马路早于汉口，是因军事用途而修筑的。时任湖广总督张之洞于光绪二十二年（1896年）创办了湖北武备学堂。武备学堂设在武昌黄土坡（今首义路一带），相距督署较远。武备学生不时需要调进督署操习，而张之洞亦须随时亲往武备学堂和校场校阅学生及各营弁勇操演枪炮阵式，所以亟须修建马路，以便往来。光绪二十三年（1897年）十二月初四日，张之洞札委督标中军副将俞厚安率各营勇丁帮助修筑马路。新修马路路线从督署东辕门起，循大街入王府口，直着向东过大石桥，至如意寺南行转东而北至武备学堂为一路，相当于今解放路南段转张之洞路至首义路。又从中途天符庙分出一支路，经大朝街转东，经自强学堂、银局、钱局而北至校场（今阅马场）为一路。同时，又由大都司巷接修至文昌门外，通至布局江岸。

马路上的交通工具主要是人力车、马车、汽车，这使“男女授受不亲”的古老习俗发生了变化，“乘汽车、马车者，男女杂坐不以为嫌”：

同车有女更销魂，过市招摇样翻新。
怪道年来风俗靡，由循义礼已无门。

（官应清：《后城马路竹枝词》）

新中国成立后，武汉交通业发展很快，武汉长江大桥的建成通车，不仅使武汉三镇通过公共汽车、无轨电车联为一体，还使经过武汉的火车不用通过轮船就能过渡，京广线成为真正贯通南北的交通大动脉。武汉城市交通的最大变化发生在近20年的时间里，据媒体报道，截至2019年上半年，已有9条轨道交通（轻轨和地铁）线路通车。2016年12月28日，武汉市首条快速公交——雄楚大街快速公交（BRT）开通运行。大汉阳有轨电车T6线路，于2014年11月开工建设，2017年7月28日建成通车。光谷有轨电车T1、T2是东湖新技术开发区建设的两条有轨电车的运营路线，于2018年1月18日开通运营，日均可运送10万人次客流。在智慧出租汽车建设方面，2016年，武汉市出租汽车行业信息监控应用平台建成，实现车辆及车内人员24小时监控、运营数据在线采集。开发手机APP招车平台，汉版“黄鹤行”手机APP上线，市民招车成功率不断攀升。私家小轿车的数量更是以惊人的速度增长，武汉市汽车流通行业协会副秘书长王治认为：“按照汽车消费的一般规律，车价和人均GDP，是影响私人购买轿车的两个主要因素，当二者比值接近于3时，轿车开始批量进入家庭。近些年来，武汉正处于这一窗口期，市民汽车消费高歌猛进，城市机动车保有量屡创新高。”武汉市国税局车购税分局发布的数据显示，2015年至2017年3年，武汉人分别购买机动车39.95万辆、41.4万辆和36.2万辆，共计117.55万辆。因此，修再多的路桥，高峰时间段部分拥堵“老大难”区域，照样拥堵，交警要下很大力气才能疏通。

武汉还有一种独特的陆路交通工具，当地人称之为“麻木”。它就是人力三轮车和机动三轮车，武汉人嫌弃它，但又离不开它。对于“麻木”这种名称，许多武汉人也不明白它的来历，而来武汉的外地人更是一头雾水。我曾有台湾来的朋友看见武汉一所大学门口竖有“空的麻木禁止入内”的告示牌，不明其义，但觉得好玩，就拍照留念。其实，“空的”就是未载客的“的士”（出租车），“麻木”就是上述三轮车。为维护校园内的交通秩序，禁止它们进入校园。

“麻木”本来是武汉人对醉酒者的称呼，有些老爱喝酒的人，常常喝多了就说酒话，撒酒疯，人们讨厌他们，便称他们为“酒麻木”或“麻木”。至于为何把三轮车称作“麻木”，还要从历史说起。从前，人力车夫是社会最底层的劳动者，他们为了谋生，在车行租赁到一辆人力车后，整天在大街小巷奔走，不仅体力耗尽，而且吃尽了苦，受够了气。晚上拖着疲惫的身躯，带着一肚子气，回到家，通过喝酒消除疲劳，消散烦恼。有时酒喝多了就借酒装疯，骂起人来，家里人和邻居就叫他们“酒麻木”。现在的三轮车夫工作与人力车夫差不多，其中也有不少爱喝酒的人，所以他们便被人们叫作“麻木”，连带地，这种三轮车也就被称为“麻木”了，电动三轮车或摩托车则称为“电麻木”。到2003年，武汉街头这种“麻木”多达3万辆，对武汉城市环境有意见的武汉人调侃道：“商业地摊化，交通麻木化。”这种车引发的问题很多，“麻木”在大街小巷横冲直撞，常常引发交通事故；尾气和噪音造成环境污染；不规范的运营经常引起与乘客间的冲突。有网友开玩笑说，在武汉乘坐三轮车不仅需要超常的体力，还要有过人的胆量，因为只要马路上的车流中有一条缝，三轮车就会挤进去，一直到整条马路上的车辆无法动弹为止。武汉市委、市政府多次取缔三轮车未果，只好向确实生活困难的三轮车主发放经营许可证，以规范运营。然而，随着经济的发展，“麻木”越来越成为影响交通发展、造成城区环境污染的主要因素之一，市民的意见也越来越大。武汉市委、市政府尊重民意，决定启动“禁麻”行动，但是3万多“麻木”车主多是失业者或伤残人员等困难群体，彻底取缔“麻木”等于切断了他们的生计。在广泛调研的基础上，市政府提出了“依法行政，有情操作”的理念，于2003年5月19日公布了类似于“赎买”的政策，由财政拿出1.5亿元左右回收三轮车，并为一时找不到工作的三轮车主提供最低生活保障。与此同时，还建立了一套激励机制，凡是在规定的期限内上交三轮车的，可以得到市区两级政府发放的奖金。6月初，武汉市又把出租车起步价调低到3元，延伸了公交车线路，方便群众的出行。事情进展的顺利程度出乎所有人的意料。从5月22日第一辆“麻木”上交开始，到6月24日一个月的时间里，武汉市政府“赎买”了37000辆“麻木”，没有引起社会动荡。第一辆上交的“麻木”现在被收藏在博物馆里了。

第三章 商业习俗

商业习俗作为一种商业文化现象，源远流长。宋人陆游在《入蜀记》中记曰：“（鄂州）贾船客舫，不可胜计，衔尾不绝者数里。自京口以西，皆不及。……市邑雄富，列肆繁错。城外南市亦数里，虽钱塘、建康不能过，隐然一大都会也。”另一宋人范成大在《吴船录》中亦记载：“（鄂州）南市在城外，沿江数万家，廛闬甚盛，列肆如栉。酒垆楼栏尤壮丽，外郡未见其比。盖川、广、荆、襄、淮、浙贸迁之会，货物之至者无不售，且不问多少，一日可尽，其盛壮如此。”而到明清之际，汉口则是全国“四大名镇”之一、“天下四聚”之一。可见武汉从宋元明清以来，商业已经十分繁荣，商业习俗自然比较丰富。到了近代，由于社会转型引起文化变迁，西方的影响激活了武汉商业的内在变力，社会风尚的演变促进了商业习俗的变化。旧的习惯一部分衰微，一部分仍在发挥作用，一些新的习惯开始形成并推广，更多的则是保存原来的形式而更新了内容，即所谓“旧瓶装新酒”。

蔡林记面馆

“蔡林记”是一家以经营热干面系列小吃为特色的近百年老字号小吃面馆。其热干面晶莹爽口、味道鲜美，深受武汉人民的喜爱。

第一节　商人信仰

中国民俗传统中，从齐鲁到岭南，从吴越到巴蜀，神鬼迷信无处不在。荆楚文化更是自古以来即有“信巫鬼，重淫祀”的迷信风习。神鬼迷信是不能把握自己命运的人们的一种虚幻的精神寄托。商人或走南闯北，四处漂泊，或将本求利，激烈竞争，“生死由命，富贵在天”，尤其缺乏安全感，神鬼迷信乘虚而入，商业活动中就有了种种迷信习俗。

信奉财神是商界最普遍的迷信习俗，它是商品经济趋于繁荣的产物。民间奉为财神的人、神、仙、怪最早的职能都不是司掌财富。大约在明清两代，经济发展，商业繁荣，市民阶层崛起，人们经商求财的欲望比较突出，于是道教中的神祇（如赵玄坛）、古代信仰中的“行神”、民间淫祀中的鬼魅、古老传说中的英雄或盗贼（如五通）都渐渐被附会为“财神”。近代对财神的信仰又甚于明清，民国年间更有强化的趋势。这是因为近代功利置重现象严重，舍本逐末、重利轻义之人增多，故财神信仰广为流行。特别是在激烈的商战环境中，商人最希望能有财神于冥冥中加以保祐，故礼拜赵公元帅最勤。

对赵玄坛（赵公明）的崇拜本是道教风习，因赵玄坛被认为具有买卖求财，“对之祈祷，无不如意”的神力，故被民间奉为财神，商界信仰尤诚。它是“金钱拜物教”观念的重要表现形式。拜财神除了平时在财神“码子”（塑像）前烧香外，多于财神生日当天举行祭拜仪式。汉口有财神庙，作为商家和居民祭祀、祈祷的场所。据叶调元《汉口竹枝词》所云“沈家庙里戏酬神，一节入官二百文。求福人多还愿众，戏台押得一包银”，这沈家庙供奉的关帝就是财神。那时有文、武财神之说，以商代忠臣比干为文财神，关帝为武财神。关帝在民间影响很大，人们赋予他许多职能，招财进宝、庇护商旅就是商人们赋予关帝的“神通”。各商店于开张日（多在财神诞日正月初五，也有过了元宵节的）“迎财神”：

> 开张各店彩灯悬，鼓乐花筒到处喧。
> 敬罢财神争道喜，灯笼热闹五更天。
>
> （叶调元：《汉口竹枝词》）

曹正兴铁铺

旧时的铁匠铺极其简陋，多为竹木搭建的窝棚，但生意好、活路多，只因那时农用及家用铁器多为这类手工作坊制作，尚未进入工业化批量生产时代。过去汉口有句俗语“黄陂的铁匠汉川的秤”，说明汉口的铁匠多来自黄陂。汉产名牌曹正兴菜刀，为家庭主妇首选，其创始人曹月海，便是黄陂祁家湾人。

有的商店还在这天宣布增加工资的喜讯（如鸿彰永绸缎店），让全体职工分享财神的恩赐，更卖力地为老板赚钱。有的老板接罢财神到娱乐场所“潇洒”，他们成了真正的“财神”：

财神到处大家欢，翠绕珠围共一团。
洒遍杨枝甘露水，请看遍地是金钱。

（蔡寄鸥：《咏汉口竹枝词》）

近代资本主义商业活动就这样与中国的古老传统结合起来了。礼拜财神的实质是对于金钱的崇拜与追求，它是商人从事商业活动时的精神支柱。商人们如此频繁地祭祀财神，虔诚地信仰财神，并不能真正求得财神的庇佑而获得钱财，这实质上是商人们的一种精神寄托。而在商人们一片祈祷声之外，也传来了对这种迷信的批评之声。1929年出版的《破除迷信全书》指出：“发财不发财，不在乎敬拜利市仙官，乃在乎有没有商业知识。人若在利市仙官上多用心，不去讲求交易的大道，恐怕只有赊（蚀）本破产了。”这种批评之声虽然道出了商家发财的真谛，即应讲求商业知识、经营技巧、商业信誉和商品质量，但并未扭转财神崇拜强化的趋势，以至于这一风俗至今仍流行不衰，新式财神“码子”前电蜡烛昼夜不熄，乃是因为市场经济激活了人们求财致富的欲望。

在中国民间的神鬼迷信中，保护神颇为吃香。家族以自己的祖先为保护神；地方以本地历史上的英雄人物为保护神；而在工商界，保护神就是传说中本行业的创始者或奠基人，常常被尊为祖师。武汉行业神崇拜情形较复杂。有的同一行业中由于行帮不同有不同的信奉对象，如药材行业，武昌药铺建有药王殿，汉口药店则设有神农殿，均供奉传说中遍尝百草、备知药性的神农氏；而汉口药材行则在三皇殿里礼拜伏羲、神农和黄帝，相传伏羲曾尝草制砭以治民疾，黄帝咨于岐伯、雷公而作《内经》，与神农氏一道被尊为医王或先医神，因为古代医药不分家，他们三位又被尊为药王；覃怀帮药商的药王庙里，供奉的药王却是孙思邈，这位唐代名医，著有中国医学名著《千金方》，后世神其术而尊为药王。有些不同行业由于业务性质相近或略有关联而信奉着同一位祖师爷，如银炉坊帮的太清宫里和铜、铁器行帮的老君殿里都供奉着太上老君，可能与道教典籍中记载的这位道教祖师曾开炉炼丹有关；皮业和鞋业行帮都有孙祖阁，供奉着孙膑夫妇，传说孙膑因遭庞涓陷害而受刖刑，妻子为其做皮靴一双以保护伤腿，故被奉为皮革业和鞋匠的祖师。有趣的是，蛋商行业无所谓祖师，他们建有混元公所，供奉太

曹祥泰杂货店

“曹祥泰”为老武汉响当当的日杂商号。日常生活杂用、衣食住行品类之全、货色之佳式样之新，别无他店能望其项背。老字号与知名老品牌商品相互烘托。曹祥泰肥皂厂生产的“警钟”牌肥皂行销中南各省。“曹祥泰”的创始人曹南山自幼丧父，家境贫寒，靠提篮小买卖维持家计，因卖蚕豆时，大把抓给顾客，比其他小贩给得多，故外号“一大把”。后来，小本经营，赚了些钱，开起“曹祥泰”水果杂货店，仍保持“一大把”风格，生意日益兴隆。

乙真人，其渊源关系颇费思量。考太乙真人即太上老君，宋真宗时曾上尊号为“混元皇帝”，古代民间有关于太上老君是由“三气混沌凝结，变化五色玄黄，入玄妙口中，大如弹丸，八十一年乃从左胁而生”的传说，蛋商行业以其为保护神，可谓别出心裁。祖师崇拜的功能主要有三：一是祈求祖师保佑生意兴旺，财源茂盛；二是通过敬拜祖师，求得神授技艺，掌握致富本领；三是以祖师为纽带，加强同行联系，巩固行帮团结。

祖师崇拜实为祖先崇拜在商人群体中的一种折射，它与行会活动密切联系在一起，具有浓厚的封建宗法色彩和迷信保守性质，是中国农业社会传统在商品经济和城市生活中的印痕。它既维护了同行的利益，又限制了他们利益的扩张。在民国时期旧式行会、会馆、公所向近代同业公会及商会转变的过程中，祖师作为维系行帮的纽带所起的作用渐渐削弱，行业神崇拜有所淡化。祭祀祖师神是旧式行会的重要功能之一，但同业公会和商会的功能集中在经济、政治方面，并无宗教的地位；旧式行会通过祖师信仰来实现全行业的精神整合，增强团体凝聚力，而同业公会和商会通过会员的民主参与、享受权利和承担义务来增加团体的凝聚力，并无宗教的功能。因此许多地方对行业祖师神的集体祭祀已久废不存，随着行帮组织的消解，行业神信仰的历史作用便也完结了。近代社会不断进步，科学知识逐渐普及，商人迷信观念有所淡化，促进了商风的近代化。

第二节　吉利语言

在禁忌不吉利语言的同时，吉利语言在商事活动中被广泛使用。这两者是人类崇信自己的语言具有神秘魔力的信仰和人们避凶趋吉心态在商业中的反映。

糟坊

因为在酿酒过程中会产生一种叫“酒糟”的东西，所以酿酒的作坊就被人们形象地称之为“糟坊”。

吉利语言首先表现在店铺招牌用字的选择上。在传统商业中，商家在店名中多用吉祥文字，这有两方面的效应：一是这些耀眼悦耳、象征吉祥的文字，可以满足店主自身追求好运的精神需求；二是可以招徕更多具有趋吉心理、迷信吉祥字眼的顾客，增加店铺的经济效益。有好事者曾将各地招牌上的吉利文字编成一首七言诗：

顺裕兴隆瑞永昌，元亨万利复丰祥。
泰和茂盛同乾德，谦吉公仁协鼎光。
聚益中通全信义，久恒大美庆安康。
新春正合生成广，润发洪源厚福长。

笔者曾将武汉的字号作一统计，十有八九未走出这56个字的范围。如汉口传统金融业汉口票号、钱庄共66家字号，仅有“惇、孚”两字不在七言诗之列，但亦是吉祥字。其余各字号均有一二字或三字在该诗范围之中，使用频率比较高的一些字分别反映了商人的如下心理：兴、盛、丰、裕等，表示希望生意兴隆，财源茂盛；安、康、祥、泰等，表示祈求平安幸福；永、恒、久、长等，表示生意持久不衰的愿望；德、义、仁、信等则表示商人讲求仁义、诚信的商业道德规范。

如果分开行业加以考察，我们还可以了解不同行业商人的不同心理。譬如，近代药材铺的店名，久康、保和堂、济群堂、万鹤龄、陈天保、吴寿康、济民堂、普润生、金同仁、天佑太、寿世堂、达仁堂、仁寿康、杨寿丰（以上汉口），济安堂、天保元、济强、延年堂、天保康（以上武昌），寿松堂、益世、王长春、万寿春、宝康（以上汉阳）等，反映了该行业商人博施济众，妙药回春，为民众解除病痛，使人延年益寿的良好愿望。而饭店酒楼的招牌，会宾、悦宾、福庆和、爱雅亭、会芳、聚仙、聚贤、致美等，反映了饭店老板迎合顾客希望福寿绵长的心理和以宾、仙、贤、美等名目取悦顾客的心态。

取店名趋吉避凶还有几个小故事。汉口有名的谈炎记水饺馆，最初取名是“谈言记”，后为图吉利，改“言”为“炎”，表示火上加火，越烧越旺，预示生意兴旺发达。而小桃园煨汤馆，最初拟取名“小陶袁”，既嵌进两位合伙经营者的姓氏，又以谐音表示桃园结义的意思。但由于迷信思想，怕只有三画的“小”字兆示生意只做得三天，便将“小”字改为“筱”，今名是1979年以后才使用的。同样，邹紫光阁毛笔店原名“邹紫寅阁”，后听信人言，寅虎相关，恐白虎当头于店主不利，便改“寅”为“光”，以求光大门第。

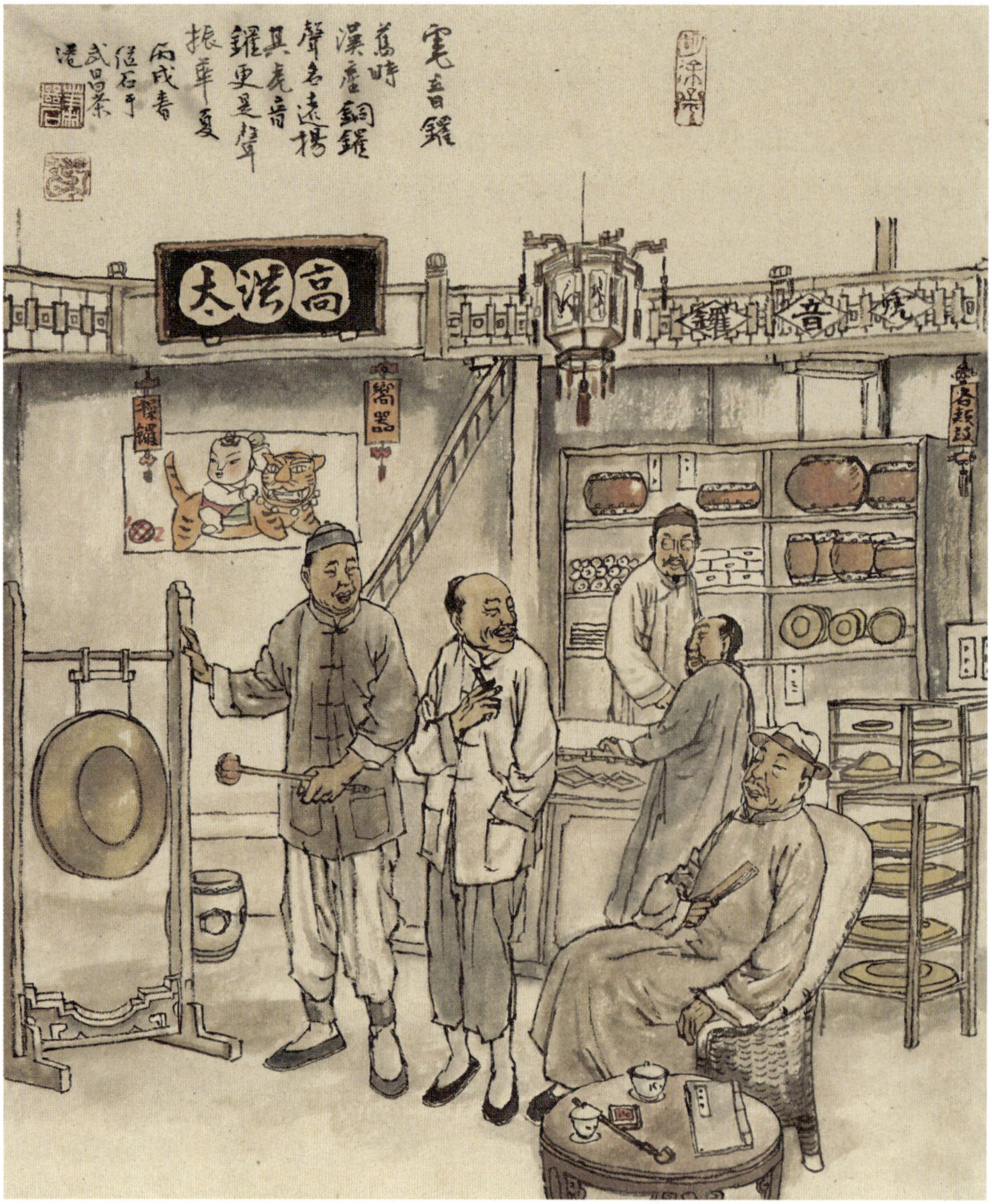

高洪太虎音锣

武汉铜锣具有悠久的历史，在清乾隆年间，武汉已是全国铜响器的制作中心。“高洪太”是武汉著名的铜响器制作业老字号，素有“千锤打锣，一锤定音”的美誉。其创始人高青庵于1914年在武汉长堤街262号（今1045号），开始以“高洪太”的牌号独资经营。他注重产品的质量，要求很严，他定音制作的锣音质纯正响亮，受到人们的好评。经过反复试验，“高洪太”制成一种锣，敲击时声似虎啸，响而不噪，受到“梅兰芳剧团”肯定，长期作为演出乐器使用。这种锣被命名为“虎音锣”。

吉利语言还表现在门联、匾牌、条幅等语言景观方面。“生意兴隆通四海，财源茂盛达三江”是商店常用的、已脍炙人口的门联。而逢年过节或店庆纪念日，“开门大发”“对我生财”“四季发财”“一本万利”之类的红色条幅满目皆是。另有一种合体字，如图所示：

这些字用菱形红纸书写，贴在钱柜等处，以祈求发财。复合字采用汉字的共同偏旁或部首互相借用，除了迎合审美外，还与古代巫术信仰有关，最初起源于道教符箓巫术。近代帮会曾将道教符箓巫术的“复字”用于会中印信、旗帜之上。根据帮会与商界的关系，这恐怕就是道教符箓巫术与商家求财复合字之间的桥梁。

第三节　暗码与“局子”

行话、暗语、“局子”，是语言民俗在商业中的又一种表现。如同各个地方的人有自己的习惯语言——方言一样，各个行业也有自己的习惯语言——行话，内行人说起来很自然，外行人听起来却颇费解。如，汉口交通行业所称的“滚子帮”“蹄子帮”“蟹子帮”，外行人就听不出是指汽车业、马车业和人力车业。回族商人所说的“勤行”与“丑行”，前者指饮食行业，本为北方话，即“跑堂”，因其百般殷勤照顾客人，故名，而武汉回族人民用这一词时，有勤扒苦做之意；后者指牛肉行业，因十二生肖中“丑”与牛搭配。而汉阳鹦鹉洲木材行业的行话，把行商带引顾客在木材堆中巡回选货色称为“游花园”“牵猴子”，木商请叫花子到木材行坐索欠款称为“送坐班”，行户挪用货款被会馆处以吊辫子、打棍子的刑罚称为“吊毛”。黄陂出门人叫扁担为“梁子”，卖菜人叫篮子为“二四”，木匠叫独脚凳为“稳子”。这些形象

亨达利钟表

最繁华的江汉路口，有一块醒目的“亨达利钟表公司”的挂牌，伫立了将近一个世纪，还有那幢欧式建筑以及巴洛克风格的精致石雕和大门钟，在老武汉人眼里，似乎成为品位、信誉、质量的象征。

武汉亨达利钟表店创始人陈文生，浙江人，曾在上海美华利钟表店做学徒，1910年来汉口，在德国人开的太平洋表行当“跑街”（推销员）。“一战”爆发后，德国人撤走前将表行卖给了陈文生。陈文生几易其址。

这家钟表店开业于1922年，秉承“汇世界名表于一室，集精湛技术为一身”的目标与理念，在经营名钟名表的同时培养优秀的技师。1924年，亨达利钟表店王亨亮师傅带人安装了武汉海关大楼报时钟。一时间，海关大楼连同那口大钟成为武汉市地标性建筑。

的行业语言中，透露出几分机智和诙谐，似由最初的玩笑话传播开来而形成的行业语言。更多的行话是简称、代用词或生意经，如饮食业的“红案”“白案”，装裱业的“红货”（裱商号对联）、“白货”（裱文人书画）等等，不一一引述。

至于暗语，是行中人在谈话时怕别人听懂而泄露商业秘密时使用的一种暗示语言。如，茶馆里茶房看见穿戴不同、来头不同的人进店，便用不同的语调，或高唱“贵客来临，雅座泡香茶”，或喊一声“又一位客人，泡解渴茶来”。里面的堂倌听了叫声，就会作不同规格的接待。茶馆以衣帽取人，又怕顾客知道引起不快，就使用暗语。有些商行柜上谈生意开盘子吃了亏又不便改口，就用暗语大声通知伙计：“某货‘会了’（指亏了），去仓库拿来。”伙计听到后知道价格定低了不能卖，便佯装去仓库转回来说：“对不起，刚刚卖完。”客人只好作罢。这种暗语实际上是人们习惯上做手势、使眼色、打暗号的延伸。

“局子”是另一种暗语，用于谈价钱时指代数字，亦有写作“橘子”的：“行栈官人最软和，每逢生意巧张罗。局中明白旁人昧，说话由来橘子多。”（叶调元：《汉口竹枝词》）从这首竹枝词所用字来看，“橘子”似可理解为局外人不知的数字，因为橘子包着一层皮，外表看不出里面有几瓣；也可理解为是字形相近的“谲子”（隐约其辞而不直言称“谲”）的误读误写。其他地方也有这种暗语，如海州（今连云港地区）叫“卍字话”。现将武汉地区近代流行的行业“局子”举例如下：

行业	一	二	三	四	五	六	七	八	九	十
粮食业	由	中	人	工	大	王	主	井	羊	非
典当行	么	按	搜	臊	歪	料	俏	笨	缴	勺
荒货业 杂货业	兵	文	善	作	臣	安	沔	柯	庆	
织布业	明	暗	聚	宽	拐	变	夜	问	梢	
水果业	牛	越	汪	折	中	晨	星	张	爱	
牛行	叶	刀	些	义	番	塞	才	核	阿	
菜行 渔行	叶	文	炮	插	咀	趟	西	站	求	

表中这些“局子”都是商人口头流传的，所以按照读音可以有多种写法。粮食业的“局子”流行比较广泛，其用字规律为，以每个字凸出部分的数量来代表“一”至“十”十个数

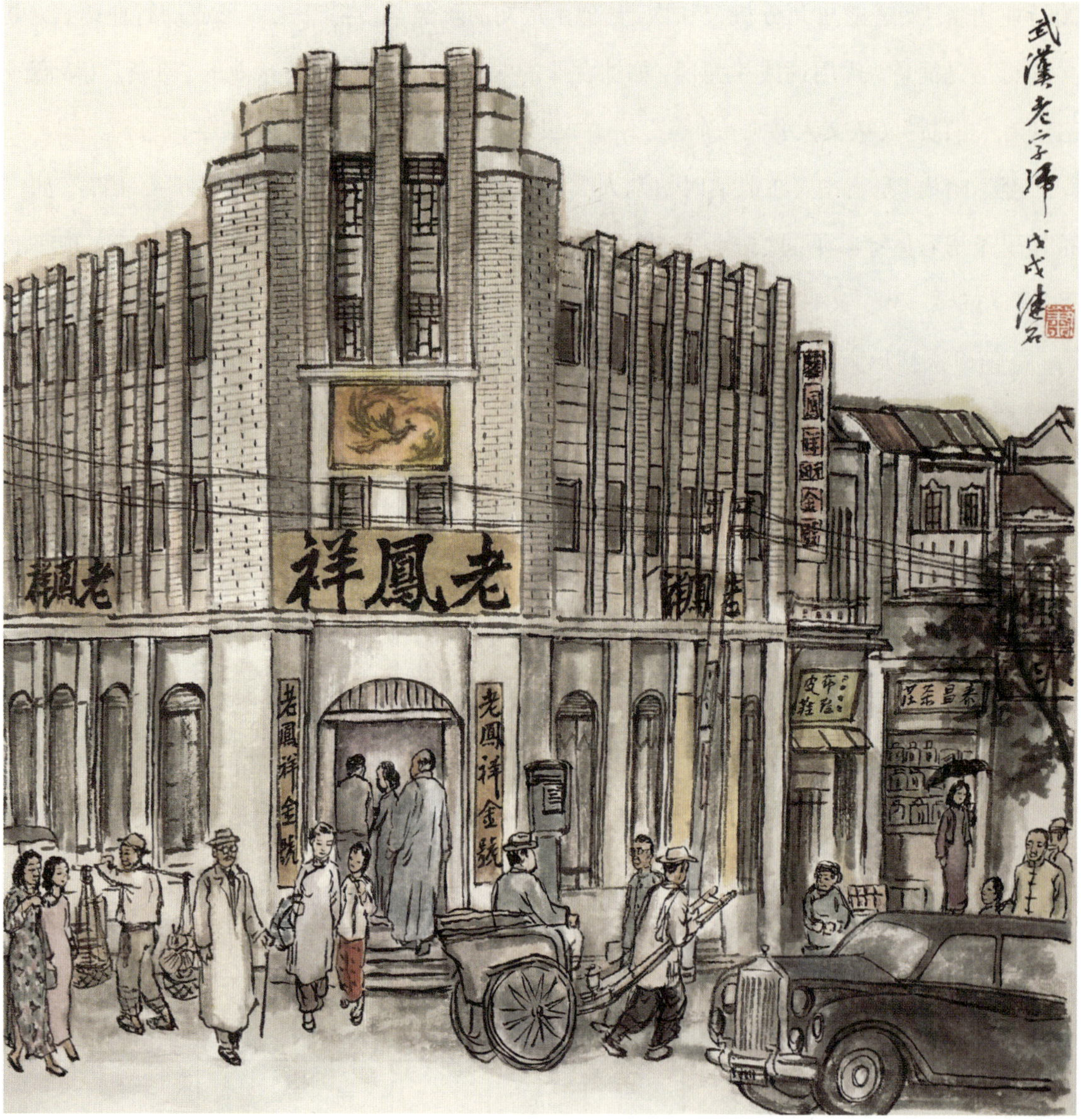

老凤祥

汉口老凤祥元记金号是浙江商人所开的。据《大武汉·旧影》：旧汉口的金银首饰行业素有本（湖北）、江（江西）、浙（浙江）三帮。浙帮拥有宝成楼、老天宝、老凤祥、老物华、老宝兴等银楼；江帮则是小本经营的银匠铺；本帮以炉房为主，不重门市。20世纪初，江帮的邹协和金号异军突起，成为汉口最大的首饰店，与浙帮分庭抗礼争夺武汉金银首饰市场。

码，如："由"，中间一竖凸出，代表"一"；"工"，两横向四个方向凸出，代表"四"，其余类推。典当行使用的是徽州方言的谐音。至于后面几种"局子"的用字（或读音）规律待考。这种"局子"与帮会黑话互有影响，因为帮会中贩夫走卒甚多，与行帮来往密切，故暗语有所交流。如上海帮会有以"旦底、挖工、横川、侧目、缺丑、断大、宅底、分头、未凡、田心"代表十个数码的黑话。与某些行业暗码"旦底、拙工、眠川、回回、缺丑、断大、皂底、入开、去丸"大同小异；而"江湖"通用切口中代表一至十的隐语"留、越、汪、则、中、仁、信、张、爱、足"，与上述武汉水果业的"局子"有"牛（留）、越（月）、汪、折（则）、中、晨、星（信）、张、爱"等九字相似或相同，这更是"局子"与黑话相通的明证。

语言本是整个社会全体成员交流思想的工具，而暗语、"局子"只属于特定的行业、帮口使用，它是局中人为了洽谈生意时不致被别人听懂而创造出来的特殊语言形式，既有保护自我利益的意义，也有蒙蔽局外人的作用。

第四节　商业谚语

谚语是长期流传下来文词固定的常言俗语，它凝结着人们生产、生活的经验和智慧，可用来传授知识、启迪思想，已成为社会生活习俗的一部分。商界经常把生意经、行规店规等用谚语的形式表达成为一种特殊的商业谚语。它言简意赅，押韵上口，是商人经营经验和智慧的结晶。武汉商场上流行的谚语很多，本节从龚杏芝先生辑录的《商业谚语荟萃》（载《武汉文史资料》1997年第4辑《武汉近现代商事习惯》）中摘录部分以飨读者。

老谦记

豆丝是武汉的特色风味小吃。市郊的农户每逢春节临近，家家户户要做三样食品：摊豆皮、打糍粑、熬糖。把豆皮折叠切成细条便是豆丝了。豆丝虽然外形像宽米粉，但原料、做法、口感都不同。豆丝原料为籼米加黄豆和绿豆。武汉人爱吃豆丝。提及豆丝，武昌老谦记的牛肉豆丝享誉三镇。老谦记的牛肉豆丝颇有一番来历：老谦记店主冯谦伯原为清末新军士兵，队伍中有人曾随左宗棠队伍戍边新疆向维吾尔族人学得烹制牛肉的好手艺，遂传给冯谦伯。冯退伍后于武昌青龙巷开了一家牛肉馆子。生意日渐红火，其五香炖牛肉、牛肉糊汤肉丝、干炒牛肉豆丝因风味独特，备受客人青睐。

人无笑脸不开店

过去商人开店，接待顾客讲究笑脸相迎。一般来说，在商品质量和价格相同的情况下，人们总是乐于光顾笑脸相迎的店，对于那些板起面孔、冷眼待客的店则往往望而生畏，调头就走。

要学“悦来客栈”　莫作“狗猛酒酸”

以往商人以“和气生财”作为座右铭。从前一些客栈往往取《论语·子路》中“近者悦，远者来”的意思以“悦来”二字作为店名，商店做生意也要像“悦来”那样对顾客和颜悦色，热情接待，使顾客心情舒畅，乐于消费。如果“狗猛酒酸”，顾客就不会上门。“狗猛酒酸”出自《韩非子·外储说右上》：“宋人有酤酒者，升概甚平，遇客甚谨，为酒甚美，县帜甚高，然而不售，酒酸。怪其故，问其所知闾长者杨倩。倩曰：‘汝狗猛耶？’曰：‘狗猛则酒何故而不售？’曰：‘人畏焉。或令孺子怀钱挈壶瓮而往酤，而狗迓而龁之，此酒所以酸而不售也。’”这个故事说的是宋国有个卖酒小店，买卖公平，从不少斤短两，对顾客又谨慎礼貌，出售的也是美酒佳酿，而且把酒帘挂得高高的，但是很少有顾客来买酒，酒放太长时间都变酸了。店主感到奇怪，就请教闾长杨倩，杨倩问他：“你店门口那条狗是不是很凶猛？”店主回答说：“是的。但是狗猛与酒卖不了有什么关系呢？”杨倩说：“人们怕你那条狗呀。比方有人让小孩怀揣着钱提着酒壶来买酒，你门前的狗龇着牙要咬他，大家就不敢来你店里买酒了，所以酒放到酸也卖不出去。”旧时商人往往以这个故事为训，强调和气生财。

要赚客的钱　脾气就要绵

此谚劝诫生意人，为了赚钱吃饭，做生意时，面对顾客，要控制自己的脾气，不论顾客言语或行为有什么问题，只要不是原则问题，就尽量忍耐，“有理不打上门客”。这样的商谚还有很多，如“让客三分理，不说满口话”“买卖低头做，没有回头客”“柜台是戏台，喜忧随客扮”“挑挑拣拣顾客喜欢，不挑不拣顾客不满”等。

慢卖老　细卖小

老年人一般动作缓慢，记忆力差，反应迟钝，买东西时往往拿不定主意，问得多，挑得细，算得慢。对待老年顾客，必须态度和蔼，称呼亲切，特别要有耐心，不能怕麻烦。结算收款，要耐心，对价格、数量、金额或找的零钱，要交代清楚，让老人明白并都记下，没有什么问

老通城

老通城是汉口响当当的百年字号，其招牌小吃——豆皮享誉海内外，与老通城相关的传奇故事，被老汉口人民津津乐道。老通城的前身名为“通城饮食店”，由汉阳人曾厚诚创办于1929年。曾厚诚原名曾广清，出身于汉阳永安堡的一个贫农家庭，年轻时就到汉口谋生，先在大户人家做佣人，后来做过蜜饯作坊工人、小旅店的茶房、跑马场的职员。苏州姑娘浦守道勤劳、善良，在汉口当佣人，遇上曾厚诚，俩人相爱订终身。浦守道将攒的钱全部拿出来给曾厚诚做本钱，开始经营餐饮生意并逐渐做大。

题了，交易才算完结。小孩顾客，主要是买些副食品或其他零星小东西，他们的特点是选商品干脆利落，但可能考虑不周，挑选不严，有些粗心，对小孩顾客特别讲究一个“细”字，如问清楚他们买东西做什么用，带了多少钱等，如果回答得清晰合理，说明孩子的话没有错，可以拿适合的商品给他。如果他要买的东西没有，哪怕店内有别的可以代用，也不要动员他买，最好让他回家问问大人后再来买。要关照他拿好买的东西，单价、钱数要一一交代清楚，必要时还可以写在包装纸上。

众口面前寻一尊

在零售业中经常会遇到几个人一起来买东西的情形。因各人喜好不同，或出于别的原因，往往对一种商品产生不同的看法，有时会各执己见，闹得不可开交。遇到这种情况，先不宜轻易发表意见，而应从观察中找出他们之中谁是做决定的人，然后再同他搭话。他说得对的，可以附和赞同；说得不对的，要耐心向他解释。这样客观上会形成对他的支持和尊重，增加他的自信，与他同来的顾客也会因商店方面支持、尊重他而改变自己的看法。如果不同这位起决定作用的顾客搭话，而同别的人搭话，就会出现似乎轻视主要顾客的局面，使问题不好解决。

柜台是戏台　喜忧随客扮

商店的柜台恰如剧院的戏台，营业员卖货好比演员在戏台上演戏一样，一喜一忧都要随着顾客的需要而表现。做到想顾客所想，急顾客所急，这样才能做顾客的贴心人，为顾客当好购货的参谋。营业员在柜台上，无论个人遇有怎么不顺心的事，都应努力控制自己的情绪，对顾客态度不可冷淡，语言不可生硬。同样，即使遇到滑稽可笑的顾客时，也不能以此取乐。

柜台站三年　懂得麻衣相

“麻衣相”是一种相面方法，在这里是指商场上的心理学，意思是说在柜台卖货时间长了，就懂得了一些顾客心理，就像算命的人会看相一样。顾客的组成是非常复杂的，职业、年龄、性格、爱好等都会不同，但营业员经过长期锻炼后，可以逐步琢磨出顾客带有共性的需求来，也就是顾客的共同心理特点，甚至还能揣摩出不同顾客的各种不同要求，也就是顾客在心理上的差异等。经验丰富的营业员，当顾客一走进店门时，就能够八九不离十的观察判

老通城与《游击军歌》

1937年，冼星海来到武汉，与老通城经理、曾厚诚的长子曾照正一见如故。当时冼星海住在老通城店附近的吉庆街瑞祥路一号，谱写抗战歌曲。他经常到老通城店来与曾照正和王云阶试唱歌曲，抗日歌曲《太行山上》就诞生在这里。年底，先珂写了一首《游击军歌》的歌词，让冼星海谱曲。过了几天，他们相约来到曾照正家，冼星海拿出歌曲，即兴谱好曲，大家试唱起来。后来这首歌很快流行开来，激起了人们的爱国热情和抗战斗志。

老通城是汉口业余歌咏团、三八好歌咏队的活动据点，歌咏队队员在老通城向冼星海学唱抗战歌曲，然后上街宣传，由爱国人士带领，迅速展开抗日救亡运动。

断出顾客的性格以及对商品的爱好和要求。“懂得麻衣相”说的就是这个道理。

主随客便　货遂人愿

顾客购买商品，是为了适于使用，只要适用，就会满意。但是什么样的货物才能适用，这不能以营业员自己的意愿为准，而要以顾客的意愿为准。顾客来商店买东西时，营业员必须随客之便，为顾客提供各种便利。货遂人愿，就是要让顾客自己决定要什么货、不要什么货。由于人们的喜好各不相同，营业员认为好的，顾客不一定认为好。营业员既不能消极旁观，又不可包办代替，强买强卖，而是要客观地向顾客作介绍，积极地为顾客当参谋，让顾客自己拿主意。

卖马要管马鞍

顾客买马是为了骑马，骑马要有马鞍，如果买到了马而买不到马鞍，买马的目的仍然达不到，顾客会很失望。卖马的如果想让自己的马卖得快、卖得多，就必须在卖马的同时，也要考虑马鞍的问题。以此类推，诸如卖罐头的应该考虑卖起罐头的起子，卖皮鞋的要考虑卖鞋油等。“卖马要管卖马鞍”，不仅方便顾客，而且可以促进销售。

大秤平胸　小秤平鼻

秤有很多种，过去商业柜台常用的有杆秤和台秤。杆秤又分为钩秤、盘秤、戥秤等，一般多使用盘秤。使用盘秤时，要先用右手将秤提起，再用左手取货轻轻放入盘中，再用右手拇指、食指、中指提提纽，用无名指和小指附在杆头上方，以防溜砣或秤尾上翘。左手提砣绳使秤砣不要摆动。使用盘秤时，秤杆一般要放在胸的中部，这样既便于添取商品，又便于观看；使用戥秤时，秤杆一般应和鼻平，因为戥秤小，离得远不易看清楚。现在虽然用电子秤代替了杆秤，但称量要准、分量要足的原则没有变，它关系到商业信誉，营业员不可掉以轻心。

快提酒　慢提油　称盐称菜秤抬头

“快提酒”，即用酒提打酒时，速度要快，因为酒容易挥发和洒漏，如果速度慢，提子提起后，手略有抖动就会洒漏，不满提，顾客便会吃亏。“慢提油”，即用油提打油时，速度要慢一些，因为油类黏性大，流动慢，提子提起后，要略停一下，让沾在提子上的油掉下去，然后

谦祥益

旧时，交换买卖一般按匹论份，整匹买卖。这大概是布店叫“匹头店”的渊源。

每近新年，上布店买布为家人缝置新衣成为大事。匹头店进入旺季，店员们应接不暇。1915年发表于《汉口中西报》的《汉口竹枝词》中有这样的词句：“洋货行销布大宗，漏卮无限势汹汹。请君试往花楼看，布店人围数十重。”

匹头名店谦祥益，于光绪十一年（1885年）在汉口戏子街设店。店家珍惜声名，诚信为大，店规一口价，不瞒报虚价，革除讨价还价习俗。“一言堂”金匾店中高挂，“货真价实，童叟无欺”对联排两边。规矩挂在墙上，口碑在顾客心中，故生意兴隆。其后，谦祥益又在汉正街开了谦祥益衡记绸布店，店铺墙体有内外两层，厚实坚固，店面气派。后来，武汉有句歇后语：“谦祥益的房子——内外墙（强）。”

再倒入顾客的容器内，倒完时也要略停一下，让提内的油倒尽倒清。如果速度快，就会影响准确性。对于盐、菜这类商品，称时要称得略高一些，这中间的道理，不仅有个保证量足的问题，还有个满足顾客心理的问题。因为人们习惯上对于价值低、抛撒大的和容易“涨秤”的商品，不像贵重商品那样严格，称“高”一些，既能显示卖者大方，有利于树立信誉，又能使买者感到满足。过去有些卖布的商人，量布的时候有意把尺寸放得宽一些，如卖七尺布总会多让个二三寸。如以五角钱一尺计算，多让的不过值一角多，但顾客非常满意。如果顾客多照顾几次生意，不知要赚回多少个一角多来。可见，在使用度量衡器时，也有一套生意经。

此外，还有反映经营作风的“货真价实，童叟无欺”；反映行规的“全年二十四荤三大醉，开张谢神不在内”（这是部分行业职工加餐的待遇，“二十四荤”指每月初一、十五打牙祭，“三大醉”指端午、中秋、年关三节店东宴请，“开张”“谢神”指正月初五开张敬财神、祖师诞日行帮祭祀时的宴会）；反映店规的“称包写算扎，收拾捡点抹”（指店内职工的技能要求和职责范围）；反映欺骗顾客手段的“煤炭一般黑，神仙认不得”（指煤中加重掺杂，以劣充优，顾客不知）。《武汉市志·社会志》“语料选辑”中还有一些商业谚语，如，“萝卜上了街，药铺无买卖”“货到地头止，货到地头死”“烧窑的，卖瓦的，都是一把的”“少得不如多得，多得不如现得”“三天有不得，三天无不得”“上街不要，下街一抢”“大租如小买”“河里无鱼虾也贵”等。在黄陂县（今武汉市黄陂区）还有“肩挑四两灯草，大小是个生意”“赚钱往前算，蚀本往后算”“赚钱要赚正经钱，赚了黑钱讨人嫌”“人不混账，账不混人”“苏州打货杭州卖，不图赚钱只图快”“逢俏不赶，逢滞不丢”“生的煮熟，对半出头”“留得千年货，自有变钱时”等商业谚语。

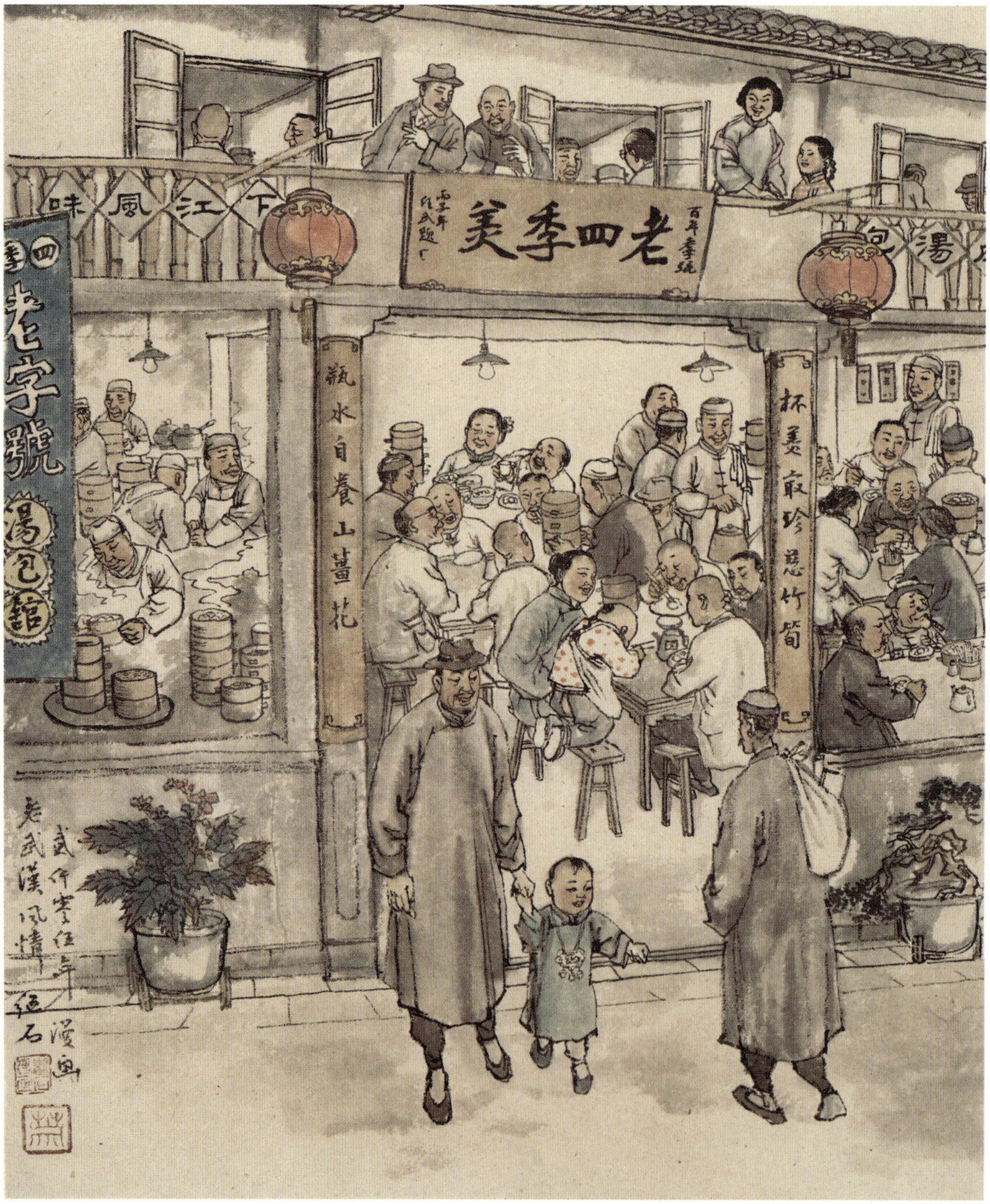

老四季美

百年老店四季美，其小笼汤包闻名遐迩。开业之初，围桌几张，店面窄小，老板田玉山请来南京师傅徐大宪，用料、调味皆求精，用肉一指膘，熬汤必选阳澄蟹，烹制工序苛严，火候力求一丝不差，生意日益兴隆。仿冒招牌接踵而至，其侄子甚至于隔壁挂牌“四季美”，田玉山怒不可遏，无奈之下改名“老四季美”。

第五节 商场禁忌

各种商业禁忌也是商人信仰习俗的重要内容。禁忌是人类共有的普遍迷信形式，人们的禁忌亦深入生产和生活的各个方面。商人的禁忌，既有民间禁忌的一般特点，又具有行业禁忌的特殊内涵。对于不能把握的生意成败、命运吉凶的担忧派生出的趋吉避凶观念，形成了商人禁忌的主要内容。旧时汉口商业禁忌颇多，反映了商人避凶求吉、怕蚀本的心理。早晨商店开门营业，门板分左右两边正面竖放，不可反放和倒放，以示“百事顺遂”。衡器和算盘是商业活动的重要工具，关于二者的禁忌有：忌讳“空秤”，不用时秤砣一般要放在秤盘内；忌讳“算空”，店员、学徒不准摆弄算盘。空秤与算空忌讳的就是一个“空”字，害怕生意落空。店中人忌踩门槛、坐柜台、睡柜台，禁止背朝外脸朝里坐，这种行为被认为意味着生意不顺，无事可做，会妨碍顾客上门，堵塞财路，故为商家大忌。在店内扫地，须由下及上，不能朝门外扫地，防止将财扫出门，倒垃圾应走后门、边门。还忌讳早上刚开门就有顾客借钱、换零钱、赊账等，认为这样一天生意都不好。忌讳别人说货不好、不好卖等。商人外出采购，忌出门时首先遇着女人或棺材。挑担行商，忌单日出门，最吉利的日子是逢八，意为大发，获利多。行商用扁担禁忌别人从上面跨过，尤忌女人跨过或坐。商界处处弥漫着风险，潜藏着危机，旧时三镇民间商界形成了上面所说的旨在避凶趋吉、祈求财运亨通的信仰与禁忌习俗。商界中人希望能通过遵守这些信仰与禁忌使自己财源茂盛。尽管有的商贾并不迷信，但为了安心，也将这些信仰与禁忌奉若圭臬。

武汉商业禁忌中对不吉利语言的忌讳，具体内容为：

1.遇到不吉利字眼必须改一种与之相反的吉利说法。如，舌头因“舌”与“折本”的“折”（音shé，通常写作“蚀”）谐音，改称“赚头”。货栈搬运货物计数用的“筹码”，因“筹”与“愁”谐音，改称“欢喜”。称蛋为“元宝”，避讳“断”字。

2.遇不吉祥词语，用其他相关词语借代。商店关门最不吉利，每天收市便不说关门而说“打烊”（此为吴语，熄火的意思，“打烊”就是把做生意用的火熄灭，表示一天的买卖结束

苏恒泰

俗语说“晴带雨伞饱带饥粮”，百姓家中都要备几把伞。始创于同治三年（1864年）的苏恒泰，其雨伞行销湖北、湖南各地，跨越三个世纪，鼎盛时期年生产、销售雨伞10万把，设立七处加工作坊。当年新婚夫妇以有苏恒泰牌号红色、蓝色雨伞各一把为时尚。

每一老字号都有不寻常的故事。苏恒泰创始人苏文受，为湖南石门坎的农民，祖田被豪绅霸占，申诉却败了官司，一气之下挑起修伞担子远走他乡，在汉口街市边以卖伞修伞谋生，所制雨伞质量优于本地产品，生意日渐兴隆。后于汉口关帝庙一带租房一间，白天修伞卖伞，晚上制伞，销量与日俱增，供不应求，日积月累，生意越做越大。

了。此语由下江商人传来）。轿夫抬轿碰到障碍相互打招呼，不说实物，而要说“点子”，如前面看见石头当路，就说“有绊”，后面回答说“有跪”；前面看见许多石头，就说“满天星”，后面则说“眨眼睛”。水上运输忌讳讲“沉”“翻”等字眼。

3.对神灵忌说不恭敬语言。如，卖神像（财神“码子”和灶码）称“送”，买则称“请”。旧时每年临近腊月二十四日那几天，满街呼唤“秦灶麦”，连一些老武汉也只知是卖灶码，而不解三字含义，实为“请灶码”的变音。

4.避免对顾客说不吉利的语言。药铺、医院、棺材铺、寿衣店等最忌对顾客说“欢迎再来”一类的话，因为那等于咒顾客再生病、再死人，会引起顾客的反感。

5.对于万一说了触犯禁忌的语言，要加以“禳解”。禳解之法有预防和补救两种，预防之法是于年节前在店中贴“百无禁忌”字条，补救之法是立即由旁人说一声“童言无忌”等。还有在店里打破了杯、碗之类也是很不吉利的，旁边会有人立刻说“岁岁（“碎”的谐音）平安”来禳解。

第六节　商业场所与组织

行业街和庙市都是固定的商业场所。

一条街道经营同一行业的作坊或店铺比较多，就形成具有特色的行业街。行业街大多以行业名称命名，顾名思义，街名本身就是商品广告、购物向导。武汉的行业街出现比较早，是手工业作坊集中之地。

清道光初年范锴所著《汉口丛谈》卷二所列载汉口坊巷之名中，已出现不少行业街名。

民众乐园

老汉口人称民众乐园是汉口的戏窝子。建于1919年的这座建筑最初名叫新市场，是最早的商业娱乐综合体，曾易名血花世界、人民俱乐部。

民谣描述最为生动：“一进新市场，真是见洋广，京戏汉戏花鼓戏，一场又一场。这里玩把戏，那里放电影，楼上楼下好几层，到处人挤人。早晨进园，半夜才散场，硬是玩了一整天，买票只一张。还有哈哈镜，叫你“出洋相”，奇形怪状丑模样，活活笑死人。饿了么样办，这个你莫慌，吃的喝的都好买，不晓几便当。玩得蛮有味，票价也不贵，你要不去见世面，以后要失悔。”

在正街，有打扣巷，可能是制作花结的；剪子街，生产刀剪；靛行巷，生产和销售染料；衣铺街，裁缝店或服装店集中之处。在中路，有纬子街，即今统一街，可能有纺织纬帘的店铺；花布街、白布街，即今之花楼街一带，分别销售花布和白布。中路后的戏子街（今人和街），可能是唱戏艺人聚居之地；打铜街，南起花楼街，北抵统一街，是铜匠铺集中之所。据称，这里的铜匠打造的铜质的茶壶、脸盆、墨盒、烟袋、锁、蜡台、香炉，精巧美观，经久耐用，多是汉货精品，因此，打铜街的名声远播。在河街还有砖瓦巷、草纸街、袜子街、芦席街，顾名思义，这些街巷分别是砖瓦商店、造纸作坊、织袜作坊和芦席商店比较集中的地方。除《汉口丛谈》记载的这些行业街外，汉口在晚些时候还出现过绣花街、篮子街、铁坊巷、纸马巷、五彩坊、灯笼巷、牛皮巷、皮业巷、药帮巷、麻线巷等。叶调元《汉口竹枝词》称“街名一半店名呼，芦席稀稀草纸粗”，说的就是行业街名字的由来。

在武昌，有一条筷子街曾驰名一时。此街位于今临江大道大堤口至前进路段。明朝末年，江西吉水县制筷业的一批工匠随人口大迁徙来到了武昌，在江边筑堤而居，继续从事筷子生产，他们将竹子在堤旁小湖中浸泡，把制成的筷子撒在堤上晾晒。久之，当地居民把堤称为筷子堤，把湖称作筷子湖。后来在湖畔形成一条专门生产和销售筷子的街道，名为筷子街。晚清时期，此地筷子作坊有100多家，所产筷子销往全国各地。武昌另有一条灯笼街，专门生产和销售灯笼，亦是一条有名的街道。此外还曾有过豆腐巷、绳业街、砖瓦巷、箍桶街等。

这些行业街的形成、发展，以至驰名，说明明清时期武汉手工业的繁盛。

与行业街不同，归元寺庙市只是在春节期间才繁盛的商业场所。人们因祭神而定期到寺庙会集，商贩因人多而前往贸易，于是便出现了庙会。庙会集信仰、娱乐、贸易于一体，深受人们欢迎，因此在旧时代漫长的岁月里长盛不衰。在城市里，由于人口众多，到寺庙烧香的人每日不断。又由于商业的发达，商人们在寺庙周围设立许多商店和摊点，定期的庙会渐渐地变为常开的庙市，寺庙周围则成为固定的市场。汉阳归元寺门前便是这样一个庙市。笔者幼时在春节期间经常到归元寺玩耍，对当年的热闹情景仍有非常深刻的印象。

汉阳归元禅寺创建于明末清初，距今有300多年的历史，是武汉至今保存较完好的佛教丛林。从古朴、庄重、典雅的外山门步入禅寺，遍游众多的建筑群落，让游客流连忘返的要数罗汉堂，武汉地区流行的一种占卜方式“数罗汉”，就是在这栩栩如生的罗汉群中进行的。所

叶开泰

早在明代，武昌、汉口就是赫赫有名的药材集散地。武昌走马岭、察院坡一带的药市生意兴盛，汉口也有“药帮巷”专业街市。到了清代，汉口的药材行业分工专业、精细，以经营规模大小分为号、行、店、铺。

明崇祯十年（1637年）在汉口鲍家巷开业的叶开泰药店，诚信经商，逐渐兴盛，到了清代，已是与北京同仁堂齐名的“中国四大药店”之一。叶开泰制药子孙相传，精研药理，精选药材，创制的成药，有口皆碑。据说叶开泰制“八宝光明散”，麝香必购杜盛兴的，冰片必购百草堂的；制“虎骨追风酒”的虎骨，必购前有邦骨、后有凤眼的四腿熬制虎胶；制“参桂鹿茸丸”，规定高丽参要占三成。还有许多诸如此类的一套严苛的讲究，加上对顾客厚道，才成就“叶开泰”历经数百年不衰的名号。

谓“数罗汉”，是从本身年龄这一号罗汉数起，如今年20岁，即从第20尊罗汉数起，依次顺数20尊罗汉即到第39尊罗汉止；还有一种数法，即随便选一尊罗汉数起，按当年本身年龄的数字数。两种说法，均要按年龄数字数到某一尊罗汉，然后对照此罗汉神态来应验心里所想之事：当数到面带笑容者，则认为必有好运，得意扬扬；当数到愁眉苦脸者，便认为不吉利，忧心忡忡。

在由西大街通往归元寺的西桥北街两旁，店铺林立，多半是卖香纸蜡烛的，以供香客敬神之用；小半是卖麻花、糕点的，以供香客带回家馈赠亲友。出了西桥北街来到归元寺前广场上，只见一片片摊群错落有致，游贩们则穿梭其中。除了大量卖香纸、蜡烛和麻花、糕点的以外，就是饮食摊、水果摊、玩具摊、测字摊等。这些摊点各有特点，总是围满了人。这边饮食摊上有热干面、什锦豆腐脑、水饺、汤圆、糊米酒、盖浇饭、面窝、豆皮等武汉的各种名小吃，游累了、玩饿了的游人坐在摊前津津有味地吃喝。那边水果摊前则围了一堆人，中间有两三人在玩劈甘蔗比输赢的游戏，只见一人手起刀落，“嚓”的一声，一根甘蔗被从中间劈为两半，围观的人们发出哄笑和叫好声。一些香客拿了刚刚在庙里菩萨前抽的签，急匆匆地来到测字摊上，请测字先生破解签上的文字，测字先生总是满口奉承的话，使来人高兴地离去。儿童们牵了大人的衣角，从一个玩具摊走到另一个玩具摊，挑选着各种玩具。那个女孩的气球飞了，正咧着嘴哭；这个男孩的“滴咚”（武汉人根据吹奏的声音称玻璃喇叭为“滴咚”）破了，却笑嘻嘻地唱着“滴咚滴咚，拿钱来送”。在广场中间，常常有几处表演的圈子，如，乡下艺人牵了猴子表演杂耍，城里江湖客搬弄着各种道具变把戏，卖狗皮膏药的汉子在那里只说不练，刚翻了筋斗的小姑娘正捧了一面铜锣在向看客讨钱。还有几个“丢框框”的圈子，那是在套彩，圈中摆了许多瓷器，有小碗、茶杯、茶壶、瓷娃娃，后面摆的是最吸引人的大菩萨塑像，不服气的游客买了很多“框框”一把撒过去，结果仍然一无所获，只得悻悻地走开。在摊群中还夹杂着卖布的、卖鞋帽的、卖针头线脑的，生意还不错。

在20世纪五六十年代，归元寺香火还很旺盛，寺前的市场也很热闹。“文革”中敬神礼佛的风俗受到冲击，寺中香火寥寥，寺前冷冷清清。改革开放以来，人民的信仰自由得到保证，归元寺又重现昔日的风光，寺前新开辟的翠微路兴建了许多商店，显示了新时期经济的繁荣。街道两旁还有不少摊点和游贩，出售香烛、玩具、食品、电子表等。与从前不同的是，随着游客需求的变化，现在出售的物品档次有所提高，卖旅游纪念品的占了很大比例。因为

搬运工

旧时武汉大小码头多。船到码头，上下货物靠搬运工人挑肩扛。搬运工靠肩膀吃饭，人称“苦力”，晴天一身汗，雨天一身泥。夏天搬运石灰、水泥时，搬运工的汗水，粘上洒落的石灰，整个变成“白人”，就只露两只眼睛眨巴；搬运煤炭，也就变成“黑人”。搬运工赚到几个辛苦钱，的确不易，有时还要受工头、地痞的压榨。

如今来归元寺的人们除了一部分礼佛敬香者外，大多数是来观光游览的，纪念品对于他们更有吸引力。尤具特色的是花木市场，出售各种名贵树木、奇花异草和各式各样的盆景。这个市场不仅供游人购买花木回去装饰庭院，它本身也是对归元寺周围环境的一种点缀。为了搞活经济，汉阳区政府和有关部门曾利用春节和元宵灯节游客众多的时机举办过庙会，把文艺演出活动和经贸交易活动结合起来，收到良好效果。

会馆和公所是同乡或同行的人们为了互助和自卫而建立的一种松散的社会组织。全国各地有许多这样的组织，它是明清之际经济发展、商业繁荣的产物。而到民国，近代社团商会、同业公会兴起以后，它走向衰落。

自明成化年间汉水改道后，汉口渐渐发展成为一个商业重镇，被人夸张地形容为“九分商贾一分民”。这些外来商贾，按地域、行业结成帮派，如湖南帮、宁波帮、四川帮、广东帮、江西福建帮、山西陕西帮、徽州帮、药帮、船帮、钱帮等，各帮活动和议事的地方便称为会馆或公所。由商人出资建屋，其建筑互竞豪侈，以显示本帮的实力和地位。叶调元《汉口竹枝词》曰：

一镇商人各省通，各帮会馆竞豪雄。
石梁透白阳明院，瓷瓦描青万寿宫。

作者注云：“阳明书院即绍兴会馆，梁柱均用白石，方大数抱，莹腻如玉，诚巨制也。江西万寿宫，瓦用淡描瓷器，雅洁无尘，一新耳目。汉口会馆如林，之二者，如登泰山绝顶，‘一览众山小’矣。”

叶氏谓“汉口会馆如林”，到底有多少？据1920年《夏口县志》的统计，汉口各会馆、公所近200处，经会馆、公所联合会（成立于1912年）会长江顺成、余士熙的调查，有确切建设年代者123所，年代不详者56所。这些会馆、公所，推举会首、会董进行管理，下设庶务、管账、文牍等人员协办日常事务。会馆、公所的传统功能主要有如下五个方面：

1.祀神。通过祀神增加旅居异乡的游子或处于激烈竞争中的商人、手工业者的安全感。而且同乡或同行共同祭祀保护神（如江西人信奉的许真君、福建人信奉的妈祖、山西人信奉的关帝等）或祖师（如木匠信奉的鲁班、织工信奉的机神、药材商信奉的药王等），可以增进同乡、同行的感情和联系，使大家通达义理，同心协力。了解了祀神是会馆、公所的一项重要

茶馆

清末民初，是武汉茶馆极盛时，三镇茶馆千余家，遍及大街小巷，开的是闲门，走的是闲人，三教九流，形形色色。小的茶馆，一把开水壶，一个炉子，十几个茶杯，摆几张桌子，即可开门候客。有点规模的茶楼，白天以喝茶为主，晚间咬册子（说评书）、围鼓子（清唱汉剧、楚剧）、皮影戏、抹牌赌博，五花八门。位于汉口闹市中心的临城茶楼，有二层楼七八十张茶桌，每天座无虚席。茶客中提雀笼的雀鸟商人居多，他们边喝茶，边做雀鸟生意。物以类聚，人以群分。汉口一些茶楼逐渐形成各自的特色。利济路的安乐泉茶馆，进出的多是土产、水果业商人；硚口的德心茶楼，米贩粮商常在这里谈生意；各种匠人进出于长堤街巷口的保寿泉茶馆；扁担们常聚集在利济南路的清香茶社。

功能，就可明白许多会馆、公所为何直接以神殿名称来命名或将办公集会地点设在神殿了，如江西会馆称万寿宫，山陕会馆称关帝庙，船帮公所设在西来庵，鹾商公所设在大王庙，豫章公所以九华庵为办公和集会之所。

2.义举。旅居他乡的游子，最怕孤单，怕生老病死无人相助。而会馆、公所之建立，往往先从暂厝、归葬等慈善事业发起，故互相扶助是会馆、公所的又一重要功能。如宝庆会馆的日常活动中就有济助同乡、安葬死者、开办学校等事宜。许多会馆、公所都重视开办学校，培养自己的子弟，故一些会馆、公所以书院命名，如阳明书院即绍兴会馆，钟台书院即咸宁会馆，新安书院即徽州会馆，凌霄书院即粮行公所，三才书院即命理公所（算命者的组织），琴溪书院即川邑正记船帮公所。

3.公约。会馆、公所作为一种社会组织，有共同制定的规章制度，对于其成员遵守这些规章制度也提出了严格的要求。同乡会性质的会馆、公所所议定的规章制度，主要是关于集体祭祀、社会公益和守望相助一类的规定。而行业性的会馆、公所则是商议同业规则的场所。所议规章制度以勒碑的形式公布，对违反者予以严厉的惩罚。可惜的是，在武汉这类碑刻保存不多，更缺乏人去搜集整理、记录刊印。据说江西会馆万寿宫（故址在今市七中处）仅有半截这样的石碑存留。怀庆会馆所建的药王庙还残存有两块购地契约碑。

4.自卫。会馆、公所在同乡、同行遇到外来的压迫、攻击时会发挥团结自卫的作用。如湖南宝庆帮最初所建的宝庆码头被徽帮占据以后，宝庆会馆就召集本帮船民，与徽帮械斗，夺回地盘，并加以扩大。

5.合乐。会馆、公所还具有娱乐功能。岁时伏腊，演剧酬神，同乡叙桑梓之情，同行联樽酒之欢。所以一些会馆、公所建有戏台、看楼，留有大片空地作为娱乐场所。皮业公所后来能改为长江大戏院，盖因为它原先就有这样的功能。有的会馆、公所按园林风格建筑，为人们提供游览、休息的场所。陶云汀为长沙会馆所撰楹联就是这种情景的反映：

隔秋水一湖耳，看岸花送客，墙燕留人，此境原非异土；
共明月千里兮，记夜醉长沙，晓浮湘水，相逢好话家山。

更夫

汉口历史上发生过几次大火灾。1898年10月11日，汉口大火，延烧数千家。大火后，人们于东岳庙建“天一阁”以镇火灾。1951年5月26日，汉口大火，烧及大兴、汉仓等26条街，房2900栋。一般的火灾，每年多起，政府与民间都重视消防。老的街道，蜿蜒曲折，民舍以木质结构为主，消防隐患尤慎。更夫充当着义务消防员的角色，随身一个竹梆、一张铜锣，午夜来临，更夫边敲锣边用沙哑的喉咙叫喊：“关灯关灶，装满水缸，防火防盗……”谁家有火险，第一个敲响铜锣报警的是更夫，碰到鬼鬼祟祟疑似鸡鸣狗盗之徒，锣声陡长，伴着一声“防火防盗啊”，沙哑调门突然升高，令市民顿生警觉，也可吓唬驱走不速之客。

第四章 人生礼仪

中国古代对于人生教养非常重视，并形成各种风俗和人生礼仪。诞生、成年、寿庆的礼仪多而烦琐，还有婚礼、丧礼、祭礼，成为中国传统礼制的重要组成部分。武汉民众在人生礼仪方面的风俗习惯与全国大部分地方差不多，但具体表现的事象不完全相同，在此择其差异者予以介绍。

第一节 生育习俗

一、求子风习

多子多福是中国过去一种广为流行的传统观念，一般认为一家三男二女较好，五男二女“七子团圆”最为理想。倘若实现不了，单生男孩，比只生女孩好。这是因为，从家庭结构看，多子多孙，后继有人，以免祖宗断绝香火（古代认为只有男子才能“继承香火”），不能

箍匠

老武汉人居家必备木桶、木盆、木蒸等木质圆器家什。制作和修这类圆木器物的匠人称“箍匠”。平直的木板经箍匠巧手，制成各类圆器，再经漆桐油、晾晒，油光发亮。常有箍匠挑担走巷，为顾客制作或修理圆木器。

当今，这类家什大都被塑料制品取代，只有木蒸笼依然受人青睐，主要因为用木蒸器烹饪，有天然香味，而无化学污染。

“血食”；从家庭经济计，多生男孩，可增加强劳力，便于发展家庭生产，而且在社会保障很少的条件下，尚能靠儿子养老送终，即所谓“养儿防老，积谷防饥”；从家庭地位讲，男孩将来或读书做官，光耀门楣，或出门经商，发家致富，最起码可做到人多势众，不受欺负。而生女孩则不然，下层民众认为女儿将来出嫁是人家之人，还要倒贴一笔嫁妆费，经济压力颇大，故称女孩为“赔钱货”；上层社会无经济压力，虽表面上视女儿为掌上明珠，但受长期以来形成的重男轻女观念影响，将女孩视为“锦上添花”，思想上存在着对女孩的歧视，同时歧视只生女不生男的妇女，尤其歧视不能生育的妇女。

由于这种多子多福和重男轻女观念的影响，人们把生育视为结婚后的第一大事，不育或少育的家庭受到歧视，许多求子风俗由是而生。在武汉的传统婚礼中有许多祝福新人婚后“早生贵子”的习俗，或用象征手法，或充斥巫术信仰，也有非常实际的措施。如，新婚前夕，由女方请夫妻双全、多子多福的“全福人”到新房铺陈嫁妆于床。民间以为新人睡了这种人铺的床，会受感应而同样多子多福。这实际上是“感应巫术”在婚礼中的遗存。铺床时置红枣、花生、桂圆、栗子于衾枕中，寓“早生贵子”之意，这是运用了“谐音象征”的手法。邻居妇女艰于子嗣者有时也有趁机到新床上抢拾这些干果的。至于实际措施，那就是规定新婚夫妇婚后一月“不空房”，以保证受孕生子。光绪年间上海《点石斋画报》更报道了一种奇异的风俗：汉阳乡间有个俗名叫草家的地方，在结婚头一天，由女家致送妆奁，男家在路迎迓，新郎穿戴衣冠，恭候道旁，将其新婚之净桶（马桶）接挑到家，摆在神像前，行三跪九叩大礼，旁人则加以吉利话语，祝其早生贵子。谚语云：“一去三五里，各处一乡风。”重视子孙桶的风俗在别地也有，比如在作为嫁妆的马桶中放鸡蛋送到男家之类，至于像这样祭拜子孙桶的风俗确实少见，但在该地相沿成习，牢不可破。

如果结婚三年以上并未生子，家人就会指点媳妇采取求子措施。最常见的办法是去寺庙求菩萨恩赐。武汉妇女主要是到归元寺大士阁的观音菩萨面前烧香叩首，施舍一定香资后，去到菩萨座前，摸一把筷子或一双小童鞋，偷偷揣在怀里带回家，民间以为这样就可以怀上孩子。因此人们将大士阁又称作“百子堂”或“送子娘娘殿”。据说还很灵验，在那里摸过筷子而得子的不乏其人，那些喜添贵子的善男信女总不会忘记到庙里去还愿，除了向功德箱里多塞钱外，有的还给观音菩萨披挂红绸，悬挂帐幔，甚至装裱金身，以感谢菩萨赐予子嗣。还有一种办法是用手或肚皮、衣罩触摸石笋（男根象征物）、石窍（女阴象征物）一类的

代笔

旧时，不识字的人多，写文书，往往请人代笔。有点文墨的人闲着无事，摆上一张桌子，挂起一块牌子，候客上门，代笔写信、状纸、契约等，以此谋生，或贴补家用。

东西，祈求通过感应怀孕。江夏县城（今武昌区）滋阳湖（又名紫阳湖）中有一条东西走向的堤，堤上有滋阳桥，夏日荷花盛开，可资游赏，为纳凉胜地。相传桥上有石龙，每到中秋节许多少妇争相前往，抚摩龙首，以为禖祷。“禖”是古代求子的一种祭祀仪式，亦是求子之神，少妇们去抚摩龙首，就是一种求子的仪式。对此在晚清王景彝的《吾乡中秋竹枝词》中有另一种说法，称“紫阳桥旧多玲珑石，妇人以是夕暗摩石窍，谓可生子”，并作《竹枝词》一首咏其事：“涂山剖石古曾传，炼石抟人一转关。就使摩挲真应手，生儿也带一分顽。”无独有偶，在旧藩台衙门前，有石狮一对，求子妇女往往于中秋月夜步行前往摩挲，谓“主宜男之兆”，百姓美其名曰“摸秋”。棣华馆主《鄂垣竹枝词》中有一首咏其事云：

拂拭双狮戏绣球，偏关嗣续许祈求。
怜他妇女情痴甚，争向司门去摸秋。

真正的“摸秋”是各地常见的一种中秋送瓜风俗。中秋夜，亲友于菜园中偷摸西瓜一个，以色彩绘上面具，裹上衣服装扮成人形，推举年长命好者抱着，敲锣放炮，送到娶妇数年不育之家，放到床上，用被子覆盖，口中念念有词曰：“种瓜得瓜，种豆得豆。”受瓜人家则设盛筵款待，如办喜事一般，妇女得瓜后，立即剖开吃，认为如此可以怀孕。清代汉阳人徐志《汉口竹枝词》中有一首即是描写“摸秋”之俗的：

桂子盈盈白露凉，育儿心切晚添妆。
蓬门少妇金闺女，并作瓜田一夕忙。

20年后范锴为其补注曰：“俗于中秋之夕，锦彩饰棚，设瓜其中，灯火鼓乐，群送于戚友家，谓之‘送瓜’。受之者必备酒食，以犒来众。妇女欢迎，咸庆多子之兆。盖取‘瓜瓞绵绵’意也。”从诗本身来看，好像是求子妇女也亲自前往瓜田窃瓜，但从注来看，又像是妇女被动地等别人送瓜来。也许是当时当地两种做法均有。

综上所述，有子还是无子，生男还是生女，成为一种沉重的情结，直到近现代仍然困扰着中国部分新婚夫妇及其家庭。

当铺

当铺的招牌一般是用黑色写成的大大的“当”字，厚厚的铁皮门、高高的柜台外面钉着密密的竹条，小小窗户，厚厚的夹墙，仓库一样的账房，这就是传统当铺的形象。的确，当铺的一切都有些与众不同，用现代派艺术的眼光来看，有压抑、稳固的装置艺术效果。清末，武昌有公济、永济、谦益、本立、瑞泰等字号的当铺，开设在保安门、谦胜桥、粮道街、水陆街、芝麻岭等处。1971年，武汉大水，武昌典当业渐次凋零，汉口的却异常繁盛，有典当行26家，交通路的协和、车站路口的厚余、花楼街的裕泰、黄陂街的裕泰等字号资历雄厚。

当铺中的管事、管楼两种职务相当于今天的经理、副经理，还有管账、管柜、管钱等人员。当票分月分字号，用“千字文”标记编号，并用变了形的行草连圈带点地写下典当物品的品种和质量，以求使当户不识其字。

二、送祝米

生育是家庭的重大事件之一，受到特别重视，表现为诞生礼隆重、烦琐而又充满祝福与希望。诞生礼持续时间比较长，包括从婴儿降生到周岁间举行的一系列活动和仪式。这种礼俗起源很早，经过漫长历史阶段的缓慢演变，其主要仪式及其含义一直传承到了近现代。

古代无产院，生儿多在家中。民国年间有了医院，一部分城市妇女开始在医院产房生产，多数妇女仍在家中生产，或请接生婆、助产士接生，或由家人助产。婴儿诞生后，向外家报喜的时间各家不同，有当日，有三日、五日、七日不一。报喜要以红蛋为礼物。外家得喜讯后，即于三朝或满月馈赠产妇食物和婴儿衣物，名为“送祝米”，既贺生子，又为产妇催奶。

诞生礼的第一个正式节目是做“三朝”。婴儿出生后的第三天，由接生婆或有经验的老年妇女为其洗澡，一般以陈艾煮鸡蛋之水浴之，浴盆中置金银饰物，民间称为“洗三”。从卫生学角度看，艾叶洗浴可为新生儿消毒，预防疾病，所谓“除净秽污，洁白入世”；从民俗学角度看，洗去胎气，表示脱离之前状态（即胎儿状态），迎接入世。洗澡过程亦包括祝福的内容，擦洗者在为婴儿擦身时要相应地诵念祝词。外家送祝米礼物中则有葱和钱，意为“葱使儿聪，钱使儿富”。洗澡前脱去“利市衣”，洗澡后穿上“新襁褓”，然后抱出房来见客，俗称“报喜”。仪式结束后，主人设席宴请致贺亲友并酬谢擦洗之人。在医院生产者渐多，洗三之俗渐渐少行，即使举行，也不事张扬，仅家中人为婴儿洗浴，减少迷信色彩，增加科学成分。

诞生礼中以满月最为重要。因为婴儿出生一月，可谓走完了诞生前状态与入世状态之间的过渡阶段，产妇也可结束产期，俗称“出月子”，嗣后可串门走亲戚，故值得庆贺。民间通俗称为“做满月”的仪式就是古代“汤饼会”之遗意，又称“贺弥月”。全国各地通行此俗。是日亲友群往庆贺，皆有礼物为赠，独外家送祝米最丰，有衣服、被褥、鞋帽、摇篮（武汉人称“摇窝”）等，衣帽上多绣“长命百岁”“金玉满堂”等字样和吉祥图案。所设筵席称“汤饼筵”，招待来客。这天要举行剃胎发的仪式，表示完全脱离胎儿期；并由亲友抱之游行街市，表示“见世面”，寓意长大不惧生人。

婴儿出生百日亦有仪式，称为“百禄”或“百晬”。所以举行“百禄”仪式者，乃是取百日之“百”的吉祥含义，祝福小儿长命百岁。这天外家等戚友再赠礼物，儿家则再设宴款待。小儿如体弱多病，或家长怕孩子将来不长寿，常要用百分银铸锁，梏其项，这百分银还要聚百

豆腐坊

武汉老豆腐坊多为家庭式的作坊，石磨、木盆、水缸、炉灶为豆腐坊必备之物。制作豆腐，要先将清水浸泡的黄豆磨碎，然后榨出豆汁，再将豆汁煮沸，倒入缸中，点入石膏水，等其凝固后，控掉部分水分，豆腐便制成了。豆腐一般边做边卖，保持新鲜。很多人家的房舍，既是作坊，也是卖豆腐的门店。豆腐坊除制作豆腐外，还做千张皮、豆腐干子、霉豆渣。这些都是市民不可缺少的食品，其营养丰富，价格便宜。

家钱来置办，名“百家锁”。富户可通过大宴宾朋，接受众人贺礼，以获得百家之钱；而一般人家只能在邻里中挨户乞讨米粮，表示给孩子吃“百家饭”，或到每家乞讨一根线，纫佩于项上，曰“百家线”。民间认为孩子吃了百家饭或佩戴了百家线可以长命百岁。

取乳名亦是诞生礼中很重要的一环。小儿初生之命名法甚多，但总不出祝福与希望之意。有根据“贱名贵养，昵称顺亲”的传统故意取贱名、讨厌之名，以望其成者。北方常有“狗不吃”“狗嫌臭”“狗剩儿”“不待见”等名，而武汉则有“丑货”“坏”“贱货”等。又有生男命女名者，如丫头等，武汉郊县较多。海派作家、漫画家丰子恺曾在《爱子之心》一文（写于1933年）中介绍他家乡（浙江桐乡）给孩子取名常用“丫头”“小狗”等的风俗；每个村庄上名叫丫头的一定不止一个，有大丫头、小丫头等。不但村庄上如此，镇上、城里，也有着不少的“丫头”“小狗”等。取这种乳名的用意，多半出于爱子之心，对于宠儿或独子，父母深恐他们养不大，因而取贱名，认为世间可贵的东西往往容易丧失，而贱的东西偏生容易长养。

三、抓周

诞生礼的最后一个仪式是周岁时的“抓周”，或称“周晬”“试晬”“试儿”“试周”。洗三、弥月等仪式只在较小范围举行，参与者多系女性宾客，所谓“婆婆妈妈事”；而做周岁则是大摆筵席，宴请男女贺客。外家除了馈赠衣物、鞋帽外，还要赠以银首饰（长命锁、手圈、脚圈、项圈之类）。抓周是将各种物件罗列小儿前，男多用弓矢、笔墨，女多用刀尺、针缕，及珍宝、玩物等，任之自取以观其志。人们用这种方法测验小儿性情、志趣和未来前途，充满了祝福与希望之情。以前这种仪式只是在缙绅之家和城市家庭举行，女作家张爱玲在《童言无忌》一文中就写过她周岁时候“循例在一只漆盘里拣选一件东西，以卜将来志向所趋”的抓周仪式。《江夏县志》记载：“周岁设晬盘坐儿前罗诸物，视儿所取物先后卜终身，曰‘抓周’。”农家小儿以务农为唯一出路，无所谓弓矢、笔墨之试。

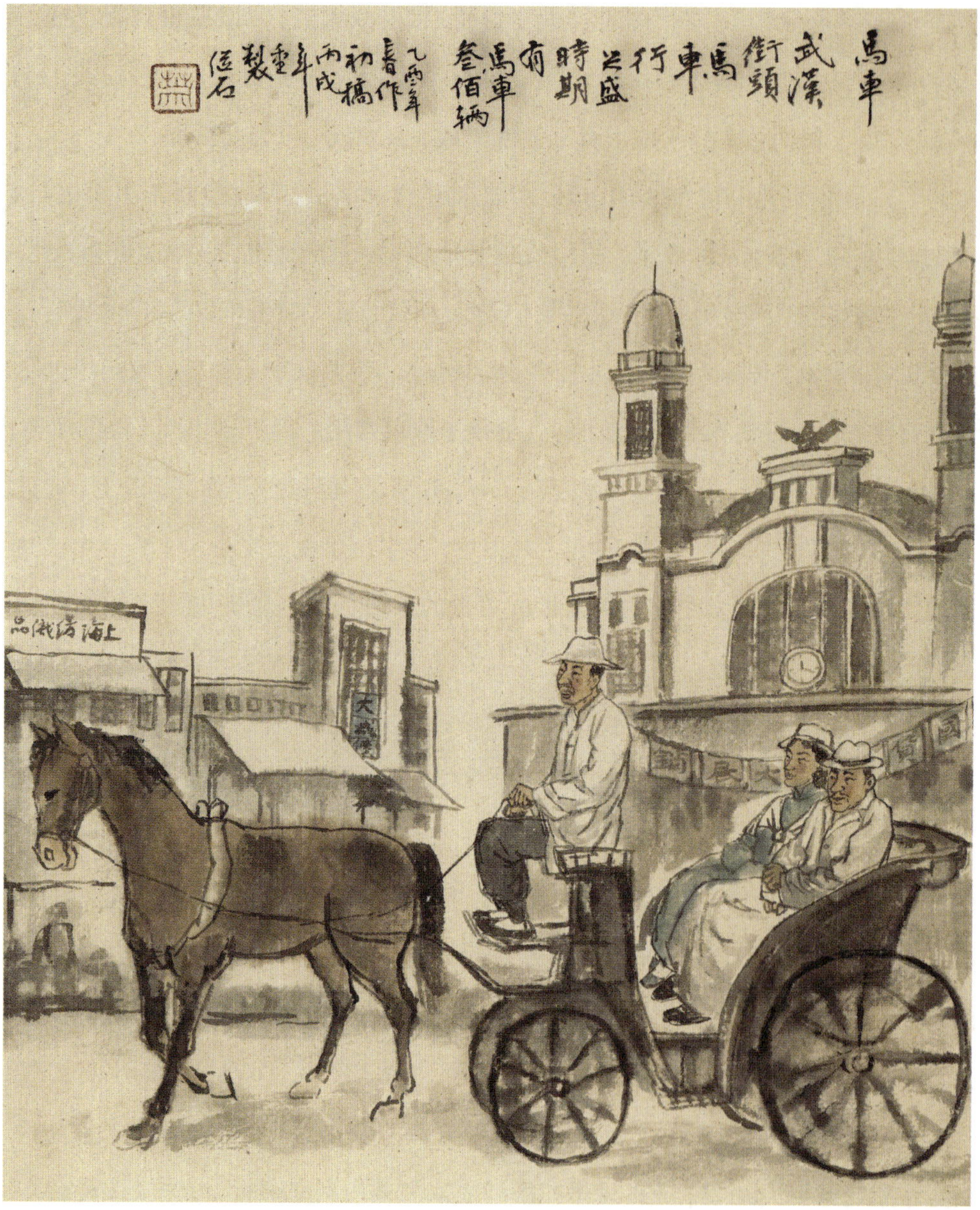

马车

“驾轻就熟兴悠悠，闲向江边马路游。斜日歆生街上走，并肩同辇却无愁。”罗汉的《汉口竹枝词》描述了当年坐马车的情景。光绪年间，武汉的马车外形似轿，两侧是玻璃门窗，里面有花布棉絮垫的座椅。光绪二十九年（1903年），蔡甸人龙飞在汉口开了第一家马车行，开业时即拥有轿式马车十余辆。

后来，马车行业日渐兴盛。1946年，武汉的马车有260多辆，市民称马车行马夫为“蹄子帮”。江边的大马路每天车水马龙，马车铃铛声此起彼伏。这时的马车外观已有变化，笨重的轿式外观被帆布篷取代。

第二节 婚姻习俗

民国时期出版的《湖北通志》所记载的婚礼仪节为：欲缔结婚姻，先由媒人传辞，得到女家许可，乃取男女生辰八字令星士推之，审其吉利与否，谓之“合婚”；合婚后选择吉日延媒氏传庚帖为婚据，谓之“鸾书”。男家要送去钗、镯等物，名“压庚”。富裕者还赠以猪肉、酒、果、饼或现金，谓之“下聘”；于将娶之前，男家必具牲醴、茶果及衣饰等物致女家，谓之“过礼”；确定婚期后，请媒妁前往女家报告，俗称“报期”；及期，婿亲迎，礼行奠雁，婿先归，俟门外揖新妇，夫妇交拜、合卺。这是古代“士昏礼”经过变异传承下来的仪节。

《夏口县志》上说，“昏礼大致近古”，说明武汉地区婚礼基本上遵循以上这些仪节，只是因社区环境不同而大同小异。旧时在汉口等地，男女结婚，必待父母之命、媒妁之言，虽因近世文明发达，间有自由结婚者，但不多见。婚礼俗谓纳采为“行茶”，果味虽备，必主以茶和盐，而名之曰“山茗海沙”。茶即“山茗”，盐即“海沙”，取其谐音以寓意婚姻经过山盟海誓，牢不可破。俗语又云：“一片黄茶叶，定倒须弥山。”须弥山为佛教徒心目中的山，佛经中记载它与芥子融通无碍。此处指以茶叶之微，可以将须弥山镇住，使婚事铁定不变。迎亲时，肩舆以杂色缣缀其上，曰“花花轿”，因此新娘出嫁曰“上花轿”。合卺，谓之“饮交杯酒”。古礼中有三日庙见，近现代人家多无家庙可见，只称“拜堂”，俗曰“见大小”。新妇到时，亲友群相庆贺，言人所不能言，以取笑乐，名曰“闹房”。又三日，双双返回岳家，名曰“回门”。

汉口婚礼给人的印象是“不免于奢僭”，因为大婚之时，无论何人子女，男必色顶补服，女必凤冠蟒袍，极其奢华。民国以后虽无冠裳品级之冒滥，但服饰奢靡更逾于从前。这恐怕是汉口乃明清时期“天下四大聚之一”，近代以降又是著名的商业大都会，经济发达，市面繁荣，居民生活竞相奢侈的缘故。在这种社会风尚的影响下，汉口人嫁女，只求丰衣足食，皤皤白发也不计。时人慨叹曰：“习俗如此，内政所以不修。”

1915年12月2日，汉口曾涉足政界后从事实业的李时谙与知识女性张咏梅举行文明结婚

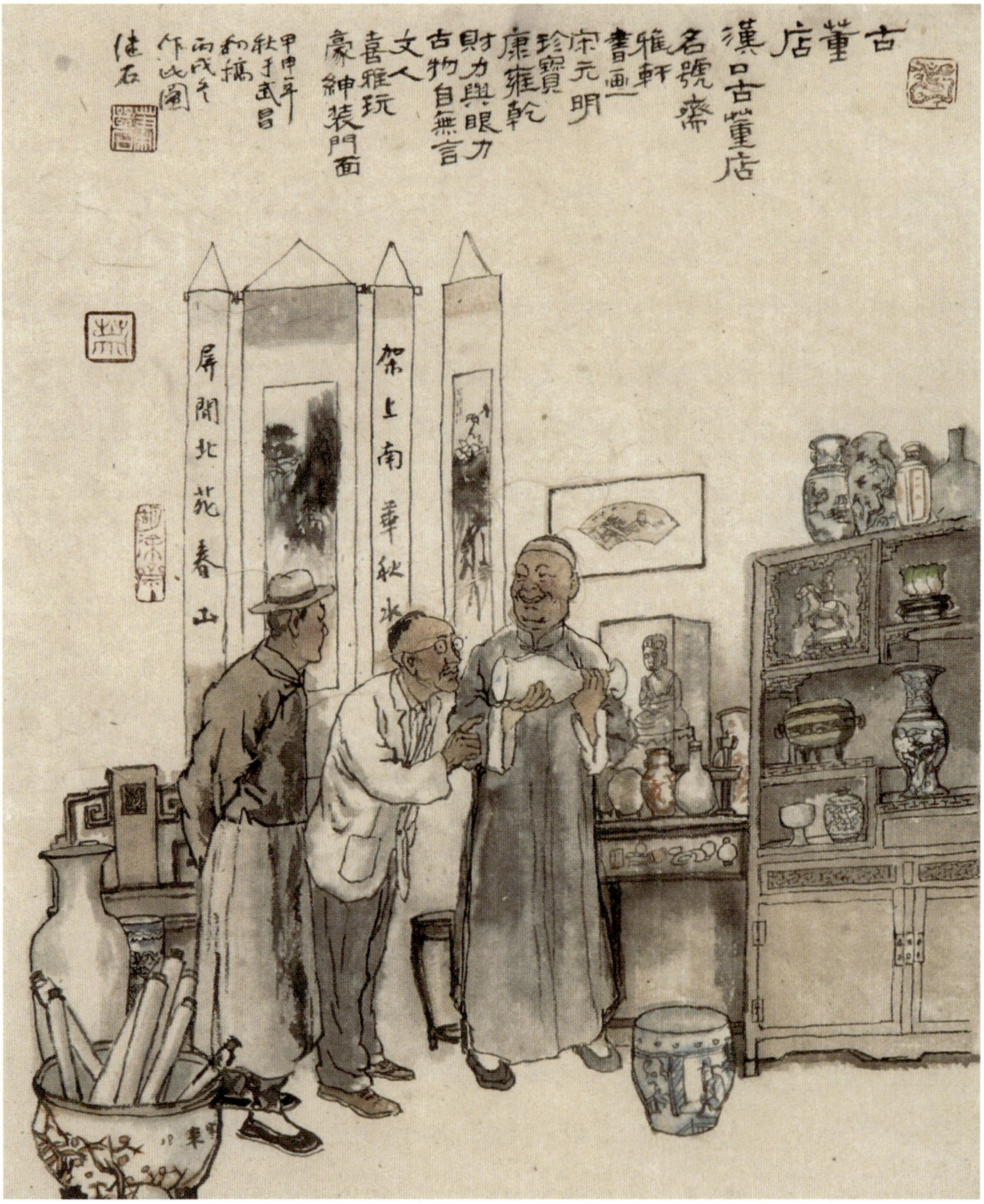

古董店

武汉旧时的古董店，多以“斋、苑、轩、阁”等字命名，以显古朴典雅。名人字画、珍宝古玩这些东西，既考见识、考眼力，又拼财力，常为文人雅士掌上之物，也可为达官富豪装点门面、积累资财。

值得一提的是，1935年发大水，汉口被淹，为救济灾民，社会各界举办书画古物助赈会。有位名叫陈仙洲的先生毅然将自己多年苦心收藏的2815件书画古物捐献，价值36万元。其中不乏书画陶瓷珍品。陈先生的义举广为市民所称赞。

典礼，他们的结婚仪式是典型的新旧杂糅：

> （一）喜堂肃静（以下皆司仪员喧唱）；（二）司礼者两旁序立；（三）导两新人就位；（四）奏乐；（五）行祀天地三鞠躬礼；（六）行祀祖宗三鞠躬礼；（七）行祀先父母三鞠躬礼；（八）新人相对行一鞠躬礼；（九）来宾致祝词；（十）新人答词；（十一）奏乐；（十二）向主婚人三鞠躬；（十三）向男介绍三鞠躬；（十四）向女赞礼三鞠躬；（十五）向来宾三鞠躬；（十六）行见家族三鞠躬礼；（十七）奏乐；（十八）导新人入洞房，司礼者退班。

众亲友致祝词后，新郎在致答词中，大谈夫妇在社会上的地位，涉及对自由结婚的看法，最后表达了自己的愿望："张女史品学兼优，固鄙人之素所敬佩。但世界文化日进，学问原无止境，所冀与女史共相勉励，俾鄙人理想中之新模范家庭，见诸事实，以为社会之倡导，则鄙人与女史所报彼苍之作合，即所以酬诸君子期望之雅意云尔。"

黄陂县婚礼又有不同于别地者。儿童初生之时，即有媒人前来说媒。如双方面满意，便请媒人饮筵，名曰"呷准酒"，以表示允许之意。随即请算命先生择一吉日，宴请双方亲友。酒足饭饱后将男女生辰书于庚帖之上，彼此各执一纸，以为证据，即今之订婚。订婚后至结婚之前一二年，男家每逢年节，必须送妆饰品及鱼肉等至女家，名曰"送礼节"。等到男女年龄至二十五六岁之时，始择期迎娶。娶亲之礼，分"迎亲""求亲"两种。"迎亲"为：男家迎以彩轿，除鼓吹以外，媒人须伴新郎一同至女家，先向女家祖宗之牌位叩首，然后大张筵席。宴毕，始同新娘及女家媒人、送亲人等，一途而回。"求亲"为：婿偕媒人同至女宅，女宅闭门，请知宾（司仪）立于大门左右迎婿。新婿下轿，鼓乐大作，鞭炮齐鸣，烟雾弥漫。要等好半天，女宅才开门纳婿，婿逢门必行跪叩礼，表示为"门下婿"。至堂屋，新婿行拜见岳父岳母礼，地上铺以红毡，毡下必放三角磁瓦等物让新婿跪拜，以此戏弄之，岳父母虽不想让新姑爷难堪，但诸姑伯叔不答应。新婿拜过之后，坐上酒席，喝"三元汤"，取八股时连中三元（解元、会元、状元）之意。汤中三圆，即鱼圆、肉圆、汤圆。汤圆一定要用重油，内心必重糖，使新婿难以下咽而取笑之。食毕，新娘上轿，婿向花轿躬身而置封条。不论迎亲、求亲，花轿进男家之门，由人将新娘引出，同新郎先向男家之祖宗叩首，名曰"拜堂"。拜堂礼毕，同入洞房，有坐帐、呷交杯等礼俗。至天将晚，亲戚朋友至新房，新娘对长辈叩首，名曰"见礼"，对于幼辈，亦须送茶送烟。新婚第三天新郎同新娘回女家，拜视新娘之父母。三日后，新娘入厨烧火做饭，亦循古礼。

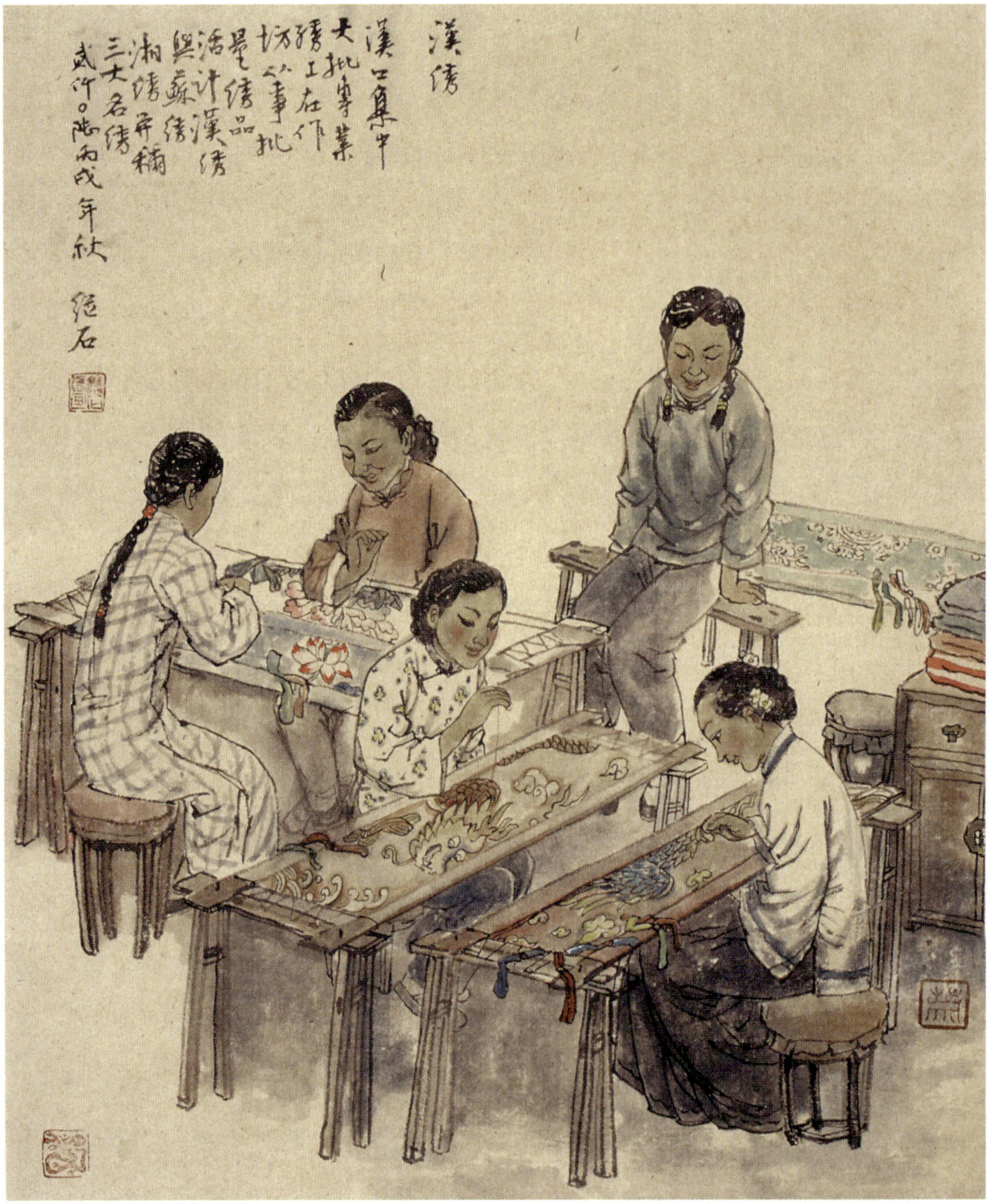

汉绣

姑娘巧手绣百图，闺阁无不事女红。旧时，湖北一带，未出嫁的姑娘，除了帮父母做家务以外，绣花是看家本事。姑娘出嫁时，绣鞋、枕套、帐帘、桌布等绣品类嫁妆一一摆开，邻居女人们纷纷前来品评，俨然成为检验姑娘是否乖巧的展示会。

汉口更是集中了大批专业绣工，一些作坊里，老艺人传艺授徒，从事批量的绣花活计，并慢慢形成了从图案到配色、针法独具特色的“汉绣”，如“平金夹绣”人物、花卉，色彩典雅，装饰华丽，广受称道。汉绣与苏绣、湘绣并称“江南三大名绣”。清末，在南京举办首届商品博览会，汉口美粹社的绣字、彩霞公司绣画荣获金奖。

第三节　丧葬礼俗

武汉三镇和周边地区丧葬礼俗大致相同，所不同者，汉口商家丧礼讲究奢华。生前所置棺椁要选择花板中心有菊花者，墙板厚至尺许，每年要加漆一道。入殓时陪葬品丰厚，多以珠宝玉器殉葬。葬前延请地理先生看风水，选择牛眠吉地，下葬则要请算命先生占卜时日。大部分人家丧事时还要做佛事，一般要延请僧人在家念经三至七日，送殡仪仗中方相明器以巧为能，亭彩幡帐以多为贵。小户人家请不起僧人，但仍要请人唱孝歌，因此汉口出现了一种专门唱孝歌的行业，从业者在其门上悬挂“悲乐堂”招牌，其鼓盆之歌，几令人绝倒。有部分人家丧事循古礼不修佛事，而举行祭奠。贫困户棺椁极平常，有十二圆花（指棺木规格）的就很好了。非常穷苦的人家甚至买不起棺木，到自新善堂板棺局去乞求施舍薄棺。该局每年施舍无算。

据地方志记载，武汉丧葬礼俗多循古礼，晚清时代丧服、丧期均遵《文公家礼》（朱熹所撰，又称《朱子家礼》）。大致程序为：长辈弥留之际，子孙必须到场送终，如果父母死时子女不在身边，子女会感到终身愧疚和遗憾。死者断气（即《文公家礼》中所说的“初终”）后，立即烧钱纸，称为“落气纸”；在死者身旁点一盏油灯，称“长明灯”。家中及时确立丧主等经办丧事的人员。亲属按与死者关系亲疏穿戴孝服，按旧制应分斩衰、齐衰、大功、小功、缌麻五种，而实际生活中多披白色头巾，以头巾之长短、系头巾之麻线的粗细和颜色加以区分，但统言之披麻戴孝。鞋则用白布覆盖，根据辈分点缀一点红绿，孙辈缀红，重孙辈缀绿。一面派人购置棺木（许多有条件的老人生前就已置办了寿材），一面通知亲友前来参加葬礼，一般人家口头通报，富家大户发讣告，讣告有一定格式。然后为死者洗澡，“前三后四”，即用湿毛巾在死者胸前抹三下，背后抹四下，穿戴寿衣寿帽，并在其右手放入一根棍棒或柳树枝，上串一烧饼，称“打狗棒”。覆衾死者身上，脸上则覆盖白布（即《文公家礼》中所说“小殓”）。设祭，哭丧，守灵。点主仪式颇为隆重。主即死者的牌位，俗叫“神主”或“灵主”。多聘显贵者题点，称其为“大宾”。点主开始，由礼宾一人唱礼。堂前设一案，大宾坐在案后，案上有笔砚墨等文具。唱礼人唱：请大宾就座。引孝子等捧灵主出闱，诣点主案前，

货郎

“格隆咚……冰片、爽身粉、痱子粉、雪花膏、花露水、香肥皂哪——”货郎背着个木箱，有节奏地摇晃着拨浪鼓在里巷里穿行，叫卖日常小用品。这木箱算是百宝箱，上面是三面玻璃一面木板子，下面有木板隔层，打开箱门，梳子、篦子、发夹、顶针、扣子、万金油、仁丹、十滴水、香皂等日常小用品，陈列有序，琳琅满目。你想要的，货郎会送上门来。百姓图个方便，货郎赚的是“脚板钱”。

跪，（礼宾将灵主捧于案上），撣尘（撣去灵主上的尘灰），去红（去掉灵主上裹的红布），启匣（启开灵主外壳，置大宾前），研墨、开笔、濡墨、刺红。（礼宾用针刺破孝子等左中指，将血一滴濡于笔尖上，把笔呈给大宾。）点内主通灵（灵主分两层，内层写显考［妣］XX公［夫人］之灵位，一旁写死者生卒年月日时，一旁写孝子XX等奉祀。大宾用笔在主字上点一点，灵字上划一笔），点外主通神（灵主外层写显考［妣］XX公［夫人］之神位。阖上灵主，在外面一层主字上点一点，神字上划一笔），点耳（灵主左边有一耳字，在耳字上点一点），点窍（灵主右侧有一窍字，在窍字上点一点），阖匣、复红（仍裹上红布，放在孝子端的盘内），孝子叩首，引孝子入闱，礼成。

一般摊尸半天到三天不等，家中需要到场的人到齐后才将死者放入棺材（即《文公家礼》中所说的“大殓”），亦设奠，家人号哭。钉棺盖时孝子在一旁高喊“某某躲钉”。此时成服，设祭堂，早晚奠，接受亲友吊丧。在家中办理这些事情的同时，派人外出择定墓地，挖好墓穴。出殡（俗称“上山”）日，请道士做斋，为死者开路。棺木一般由八人抬，路远的还要有八人替换。棺木出门时要摔碎一只碗或钵。出门后前面有人擎铭旌，丢纸钱（俗称“买路钱”），中间有孙子或重孙骑坐在棺木上，后面孝子贤孙、亲戚朋友依次跟进，徐徐向墓地进发。棺停墓穴旁，先在墓穴中烧稻草，谓之“暖井”，有的还杀一只公鸡将鸡血洒在墓穴周围。棺木放进墓穴后，孝子先撒一把土，然后土工填埋，堆成新坟。三天后亲人再至墓地上坟添土，称为“复三”或“复山”“复土”。

殓后，如若计算日支与死时相冲，则要预设祭仪，关门掩户，全家躲避他处，称“回殃”，又称“回煞”。人们认为亡者回家时会带回殃神。届时必用芦秆作梯，靠在屋檐下，说亡人由此而下地回家，有的人家还撒灰在地上以验亡者足迹。次日如发现灰上有痕迹，就以为是亡魂昨夜回家了，其实很可能是偷荤猫、鼠留下的行迹。更有甚者，请道士驱煞，送走殃神，俗称“赶鬼”。民国初年徐焕斗所著《汉口小志·风俗志》记载：“停棺之家，灵门贴一‘罨’，不知何所取，讯之土人，亦不能解也。”“罨”音yǎn，覆盖、遮蔽的意思。人们认为贴“罨”可起“避殃”的作用。

团年

腊月三十是农历年的最后一天，中国人的传统是全家团圆吃团年饭。武汉人家过年，备年货，打扫庭院，掸除扬尘，挂灯笼，贴春联，关门祭灶，接灶，吃团年饭。团年饭必备几样菜肴，四喜丸子寓意四喜发财、团团圆圆；胡萝卜丝、黄瓜丝等十种蔬菜做的什锦菜，意为十全十美；烧全鱼，也称全鱼、看鱼，只看不吃，象征年年有余；还有吊子煨汤、八宝饭等十大碗。饭后，全家人“守岁”至凌晨，燃放鞭炮，其乐融融。

第五章　岁时节俗

中国的岁时节日比较频繁，节日活动非常丰富。几千年来使用夏历，直到民国时期才与国际接轨，改用世界通行的公历。然而几千年形成的岁时习俗却不仅没有随历法的改革而消失，反而因其顽强的生命力而使夏历得以保存，于是出现了夏历与公历并行、传统节日与新式节日互补的局面。

第一节　荆楚岁时的传承

武汉地区有许多古老的风俗习惯，世代相继，南朝时期梁朝人宗懔所著《荆楚岁时记》中的许多岁时风俗传承至近现代，甚至今天仍可见“荆楚岁时”的孑遗。然而在漫长的岁月里，由于社会的变革、文化的交流，风俗习惯也发生了许多变化，有的为新风尚所取代，有的变换了形式，有的更新了内容，我们可以用“移风易俗”一词加以概括。下面将介绍武汉近现代岁时节俗，《荆楚岁时记》中所记风俗仍有遗存的附记在内。

拜年

俗话说：初一拜年，捡好话讲。武汉旧俗在大年初一清晨，家人梳洗干净，穿戴簇新，在祖宗牌下燃烛烧香、跪拜祭祖。随后，晚辈给前辈施跪拜礼，恭祝新年吉祥。同辈、邻居相互拜年送上“恭喜发财”“万事如意”“新年大发”“新年吉祥”之类祝福。

到邻居、亲戚家拜年，要说“恭喜！恭喜！请开财门”！主人家摆出果盘、糖果、瓜子、茶水待客，若是新娘子则要端出糖茶谢客，客人则准备好“利施（红包）”。

初一拜年，祝福来年好兆、鸿运当头。这一拜，拜出尊老爱幼，拜出邻里和谐，拜出亲情友情，拜走平时隔阂。

早先做官的人，交游甚广，无法拜访所有亲友，就用梅花笺纸裁得半尺许，写上受赠人、祝福语、敬赠人，差人送上门，这就是贺年卡的雏形。

一、春节

春节，就是农历的新年。虽然辛亥革命以后使用阳历，但农历的春节一直比阳历的元旦要热闹些。武汉市民在1949年以前多“承用阴历”。尽管早在民国初年就已把农历新年改称为“春节”，但历届政府规定的假日仍为三天（或四天），这是对群众习惯的尊重，因为千百年来人们都把正月初一凌晨至初三中午称为过新年。武汉也不例外：这期间“官不视事，民间罢市三日”。

初一那天，鸡鸣将曙，男女早起，开门焚香楮（即黄表纸和纸钱），以酒酹地，向吉而拜，谓之“出方”或“出行”。同时“于庭前爆竹，以辟山臊恶鬼”。这是《荆楚岁时记》上记载的古俗。后来，武汉市民敬神出方的少了，但爆竹声却不减以前。人们放鞭炮，不再是为了辟山臊恶鬼，而具有除旧迎新的意思。

出行后，即行拜年礼，首先拜“天地君亲师之位”（民国时期有改为“天地国亲师之位”的），次拜祖先，再次家中长幼依次拜贺。《荆楚岁时记》上记有“长幼悉正衣冠，以次拜贺”。平常大家都很忙，很少有时间互相登门，利用过年几天互相走访，寓有朋友、同行、师徒、邻里、亲戚之间互相探望、慰问、交流情况、增进情谊之意，从而体现人与人之间互相关心的良好社会风气，实属一种文明礼貌的习惯。旧时武汉人出门拜年的一般顺序是，初一拜本家，初二拜母舅，初三拜岳家。初三以后才去一般亲友家拜年。

从前过年有一些讲究和禁忌，如过年几天要吃的饭、菜除夕那天做好，所谓吃“接年饭”，既表示年年食物丰盛有剩余，又避免过年杀鸡宰猪，弄“生”食品。菜肴中必有一条全鱼，无论是自家吃年饭，还是招待客人，大家都不会去吃的，称为“看鱼”，不吃而又要摆上酒席，是为了表示“年年有余”。过年三天不倒垃圾，不向外泼水，以免将财气扫出或泼出。初一那天不讨债，不借火。从除夕到初三，说话要注意彩头，格外讲究禁忌。一些不吉利的话是不能说的，不得已要说，则应以别的词语代替。如人死了说“老了”；火熄了要说火“燃”了；舌头的“舌”与“蚀（武汉方音念sè）本”的“蚀”谐音也不能说，只能说“赚头”；武汉人说“没有”叫“冇得”，可能为了避讳“冇”（音mǎo）字，猫要叫作“财喜”。过年破损物件也被认为不吉利，万一打破东西，要连忙说“碎碎平安”来补救；小儿无知说了不吉利的话，大人在一旁要说“童言无忌”来化解。

舞龙灯

元宵节是新年的第一个月圆日，武汉又叫“花灯节”，有“月半大如年”之说。习俗是正月十三“试灯”，十四、十五“玩灯”，十六“送灯”，吃汤圆，扎灯买灯，挂灯看灯，燃放鞭炮。元宵节的重头戏是舞龙灯，还有采莲船、踩高跷。元宵节时锣鼓喧天，人流如潮，成为传统中国的狂欢节。人们闹元宵，意在驱鬼避邪，祷求丰收，闹出一个新气象。民国时《竹枝词》这样描写：“此夜六街人不绝，儿童争说看灯归。”

二、元宵节

正月十五日为道家上元节，民间又称元宵节。这是春节后第一个月圆的日子，过年的喜庆气氛还很浓，所以在这天又掀起一个新的高潮。武汉人向有“月半大过年”之说，这一天人们舞龙灯，耍狮子，放鞭炮，敲锣鼓，兴高采烈，热闹非凡，特别是舞龙时，观者之多，千百倍于演戏，为一年中最盛之日，简直就是中国式的狂欢节。1922年3月8日《大汉报》上的这首《竹枝词》可谓描摹出了武汉旧时元宵节景象之一角：

家家喜地又欢天，爆竹烟硝满市尘。
绿女红男装故事，沿街相唱采莲船。

在这一天，城里由工商业行会组织的龙灯队四出舞龙，灯舞到哪家商店门前，主人就要接灯，犒赏舞灯人。过去，武汉在元宵节前后“灯市颇盛”，节前两天各家各户就开始张灯了，称为“试灯”，到元夕达到高潮。玩花灯，既是一种喜庆、娱乐活动，又是一种民间艺术活动，那一盏盏造型优美的花灯，就是一件件艺术作品。在汉口四官殿灯市，简直是灯的海洋，各种篾扎纸糊的花灯“刻翠镂花，裁云缀鸟，极为斗工争巧”，小贩们高擎栩栩如生的灯笼，高声叫唤：“活的！活的！”入夜，在三镇的大街小巷，则是灯的洪流。杂货店老板为了图个吉利，每年元夕向孩子们分发蜡烛，引得成群结队的孩子擎着各式花灯来到店铺门口唱道：“今天十五，明天十六，恭喜老板，化根蜡烛！”孩子们得到蜡烛后便欢天喜地又擎着花灯到街上游行去了。

而在农村，以村落为单位，每村必有灯会。灯会之主角为龙灯，每村必制作一条大龙，故有的地方将元宵灯节称为“弄龙”。人们用竹篾编制成一个个龙骨架，外面糊以彩纸或彩布，龙长十余节至数十节不等，每节约三尺至五六尺，规模和华丽程度视村里经济条件而定。联结多个竹环成一条龙身，每节龙身内有灯座供插蜡烛用，下面则有柄，供玩灯人持柄而舞。弄龙首者非身量高、有臂力者莫能胜任，因为龙头高大沉重。大龙白天身披彩衣，夜晚则内点蜡烛，鼓乐随之，助以声威。各村之间交相游行，灯会队伍十分引人注目。前面是一对对牙牌，上书“风调雨顺，国泰民安”“五风十雨，万紫千红”等吉祥语。牙牌后面是高跷、锣鼓队。游行到邻村，按户循行，每户必设香案，以供龙首据案享用，实则让弄龙首者得以休息。随龙还有四位老者，衣冠整齐地站立在香案左右，祝以吉语。龙到每户都如此，年中生

卖灯笼

元宵节这天，汉口四官殿灯市简直是灯的海洋，小贩们高举栩栩如生的灯笼，不断叫唤：“活的！活的！”孩子们纷纷围观购买。

儿者还要挂红布于龙角，并供以三牲，感谢上苍赐子。而欲求子之家，则往往许以鞭炮。舞龙之人遇富家大户必盘绕多时，以耗鞭炮，富者亦以多放鞭炮奖励之。主人鞭炮不尽，客人舞龙不止，真是熙熙攘攘，人喜神欢。又有所谓“换酒”活动，即两村之“龙”互相宴请。龙灯所到的村子，全村男子无论老幼全部跟去，舞龙过后接受款待，吃喝尽兴，故往往一天可吃数餐。有的地方十五日为火龙期，将龙之首尾焚烧，留身衣以待明年。当晚会集全乡龙灯于庙，村民争先恐后，持械以卫，结党以攻，甚至酿成命案。而有的地方至二十日后，将灯送入祠庙保藏，灯节就算告一段落。

汉阳还有“高龙”，历史悠久，舞技特别，有诗为证：

> 口衔齿举露峥嵘，疑似金鳞曜夜空。
> 绝技已传千载后，汉阳元夜送高龙。

2008年，武汉高龙被国务院纳入“第一批国家级非物质文化遗产名录”。

据《汉口小志》记载：正月十五“是夜，亦多请乩仙，或名紫姑，或名七姑”。而在江夏县，是夕，村女们拿着女子衣服，设香案，唱歌降神，称为“请戚姑”。等村女们认为神“来”后，各人叩首，求戚姑办事，看她是否肯帮忙来占卜吉凶。拿来请戚姑的女衣在年前腊月二十四夜放在屋顶上，以柳枝遮住。这个神其实是传说中的厕神“紫姑”，民间讹传为“戚姑”或“七姑”，以为是七星仙女，甚为荒谬。这实际是《荆楚岁时记》所记“是夕，迎紫姑，以卜将来蚕桑，并占众事”习俗的传承。

元宵节吃汤圆是中国人人皆知的事，表示预祝新一年的工作圆满、顺利，不须赘言。

三、清明

清明，家家户户均要去扫墓。人们通过这一活动表示对祖先的纪念，寓有追根寻祖、崇德报功之意。对于数典忘祖、不去扫墓的人，人们有这样的批评：“清明不祭祖，死了变猪狗。”此话后来传成了“清明不戴柳，死了变猪狗”，所以从前在这一天，男女均鬓边插柳，各家也多插杨柳枝于门前屋后。人们常说“清明要明”，即清明要天晴。还有的地方用插柳来观测天气，预卜丰稔，如农谚“檐前杨柳青，农夫休望晴”“清明晒干柳，馒头撑死狗”，就是这个意思。

端午

五月初五，端午节在栀子花、茉莉花的清香中到来。父亲买来粽叶、菖蒲、艾草，把菖蒲、艾草挂在门框边，说是用来驱蚊虫、避邪。母亲淘洗好糯米，用粽叶包成粽子，煮熟，连同煮好的咸鸭蛋端上来，孩子们围过来美餐一顿。河边，龙船队鼓声阵阵，人声喧哗。小孩们东奔西跑地看热闹。大人们也为这一天的到来提早做了准备，人们把龙舟整修油漆一新，把龙头搬出来，请能写善画的父亲重新描绘。赛龙舟场上，那支龙头被描绘得活灵活现、威武神气，人们啧啧称赞。

四、端午

农历五月初五为端午节，又称“端阳节”。这一天家家户户吃盐蛋、粽子，相传是为了纪念楚国爱国诗人屈原。在这一天人们举行龙舟竞赛，武汉人称之为“划龙船”。在长江、汉水里，各色龙船竞渡夺标，两岸观众如云，真是“倾城出观巷陌隘，红霞如锦汗成河”。有的男女还坐船出游助兴。这一活动既是体育竞技，又是爱国主义教育。《荆楚岁时记》上对端午竞渡是这样记载的：“是日，竞渡，采杂药。按：五月五日竞渡，俗为屈原投汨罗日，伤其死，故并命舟楫以拯之。”是日竞采杂药，是源于《夏小正》所言“此月蓄药，以蠲除毒气”。

民间又以五月为恶月，为防疾病，这一天各家各户还悬菖蒲、艾叶于门口，熏雄黄于室内，并饮雄黄酒，以驱瘟疫。这是一种良好的卫生习惯，也有一定科学道理。以五月为“恶月”，来自《荆楚岁时记》：“五月俗称恶月，多禁。忌曝床荐席，及忌盖屋。”悬艾于门也在《荆楚岁时记》中找到了依据：“五月五日……采艾以为人，悬门户上，以禳毒气。”

五、六月六

每年夏至后逢卯日，名曰“过半年”，亦曰“吃新”。俗谚说：“乡里人，两餐荤，过了年，望吃新。”所以吃新也是农民一大盛事。所谓“吃新”，就是庆新谷丰收，谢神灵保佑。是日，摘新谷一穗，归而供奉祖先神位前，举行祭祀，此礼颇含有上古荐熟之意。

每年农历六月六日，人们都要把衣物、书籍放到太阳底下曝晒，认为晒后可以不长虫，故谚语说：“六月六，晒包袱。”这天一般是夏季最炎热的时候，阳光强烈，利用此时曝晒衣物以防霉蛀，有一定科学道理。但各地民间对此节来历却有不同的说法。浙江湖州人谓此日为猫生日，江浙一带这天都要携猫狗到水边洗浴。苏州有“六月六，狗䐃浴”之谚。而广州人却把这一天认作龙母娘娘的诞日，要建醮演戏。浙江丽水对这一天佛寺晒经书的来历有如下说法：相传陈玄奘（唐僧）自西天取佛经回中国，经大海时，曾坠海中，为水所湿，故后来每年这天有晒经之俗。有的地方称这天为“虫王节”，要宰牲设供，致祭虫王，祈求避免虫灾保丰收。古代也称这天为“天贶节”，起源于宋大中祥符四年（1011年），宋真宗下诏，以六月六日“天书再降”，定为天贶节。“天书”第一次“下降”是在1008年，为表示庆贺，改年号为“大中祥符”。

中元节放河灯

“小河齐放水灯红，整整斜斜水面风，忽遇回流旋不定，万星明灭乱云中。”清道光末年叶调元作的这首《竹枝词》，描述了当时武汉放河灯的情景。农历七月十五为中元节，人们在路边点火烧符包、冥钞，放纸灯，祭礼祖先，超度亡灵。武汉居民分别于集家嘴、南岸嘴、黄鹤楼等江河边，放河灯，超度亡灵。无数河灯如繁星点点，顺流而下，引得众人观看。

六、中元节

农历七月十五日为道家中元节，俗称“七月半”。迷信传说这天阴间阎罗王开放鬼门关，各家均要迎接祖先亡灵回家，或陈酒馔以飨祖宗，或烧包袱给亡魂寄送银钱。寺庙僧侣自七月初一起就设水陆道场打醮，谓之“盂兰盆会”。剪纸为莲花灯，于夜燃之，浮于水者称“河灯”，置于陆者称“路灯”，以照“幽魂”。《江夏县志》记载：“洪山宝通塔是夕七层皆缀灯烛，赫赫若火伞，称为塔灯。”《荆楚岁时记》记曰：“七月十五日，僧尼道俗悉营盆供诸佛。”

七、中秋节

过去在农历八月十五日中秋之夜祭月，大概是古时对天体崇拜的一种遗俗。后来人们把家庭团圆的美好愿望寄托于月圆上，就使中秋具有了佳节的意义。辛勤劳动了一夏的人们，在秋收以后，金风送爽之际，借此互相馈赠礼品；并备菱藕瓜果、月饼美酒，合家团聚赏月，这种习惯古今无异。我国关于中秋和圆月的传说、神话、吟咏不胜枚举。苏东坡《水调歌头》中“明月几时有？把酒问青天……但愿人长久，千里共婵娟”就是在中秋之夜，欢饮达旦，大醉之后的杰作，有“天涯共此时”之意。

据《汉口丛谈》记载，中秋节，各家各户竞尚月饼，互相馈赠，而卖月饼的店家日夜加班制作大量月饼，以供应市民购买。有诗记其事：

碧天如水月如瑶，卖饼人家设色饶。
纱罩纱笼千百盏，中秋端的胜元宵。

八、小除

农历十二月二十四日为小除，这一天家家户户都要“打扬尘”，就是大扫除。《湖北通志》记载：“先以竹枝扫户宇，弃其尘垢于道旁，谓之送穷。”《汉口小志》说：“洁除诸屋。”武汉人称这一天为“小年”。内外彻底大扫除，干干净净过新年，这是我国人民千百年来形成的良好卫生习惯。从前小除日要祭灶神（送灶），这一点中国南北方没有什么差异，不过武汉

雅聚

腊月三十，除夕临近，各家各户掸扬尘，打扫庭院，贴春联，除旧迎新。市面上有写好的春联出售，也有人在市场一角摆起方桌，现写现卖。许多人家买来红纸，请相邻书法好的先生代写。我的父亲写得一手好字，也是小有名气的教书先生，每年腊月三十上午，父亲写好自家的春联后，隔壁邻里陆续拿来红纸，父亲为他们一一写好。春联的内容也大致都是风调雨顺、五谷丰登、国泰民安、福禄寿喜、和谐美满之类。每到这种时候，桌边总围满观者，谈书论句，兴致盎然。因此，雅聚，写春联也。

人称为“送司命”。除日前几天，满街就有人呼喊着“请灶码”，兜售灶神画像，以供百姓家中敬灶神用。人们害怕灶神回天宫向玉皇大帝告状，便敬奉糖食以封住他的嘴，让他“上天言好事，下界降吉祥”。鲁迅诗“只鸡胶牙糖，典衣供瓣香。家中无长物，岂独少黄羊”，就反映了当年这种风俗。《荆楚岁时记》上有“其日，并以豚酒祭灶神”的记载。

筹备过年的活动在岁底就开始了，尤其在农村，起塘鱼，蒸年酒，做豆丝，打糍巴，宰年猪，写春联，一片忙碌景象。

九、除日

除日，为岁末最后一天。武汉居民在这一天要煮好能供数天吃的米饭，谓之“压甑饭”，《荆楚岁时记》称之为“宿岁饭”。压甑饭要留到次年弃之街衢，取“去故纳新，除贫取富”之意，反映了人们祈求丰衣足食、过富裕日子的愿望。后来人们意识到这样是浪费粮食，就不再弃之街衢了。是日，男女老幼，五鼓即起梳洗，手持香支至祖坟，名曰“标山”，认为这样是请祖先回屋度岁吃年饭。过年饭菜做好后，先摆一桌酒席敬祖宗，然后重新热一下，全家吃团年饭。是夕贴门神、春联于门上，满室燃灯，通宵不灭，阖家“守岁”。从前过年中的一些迷信习俗如“接灶”（迎小年时上天的“灶神”回家）、“听谶”（夜深潜出户外听声音以卜吉凶）等，渐渐在人们的生活中淘汰了，而许多富于生活情趣和喜庆意义的良好习俗，如闹年、守岁、贴春联等一直盛行。这说明风俗习惯作为一种意识形态，随着社会的发展而不断地推陈出新。至于《荆楚岁时记》中所记的岁时习俗，有的得以传承，有些早已消失了。

民国时期，与新的时代相适应，有不少新的风俗在形成。如元旦（阳历新年）、“三八”国际妇女节、“五一”国际劳动节、“五四”青年节、“六一”国际儿童节以及植树节、护士节、教师节等，甚至西方的宗教节日如圣诞节，已成为新的岁时令节，逐渐进入人们的生活。

以上武汉岁时风俗与各地大同小异，下面介绍若干颇具地方色彩的风俗。

贴春联

“梅花着雪破春光，万户桃符点缀忙。”腊月三十晚，武汉三镇户户贴春联，家家放鞭炮。其后才是供奉三牲、祭祖、接灶、吃年夜饭、守岁一大套节目。

旧时，撰写春联，成为文人骚客抒怀明志、展示才学书艺的乐事。老百姓家若有读书人，就自己写春联，有的人家则请人代写。有名的商号店铺则请本市名笔书写，内容多为生意兴隆、财源广进之类。

据传，汉口曾有家匹头名店，正月初一以本店商品名撰写了一上联“一匹天青缎”，征求下联，如谁对出工整下联奖天青缎一匹。次日，有一药铺学徒路过此地，脱口而出下联“六味地黄丸”。观者欢呼叫好。店主即赠天青缎一匹。

第二节　特色节俗

一、开财门、端元宝与“挖窖”

这是武汉拜年的习俗。天刚明，满街就响起了拍门声，人们开始互相拜年了。门外的拜客呼喊：“开财门嘞！”屋内主人一面应声“有慢，有慢”，一面急忙开门迎客，宾主见面，互相拜年，或说“恭喜发财”，或祝老人“越老越仙健”，均充满了良好的祝愿。主人端上红枣、桂圆等水果糖茶请客人“得元宝”，客人如果是一般邻里，还有好多人家要拜访，就说声“存倒”，匆忙离去。如果是至亲，带了礼物来，就要挽留下来喝酒、吃饭，至少也要喝碗汤或吃碗汤圆再走。对于前来拜年的小孩，长辈要给压岁钱。《汉口小志》记载：“拜年，客来多留吃‘元宝茶’或摆果盒以待。闻客敲门，皆曰‘有慢’，谢来客，不见主，必留名帖。”“有慢”的意思是怠慢了，对不起。如果主人并未起床，就对门外喊“开财门”的客人说“在挖窖”，意即在挖藏财宝的地窖，客人听见会离开。

二、三月三地菜煮鸡蛋

《荆楚岁时记》曰：“三月三日，士民并出江渚池沼间，为流杯曲水之饮。”农历三月初三日为上巳日，人们利用这一天“踏青”。“踏青”又称“踏百草”，犹如今天的春游。每当春暖花开，万象更新之时，被严寒阻拦在室内一冬的人们，纷纷走到郊外，既可呼吸新鲜空气，领略大自然的风光，又可活动筋骨，增强体魄。难得出门的妇女们也趁机联袂出游，谓之“走百病”。《江夏县志》说的“城人游春东郊”，即到洪山、珞珈山和东湖一带春游。汉口的人们则“挈侣渡河”，到汉阳月湖、龟山一带踏青。汉口后湖也是游人流连忘返的地方。在湖光山色之中，孩子们的风筝在空中翱翔，妇女们的笑声在四处回荡。人们游兴之高，可从一首《汉口竹枝词》中看到：“踏青先上伯牙台，弓底鞋新不染埃，走遍月湖堤十里，过河还到后湖来。”待到游兴已尽，人们就拿着采集到的地菜（武汉人称荠菜为“地菜”）回家来。据说

踏青

踏青这种节令性的民俗活动，在武汉有着悠久的历史。古时农历三月初三日为上巳日，人们在这一天纷纷外出踏青。直至今天，春游踏青活动仍为人们所喜爱。

三月三这一天用地菜花煮鸡蛋，吃了可以头不晕，有的地方还说吃了可以不长疱疖。现在还有不少的人每逢三月初三，都要用地菜花煮鸡蛋吃。如果联想辛弃疾的词句“山远近，路横斜，青旗沽酒有人家。城中桃李愁风雨，春在溪头荠菜花”，那就更富有诗情画意了。

三、大端阳节

从前，楚俗有“大端阳节”。所谓“大端阳节”，是指五月十五日。它是从五月是恶月的观念衍化出来的一种驱瘟疫赛会。有的地方称为“龙船会”，有的地方称为“瘟火会”。其活动是以纸扎成丈余长的龙船，船旁排列水手十余人，皆装束整齐，以鼓乐、旗帜为先导，抬着纸龙船出游各处，称为“迎船”。富裕地区甚至用五彩绫绢扎船，船中设有层楼飞阁，内塑忠臣屈原、孝女曹娥及瘟神、水官等像。好事者更装扮成各种故事人物，务要瑰丽，引人注目。数日后以茶、米、纸钱装满船舱，同样用鼓乐、旗帜导送河边焚烧，称为“送船”。“借问瘟君欲何往，纸船明烛照天烧”，毛泽东这两句诗描写的就是类似的送瘟神活动。

清代汉口亦盛行大端阳之俗，但做法有些大同小异。也是剪纸为龙船，中坐神像，自五月初一早晨起，至十八日止，人们抬了龙船各处游行，锣鼓喧天，鞭炮齐鸣，灯火通明。杨林口（今武汉关下游）一带特别热闹，人们把纸船放到小舟上，数十人驾之，众桨齐飞，疾如风雨，鼓声、人声与水声相应，岸上观者如堵，也称为“龙舟竞渡”。还有仕女坐四柱青幔的游船，竹帘旁挂，肴酿笙歌，出游助兴，当地人讲：“将以驱瘟疫也。”

这种活动迷信色彩很浓，且废时耗财，当时即已受到开明人士的批评。范锴《汉口丛谈》卷二所引吴德芝《大端阳行》诗，就是以剖析、批评这种陋俗为主旨的。诗云：

> 午日龙舟闹江水，楚俗相传叫屈子。无端更有大端阳，初五日至十八止。剪纸为舟逼肖龙，中坐神像装束工。迎处妖娆杂妇女，扛来敧侧集儿童。金彩高张锦翠铺，极工穷巧尽欢娱。游民废业事厥役，半月以来争追呼。典衣卖器供樽馔，肉山酒海腥风煽。急管哀弦恣牛饮，长旗大鼓疑龙战。醉来怒骂老挥拳，盘簋壶杯飞瓦片。明日酒醒仍兄弟，不仅娄公甘唾面。虐及神明守市廊，俨然面目与冠裳。麦瓜不黄李子黑，神前故故来相将。皆言一岁不如此，瘟鬼入门何能当。我看往年钟邑候，曾经示禁城门头。莅官七载人不犯，闾阎清洁薰风流。当时此事竟衰止，并无一家见瘟鬼。可知挽俗在循良，小人所视君子履。且也先王法制详，是月勿用火南方。喧闹爆竹若如此，微阳生意能无伤。

赏月图

中秋节旧时为妇女节，有很多节日习俗。傍晚开始送瓜，即装点彩架，中间置瓜，送至亲戚家，祝愿他们多子多福。中秋之夜设香案，点香烛，供奉瓜果，敬“月亮神”。除此之外，还有洗眼、摸秋、叠瓦塔等活动。

后来，中秋节习俗渐渐演变为亲友相聚、赠送月饼、吃月饼、赏月等。武汉人有用黄陂腔编的顺口溜：八月中秋，看月亮，吃月饼，喝热茶，越吃越喝心里越热乎。黄陂话里“月”“热”“越”同音，听起来幽默有趣。

诗中关于移风易俗的道理，在今天读来仍有借鉴意义。

四、六月六赶臭肉

有一些地方以这天为回娘家节，谚曰：“六月六，请姑姑。”武汉亦有六月六回娘家的习俗。据说此俗起源于春秋时代。晋文公重臣狐偃居功自大，常于六月六日大张筵席，挥霍无度。其亲家赵衰劝其节制，却遭到他的羞辱，忧愤而死。有一年晋国发生灾荒，狐偃出京放粮，女婿萌生乘狐偃生辰之机杀死岳父为父报仇的念头。狐偃之女知道了丈夫的计划，便在六月初六的那天赶回娘家报信。放粮回京的狐偃已了解民众疾苦，深悔自己大肆挥霍且不听劝告的过失，不但没有怪罪女婿，还立誓改正骄奢的作风。此后每年六月六日生辰，狐偃只请女儿女婿等家人亲眷回家团聚。此事传至民间，百姓极为赞赏，纷纷仿效，相沿成俗。

旧时，每年六月初六，农村人家均请回已出嫁的姑娘，盛情款待。在武汉地区，因天气炎热，娘家的菜肴常有发馊的，故人们戏称“六月六，赶臭肉”。大概为了不至于吃臭肉，不知何时起，回娘家的女儿、女婿必带一大块猪肉作为礼物送给父母。史料记载：黄陂地方，于吃新次日“女子已嫁者必于归，名曰‘赶臭肉’。提筐少妇，牵衣稚子，往来红尘绿陌间，点缀升平。此种韵事，近日年荒已不复见；即见之，亦不过褴褛贫女，向母家乞升斗耳”。有一首民间歌谣唱道：

> 六月六，六月六，姆妈带我拜舅舅；
> 舅妈要我吃臭肉，一吃吃得嘴冒油。

五、七月七演《天河配》

进入农历七月，会遇到立秋节气。武汉人以白天立秋为宜，谚语云：“睁眼秋，收又收；闭眼秋，丢又丢。”

七月初七日为七夕。晚上要看巧云，设瓜果，称为“吃巧”，是“乞巧”的谐音，于是有人以吃瓜果为咬巧，尤其要吃菱角，可能是因为菱角带刺，吃菱角需要一定的技巧罢。《荆楚岁

阉鸡

武汉画家笔下的大公鸡，仰首挺胸，立冠翘尾，气势轩昂，受人喜爱。鸡与吉谐音，公鸡画挂在堂上，吉祥、有生气。

然而，阉鸡不能入画。过去，武汉有阉鸡人肩头扛个网子，专为公鸡做绝育手术。阉过的公鸡称“阉鸡”，失去了公鸡打鸣、好斗的本性，夹着尾巴做“鸡”，温顺肥硕。

时记》上说："是夕，人家妇女结彩缕，穿七孔针。或以金、银、鍮石为针，陈几筵、酒、脯、瓜果于庭中以乞巧。有喜子网于瓜上，则以为符应。"可见"乞巧"之俗来源甚早。

传说七夕后数日不见喜鹊，天河（银河）亦稍稍隐去。人们认为，天河隐去是方便架桥，数日不见喜鹊是因为架桥累了。《荆楚岁时记》也有关于牛郎织女相会的记载："七月七日，为牵牛织女聚会之夜。"七夕前后，戏院必上演节令戏文《天河配》，演绎牛郎织女故事。这种配合节令的戏还有五月端午前后上演的《白蛇传》，因为传说白娘子在端午节那天饮了雄黄酒现出蛇精的原形。八月十五中秋节前后上演《长生殿》，该剧演绎唐明皇与杨贵妃的爱情故事，他们在长生殿盟誓，后来终于在月宫中团圆。

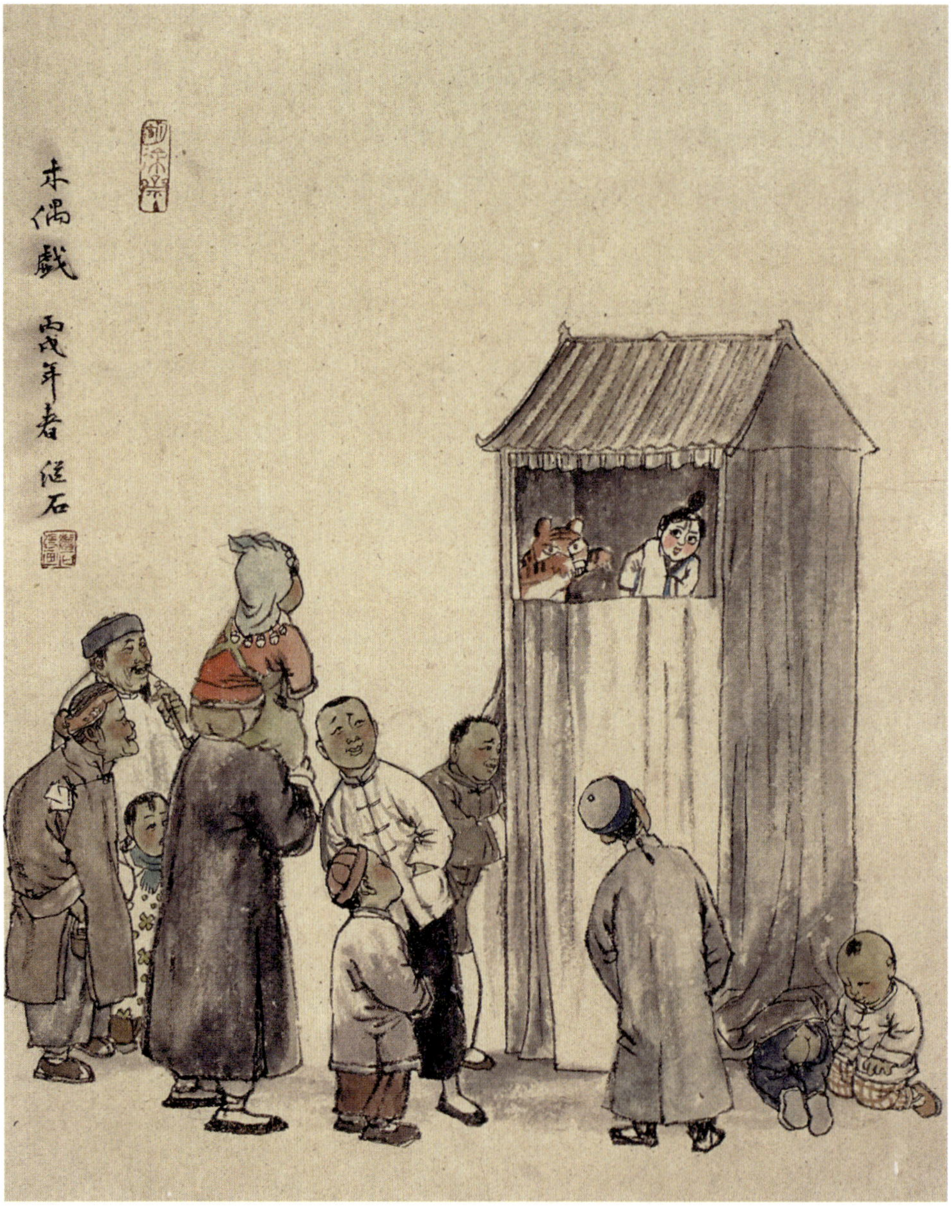

木偶戏

武汉木偶戏，又叫“傀儡戏”，自清道光年间起，已有近二百年的历史，成为中国艺苑中的奇葩。木偶小者由一人擎之，大者十余人举之。因其唱动如生，金鼓并作，受到小朋友们的喜爱。

第六章　休闲娱乐

武汉的休闲娱乐活动丰富多彩，通过世代传承，形成了特有的休闲娱乐习俗。20世纪初，出现了传统休闲娱乐活动与新潮休闲娱乐方式的并存与合流；在日常的休闲娱乐活动中，由于西方文化的影响和人们思想观念、生活方式的变化，一些带有封建色彩和低级趣味的旧式娱乐方式逐渐衰微，而与现代科技相结合的新潮娱乐活动受到越来越多人的喜爱。

第一节　休闲活动

武汉人的休闲方式多样化，而且随着时代的变迁而变化。主要的休闲方式有：

一、饮宴

古人谓“饮食”是人之“大欲”。人要生存，必要饮食，吃喝是维系人们生存的基本条件，而“宴”就不同了，“宴”是聚而饮食，具有休闲、娱乐、社交的功能，故作为休闲方式的

彩船

彩船通常以竹架扎结而成，用五彩纸裱糊和五彩绸绫装饰。划彩船又叫跑旱船，是荆楚大地城乡人民喜闻乐见的一种传统舞蹈形式。一般在春节、元宵节等重大节日表演。

饮宴，除酒食以饱口福外，还有乐舞悦耳目、聊天交友、放松心情、愉悦身心的作用。以前，为汉口商人和居民服务的酒楼、饭庄，遍布正街、河街和后湖。武昌官员饮宴则在皇华馆、黄鹤楼等高档场所。一些会馆会所也是饮宴的场所之一。清末有位在武昌教书的先生，写了一组《竹枝词》，记录了乘渡轮过江在汉口南城公所风月场所饮宴的情形，其序言写道："前夕应友人召，往某校书家酒叙，同座诸君皆素所至契者，一时歌弦合奏，杯箸杂陈，其乐趣诚非笔墨所能尽述也。"

新中国成立后，社会风气清正淳朴，那时少有人以去饭馆吃喝为休闲方式。改革开放以后，经济搞活了，社会氛围轻松，三五朋友到餐厅、酒吧饮酒聊天成为很普遍的休闲方式。

二、品茗

武汉民众的另一个重要的休闲娱乐空间当是茶馆。武汉独特的气候环境和商业氛围使人们养成了饮茶的风气，催生了茶肆、茶寮的大量出现："无数茶坊列市阛，早晨开店夜深关。"后湖是汉口胜地之一，这里的茶肆、茶寮最多。《汉口小志》云，此地"夏间热度颇烈，轻罗薄纱，愈轻愈好，下等劳动家有终日赤体者，亦有通宵露宿于外者，男女多爱吃茶，以故茶楼日渐发达"，集各种社会功能于一身的茶馆自然受到了民众的青睐。茶馆成为人们消遣、娱乐、休闲、保健的综合场所，既反映了汉口的市井文化、人文景观，又承载着许多市民的精神生活。

在汉口休闲娱乐胜地后湖，"茶墙酒壁簇成村"。《汉口丛谈》记载："后湖之有茶肆，相传自湖心亭始。近若涌金泉、第五泉、翠芗、惠芳、习习亭、丽春轩之名为著，皆在下路雷祖殿、三元殿后。其余尚有数十处，弦歌喧耳，士女杂坐，较上湖游人更盛。"后湖景色宜人，此地茶馆既可品茗，又可观景，深得茶客偏爱。如白楼，"楼外远山几抹，隐隐青露。朝云暮霞，炫人眼目"。涌金泉，"几抹远山轻染黛，千条新柳嫩含烟"。小江园和对面的楚江楼则是"一幅烟波分两地"。茶助诗情，景添雅兴，一些文雅之士在茶馆中把盏品茗，咏诗赋词，留下了许多感怀、遣愁的文学作品。另外，有些茶肆设在室外，条件简陋，甚至没有招牌，供低收入者、过路者饮茶、聚谈。如《竹枝词》云"坛场数亩排茶桌，顽雀人来坐一回"。

在1949年以后，茶馆作为服务业经营场所被保留了下来。但到"文化大革命"期间，不少

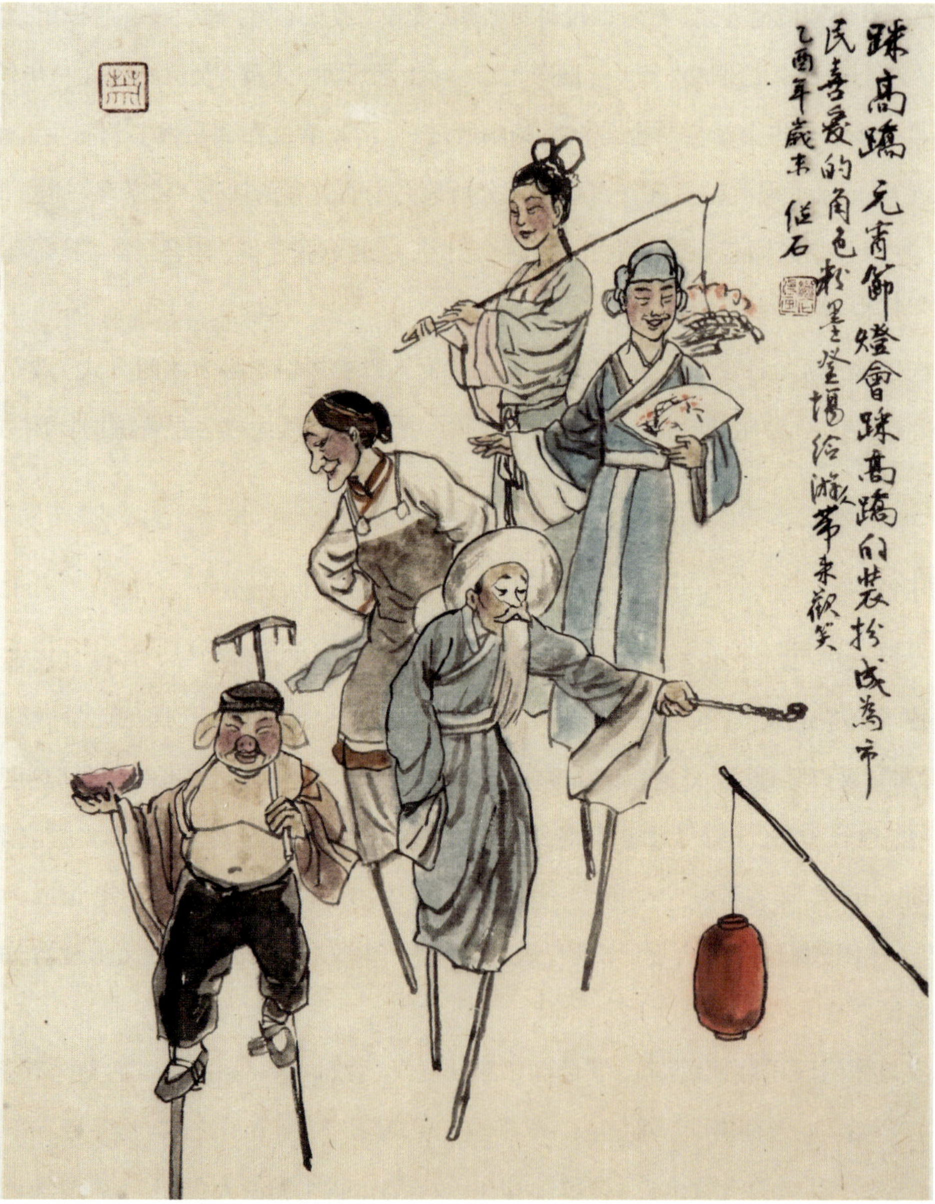

踩高跷

踩高跷是元宵节闹花灯演出中的精彩环节。何仙姑、张果老、悟空、八戒等八仙、西游人物，装束个个大红大绿，十分写意，化妆比戏剧舞台角色还夸张。踩着高跷的各种文武角色边走边耍，翻筋斗，吹唢呐，唱唱跳跳，亮出十八般武艺，惊险刺激，加上即兴发挥的滑稽表演动作，最受百姓喜爱。

地方的茶馆被视为游手好闲者的活动场所和不法分子的藏污纳垢之地而遭到取缔；人们也害怕祸从口出而不敢上茶馆聊天。少数幸存的茶馆也被政治气氛所笼罩，人们只得低头品茶，真正做到了“莫谈国事”，茶馆功能呈单一化趋势。改革开放以后，茶馆经营得以恢复。这种恢复不是简单的复旧，而是在更高层次上有所发展，音乐茶座是最流行的方式，人们在此或欣赏音乐，或观赏茶道，或自娱自乐唱卡拉OK。现代的茶馆陈设与从前大不相同，大厅堂摆八仙桌的格局变成“情侣包厢”“火车座”。年轻人更喜欢到咖啡店喝咖啡，遇有足球世界杯比赛的时候，咖啡厅更是成为球迷的好去处，因为在那里可以边品咖啡边看球，也可以呐喊、狂欢，尽情宣泄情感。

三、郊游

武汉民众钟爱四时的风光，春日踏青，夏日消夏，秋日赏月，冬日观雪，在自然天成的优美环境中陶冶情操，放松身心。汉口后湖，便是一处踏青的胜地。“春时丛树扶疏，芳草鲜美，覆云在地，流霭接天，浪翻麦陇之风，香浥菜畦之露。复有茶肆罗列，歌管纷喧，百鸟鸣笼，时花当户”，一派美不胜收的烂漫春景。汉口商业繁华，从事商业活动和手工业的居民较多，每到春季，结伴出游，一时间行人如织，车马如流。除后湖外，汉阳的龟山、伯牙台、月湖等处靠近汉正街，也是当时汉正街一带居民游玩的好去处。农历三月初三，民众常去伯牙台、月湖等处踏青，五月初五端午节亦招朋结侣，齐上龟山“踏龟”。有时还会渡江出游，如三月二十八“东岳大帝诞辰”，人们会至洪山东岳庙一游。

武昌也有人们赏花观景的好去处，那就是城东北隅的昙华林。昙华林崇府山（崇福山）原是明代郡王崇阳王府所在地。清乾隆年间，刘居士在崇阳王府故基上修建园林。学使吴省钦为其题门额为“霭园”。“霭园”被周围百姓称为刘家花园，“崇府山”也因此被称为“花园山”。霭园四周有竹编麇眼之篱、虎皮之垣。园内杂花芬馥，乔木亏蔽，亭榭错落。每当春暖花开或金秋时节，游客络绎不绝。有诗为证：“胭脂山上望如霞，崇府山头赏百花。四十年前荒草地，到今人物尽繁华。”（清·戴玉华《江汉竹枝词》）“崇阳王府剩残山，点缀江城在此间。春色长年留得住，看花人去霭园关。”（清·傅燮鼎《鄂渚杂咏》）“四海相知一子猷，醉来笑傲向沧州。夜登崇府山头望，东指红心入汉流。”（熊士鹏《武昌杂咏》之六）清

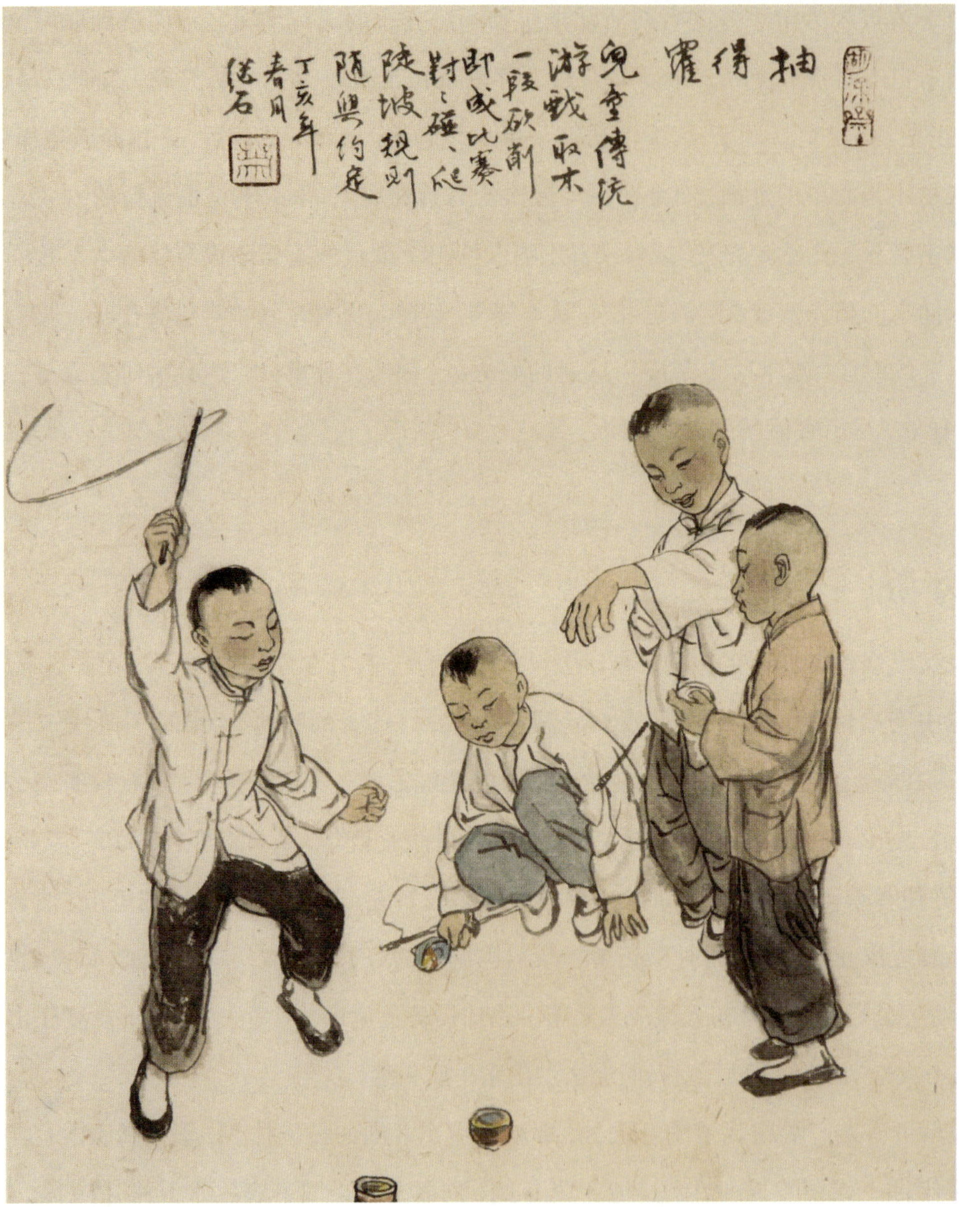

抽得螺

打得螺，打得螺，一鞭子，抽上坡，两鞭子，飞过河，河那边的伢们在捡贝壳，捡起了得螺砸贝壳，河这边的伢们急得直蹦脚。伢们伢们莫蹦脚，左已回去睡瞌瞌。

代以来，昙华林一带，不仅有花园，还有不少种花卖花的人家。昙华林成为居民游览、赏花的好去处。同治《江夏县志》谓园内最引人注目之处为建于山麓高处的“佳山草堂”，在此可坐揽山川之美，可眺观江湖之胜，草门联“挹朝爽西来，杯底岚光飞隔岸；望大江东去，眼前帆影度遥山”就是佐证。

1949年以后，除了武汉人自行到郊外远足、踏青、赏花、野餐外，还有各单位组织职工集体春游，到市郊木兰山、梁子湖、龙泉山等风景区游览，那里成了武汉人的“后花园”。

四、园林休闲

武汉园林建筑较多，主要是因为汉口为明清“四大名镇”之一，商业繁盛，富商大贾“风雅爱客”，建造园林，既可以享乐，又可待客。如江苏盐商包祥高的怡园、本地企业家曹琴萱的“种因别墅”就是这一类园林。外地寓汉商人的会馆公所，除了办公、祀神、公益等功能外，也有娱乐休闲、联络乡谊的功能，所以会馆公所多按江南园林风格建造，有的在后院建有花园，如山陕会馆的怡神园、覃怀会馆的豫成园。一些大的衙署，也会在后院修建花园，供官员下值后娱乐休憩，如臬署的乃园、藩署的憩园。致仕的达官贵人返乡后也会建筑园林，颐养天年，如明兵部尚书熊廷弼的熊园、清朝尚书张月卿的寸园等。

公园更是广大民众休闲的好去处。中山公园地处汉口闹市中心，每天游人如织，武汉及周边各地民众没有不知道中山公园的。中山公园前身是汉口“地皮大王”刘歆生的两处私家花园之一的“西园”，另一处为“刘园”。西园始建于1910年左右，1928年初夏，经留英归国的建筑工程师吴国柄建议，在西园和直鲁豫同乡会公地的基础上兴建“汉口市第一公园”，并栽种大量树苗绿化全园。园中建有民众教育馆、总理纪念堂和运动场、游泳池、溜冰场等，通过挖湖、堆山，公园面积达到170亩。1929年6月10日试开放；10月10日，正式揭幕对外开放，汉口各界人士及市民五万余人参加了开园大会；后更名为“汉口中山公园”，以纪念孙中山先生。由吴国柄设计的汉口中山公园显现出与欧洲公园相似的布局。公园的南部是仿自然意趣的湖山景区以及呈几何规则的西式园林，而北部则是各式各样的运动场地。吴国柄根据自己在西方尤其是英国伦敦的公园中的所见所感，将当时西方公园的一些设计理念引入汉口中山公园中，用他自己的话说，就是“把在欧洲社会上看到的搬回中国”。中山公园大体可

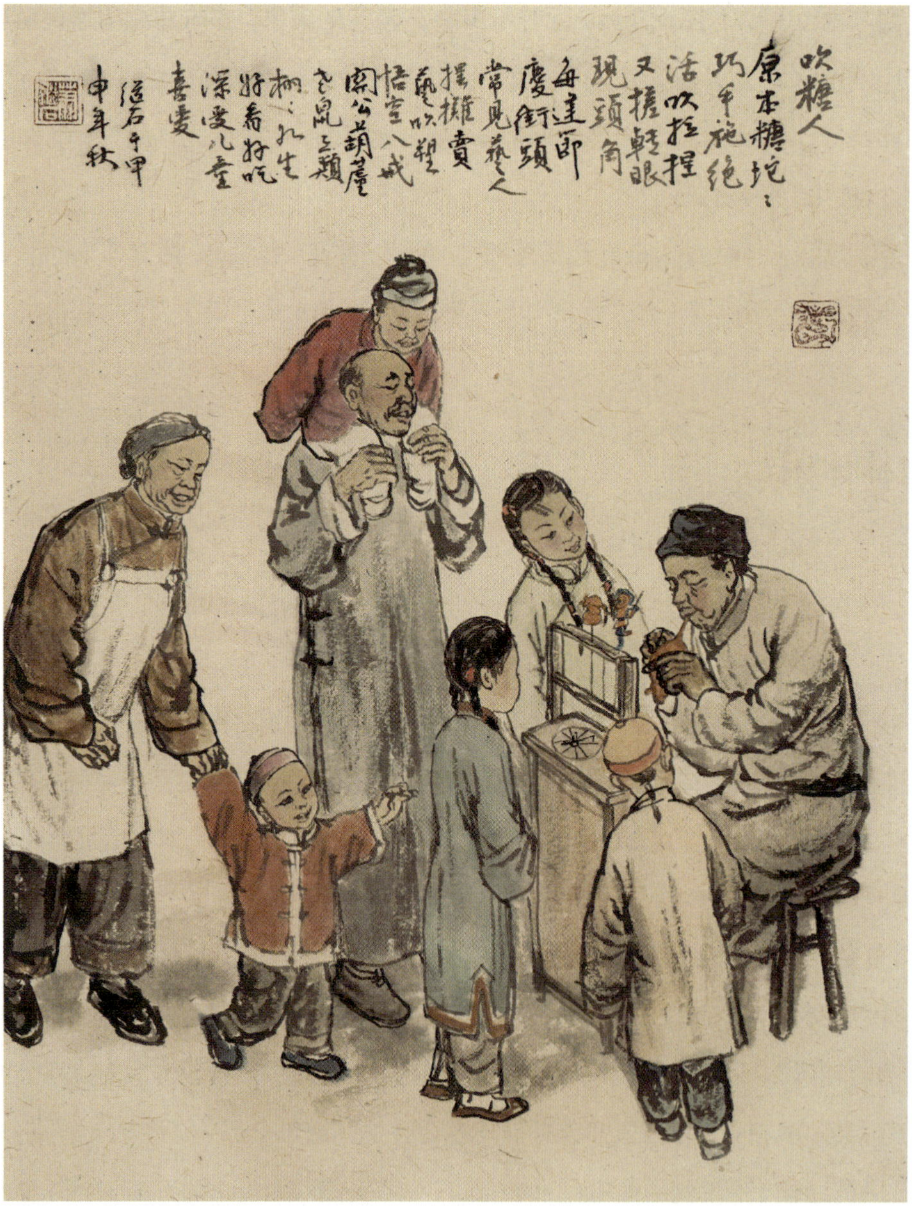

吹糖人

小时候，看见吹糖人的，总要凑过去，看见那活灵活现的老鼠偷油葫芦、孙猴子、八戒、金鸡，还有一种将蜈蚣、蛇、青蛙三种动物吹在一起的“三怕”，闻到那冒着热气的糖香味，忍不住掏出五分硬币，在转盘上转一把，盼望能碰运气抽中头彩——“三怕”。如果运气不好指针指向空格，吹糖人的师傅会从五色洋铁抽屉里抠出一坨糖安慰你。这种手艺人通常逢年过节才出来行艺。糖香和春联、爆竹、彩船、舞狮共同构成了我们对童年时代春节的浓浓回忆。

划分为四个部分：湖山景区、原西园景区、几何式花园区及运动场区。公园中还建有纪念张之洞的“张公亭”以及湖心亭、水阁、落虹桥、日晷等。中山公园建成后，成为武汉民众休闲游乐和举办公众活动的主要场所。民国年间，一到暑假，学生们考试之大关已过，女孩儿们个个着短裙长袜，觅伴畅游。中山公园及周边各电影院中，常常可以看到她们的芳踪。

五、新市场游乐

武汉有一处与北京天桥、天津劝业场、上海大世界齐名的综合性休闲娱乐场所——新市场（后更名为民众乐园）。新市场是各种演出比较集中的地方，楼下有杂技厅、游乐场，楼上有多个剧场，每个剧场演出不同剧种的不同节目，如京剧、汉剧、楚剧、黄梅戏等，一票入园，随兴趣观看。不仅市民经常前往游玩、看戏，而且进城办事的农民也喜欢在晚上去那里看表演。那时笔者乡下亲戚偶尔来家，晚上必定要去新市场待到半夜，把各种戏剧都看遍才算过瘾。

六、新式休闲方式

在二十世纪五六十年代，武汉人的新式休闲娱乐关键词应该是“交际舞会”。各单位由工会或机关交际处组织的舞会吸引了大批爱好者。就像如今有“球迷”“网迷”“车迷”一样，那时有许多“舞迷（武汉话读‘梅’音）子”，每逢周末，纷纷电话邀约舞伴，焦急地等待下班，回家后随便吃点晚饭，皮鞋擦得锃亮，头发梳得光光，一阵风似的出门，赶到预先约定的舞场，拉着早已在此等候的舞伴进去，随着“嘭嚓嚓、嘭嚓嚓”的节拍翩翩起舞，陶醉在一种愉悦的气氛中。那时笔者所在的大学，还对新同学开展“扫舞盲”活动。

那时还有一个娱乐关键词，就是电影。如果说舞会只是成年人的休闲娱乐方式，那么看电影则是老少咸宜了。在没有电脑、互联网的年代，电影就算是高科技娱乐，大人小孩都喜欢看电影，学校还组织包场。每年新出品的影片不多，爱看电影的人每片必看。中学生们不仅熟悉每一位电影明星的故事，还能把片名串起来编成故事，古今中外，东扯西拉，张冠李戴，我们称之为“电影十八扯”，看谁知道得多，故事编排得巧，甚至可以作为一个节目在晚会上

打麻将

打麻将又称“搓麻雀”“垒长城”“搬砖”等。打麻将既是休闲娱乐游戏，也是社交应酬的工具。麻将牌的玩法很多，名堂也很多。

“买笑寻欢不论钱，应酬到处要周全，一和一酒平常事，又约他家打四圈。”罗汉于民国初《汉口竹枝词》中这样写道。旧时玩麻将多在乎一个玩字，人们还给牌局取了一些好听的名字：“清一色”“一条青龙”“喜相逢”“节节高”“杠上开花”等。时下玩麻将，武汉流行“红中赖子杠”，相对旧时玩法而言，简单、灵活。

表演。那时看电影是最重要的大众休闲娱乐方式之一。

“文革”结束后，娱乐关键词也为之一变。20世纪70年代后期，人们的娱乐方式主要是看电视、跳交谊舞。哪个单位或家庭有一台黑白电视机，一到播放《加里森敢死队》，那一定会一堆人围着在观看。交谊舞会重现五六十年代兴旺时的势头，但此时在商品经济的影响下，人们多半是在收费的舞厅里跳舞。

20世纪80年代娱乐的关键词是唱卡拉OK、跳迪斯科。“卡拉OK”是第二次世界大战后日本“三大发明”之一，它其实是一种音响设备。“卡拉”在日文里是“空”字（Kaya）的发音，“OK”是外来语“Okesutoya”（乐队）的头两个字母，合起来就是“无人乐队”之意，又称为“自动伴唱机”。它的功能一是供顾客欣赏机内预先录制的音乐，二是任何人都可以在预录音乐伴奏下，即兴参与歌唱。它打破了一人清唱歌曲的单调，唱起来节奏感强，并配有赏心悦目的画面，使参与者兴趣骤增，备受音乐爱好者的青睐。改革开放以来，卡拉OK先由香港传入深圳，然后普及全国，至今不衰。如今，一群朋友相约到KTV唱歌仍是非常好的休闲娱乐方式。在包间里大家自己用电脑点歌，想放哪首放哪首，还可以按自己的爱好听歌或者放DJ音乐跳舞，而且价格并不高，一般每间每小时几十元。武汉现在有多家高端的量贩式KTV，很受青年人欢迎。

迪斯科，是英文DISCO的译音，源于法文DISCOTHEQUE，因为它起源于法国，原意指以播放唱片伴舞的夜总会。20世纪80年代初，迪斯科刚传入中国时，这种摇摆动作在社会上引起了惊恐与厌恶。人们觉得它的舞姿怪模怪样，是一种“异端”，笼统地扣上“西方资产阶级淫风”的帽子。所以，迪斯科一开始先是在小范围流行，只局限在私人圈子的舞会中。然而，不久人们不仅接受了迪斯科，而且将它演变成一种类似体操的健身运动，即所谓“老年迪斯科”。当然，北京、上海、广州等大城市的青年在迪斯科舞厅还是跳着“原版”的迪斯科舞。

20世纪90年代休闲娱乐的关键词还有保龄球。武汉市民玩保龄球主要是把它作为一种娱乐活动，因为它具有娱乐性、趣味性，至于利用它的对抗性和技巧性开展比赛，还不够普及。由于它不受年龄限制，凡是提得起重球的人都能参与。它能让人在酒足饭饱后活动筋骨，在紧张工作之余舒缓压力。它不受天气影响，只要有保龄球馆，随时都能玩，而且参与的人不需要像玩高尔夫球那样购置太多装备。这么多的优点汇集在一起，使这项从前被认为

挡羊

挡羊又名抱羊或老鹰抓小鸡。小朋友们最喜欢玩这种游戏，参与的儿童有四五人至十人不等，个子大一点儿的儿童扮“牧羊人”，“牧羊人”身后的儿童依次牵着前面儿童的衣服排成一队，另有一个儿童扮“狼”，“狼”左突右袭，避过“牧羊人”，抓住“小羊”，抓住一个，下场一个，以抓完小羊为胜。反之，“牧羊人”左挡右护，甚至抓住狼，朝一边推，以不丢小羊为胜。

是属于资产阶级的游戏逐渐受到大众的喜爱。但是，随着人们把眼光聚焦于户外活动后，保龄球热渐渐退去，剩下的保龄球馆已不多了。

第二节　民间娱乐

娱乐，是人们休闲生活的重要内容之一，也是人们丰富生活、愉悦精神的一种社会需要。武汉娱乐活动，有许多与各地一样的，只是因方言关系叫法不同；有一些是武汉独有的，颇具地方色彩。下面选择在武汉流行较广、影响较大的娱乐活动做介绍。

一、丰富多彩的娱乐

传统的欣赏型娱乐又可分为两大类别，一类是集藏鉴赏型，一类是观看表演型，前者又称鉴赏型娱乐。

鉴赏型娱乐活动在民国年间出现了以下几种变化：一是藏品种类增多。除了传统的藏品古玩、书画外，邮票、钱币、烟盒（烟标）、火柴盒（火花）、戏单、商品说明书、广告招贴、旧报纸等也在搜求、珍藏之列。这一方面是受西方集藏风尚的影响，另一方面是社会的发展，工业、商业、文化事业、邮政事业等的发达为集藏活动提供了新的藏品。二是收藏者队伍壮大。集藏爱好者从酷爱古董的文士和富翁扩大到中小知识分子和一般民众，后者虽然缺乏经济实力，难以购藏价值昂贵的古玩书画，但上述廉价的小玩意儿为他们开展集藏活动创造了条件。三是出现了集藏团体。在一批民间集藏家的推动下，各类集藏爱好者组织起团体。

斗鸡游戏

斗鸡，又叫撞拐，是20世纪六七十年代非常流行的游戏，非常受男孩子们喜欢。游戏时，男孩子们通常按高矮个儿分为两组，每人做金鸡独立状，用盘起的那条腿的膝盖撞击对方的膝盖，谁无法保持金鸡独立状，谁就失败。

他们交换藏品，共赏奇获，切磋研究心得，开展国际交流，使这些娱乐更具学术文化品位。四是集藏功能的扩大。在社会生活受商品经济冲击日益商业化的情况下，集藏活动在收藏、鉴赏、审美之外，又增加了投资、炒卖、增值等功能，这种商业化行为为中下层市民的集邮热、集币热推波助澜。一方面是学术文化品位的提高，一方面是商业化投机行为的滋长，显示了社会生活的复杂性。

竞技型娱乐是将休闲寓于竞赛之中。传统的竞技型娱乐亦可分为两大类别，像龙舟竞渡、赛马、舞狮、拔河、摔跤之类，属体力型竞技，一般场面较大；而猜灯谜、敲诗钟、下棋等属智力型竞技，一般场面较小。

农历五月初五端午节的龙舟竞渡，传说为营救投汨罗江的屈原而举行，起源于荆楚，盛行于南方，影响及于华北，已成为一种群众性的水上竞技运动。武汉滨江靠河，每年端午节龙舟竞渡，长江和汉水上有时竟同时举行。只见艘艘龙舟往来于江河之上，两两比赛，夺取锦标，沿岸观者如堵，呼噪震天。民国年间由于各种原因而趋于衰落，汉口曾一度禁止龙舟竞渡。政府禁止此类活动的原因，或为推行阳历而禁止农历岁时活动，或为防止别有用心之人利用此类群众活动滋事。有的地方因竞渡“辄起事端，遂成恶俗”，于是民间自行取消。

灯谜在许多地方盛行，每届正月十五灯节时，或在公共场所举行“射灯虎”活动，或在家中进行猜谜游戏。许多文人热衷于猜谜活动，常聚于茶寮酒肆，以猜谜为乐。下面列举几则具有地方特色的谜语：

谜面		谜底
将军与士兵	猜中国一城市名	武汉
舞刀弄枪	猜中国一城市名	武汉
六月天穿皮袍	猜中国一城市名	武汉（捂汗）
一个伢，穿红褂，一打一哇	猜一玩具	鞭炮
一点一横长，一撇到汉阳，汉阳转个弯，回去吃早饭	猜一字	方
少林热	猜一武汉地名	武昌
毛孔	猜一武汉地名	汉口（汗口）
伏旱脸通红	猜一武汉早点	热干面
躲在深闺人未识	猜一武汉早点	面窝
五幺六（五一六）	猜武汉两家影院名	武汉、解放

弈棋类游戏中，象棋比围棋普及，不论城乡，还是文士贩夫，许多人恒以下棋为乐事。街头设有象棋摊，供人博弈，赚取棋盘租金，下层民众闲暇时乐往对弈与观战。武汉人打

斗蛐蛐

过去，夏末秋初，蛐蛐大战应时开场。街坊里弄小孩三五成群，捧着蛐蛐罐，大谈蛐蛐经，到处找对手挑战，随时准备大战一把。

斗蛐蛐虽说是在方寸之间的蛐蛐罐里，但在蛐蛐迷眼里，其惊险刺激并不亚于古罗马的格斗。开头时，蛐蛐被引入罐，经引草轻轻撩拨，如同听到总攻号角，大叫一声，猛扑向前，冲撞噬咬，撕扯扭打。上下翻飞，几个回合，败者灰溜溜落荒而逃，胜者翘首亮翅，“高歌”一曲。

蛐蛐一般由主人据其性情、外貌、颜色等特征取有外号，如“常胜将军、黑旋风、金刚钻”等。

民国时，汉口斗蛐蛐形成规模，花楼街的楼外楼茶楼专辟两三个站台供客人斗蛐蛐。

牌，从前爱抹“上大人”纸牌、“扯牌九（牙牌）”、打麻将，后来扑克牌传来，人们爱玩梭哈、十点半、百分等。

自娱型娱乐与前述欣赏型、竞技型娱乐不能截然分开，有些娱乐，如票友登台唱戏，对演出者来说是自娱，对观看者来说是欣赏。有些娱乐，如猜谜、下棋，既是自娱自乐，又是智力竞赛。人们根据自身爱好和客观条件开展各种娱乐活动。老年人多喜养花、喂鱼、垂钓，青少年则喜习拳练棒、放风筝。自娱型娱乐，各随所好，故不能汇类而记之。

小孩的游戏按年龄段可分为儿童游戏和少年游戏。

儿童游戏有：滚铁环、打玻珠、躲猫（捉迷藏）、打得螺（抽陀螺）、拍洋画、打撇撇（扑三角板）、挑香棍（挑拜神的香烧完后的竹签）、猜中指、玩泥巴、吹泡泡（肥皂泡或松香泡）。

少年的游戏有：打弹弓、打水枪（或橘子皮枪）、放风筝、打游击（打群仗）、跳马、劈铜子儿、放鞭炮、斗鸡（撞拐）、扯洋得螺（抖空竹）、粘知了。

女生的游戏有：办办酒（过家家）、折纸（用纸折成飞机、帆船、衣裳、小狗等）、跳房子、丢子抓子、翻叉（翻绳）、跳毽垛（踢毽子）、跳绳、跳皮筋、丢手巾、老鹰抓小鸡等。这些女生的游戏不是说男生完全不玩，而是女生更喜欢些。

此外还有看小人书、看电影以及季节性游戏，如夏天抓萤火虫、逮蜻蜓、玩水和打水仗，冬天雪地捕鸟、堆雪人和打雪仗等。

这些娱乐令人饶有兴味，且可锻炼身、目、手、足之灵活，有利于儿童身心健康和体力、智力的发育。

近代以来武汉娱乐方式花样翻新，“西风”的影响力实在太大，租界里的洋商建起了跑马场，中国商人也不甘示弱，于是在汉口竟然出现了洋商、万国、华商三个跑马场，一场接一场的赛马，吸引了众多的人参与赌马，无数金钱流入跑马场股东们的腰包里。洋商将俱乐部定名为波罗馆（楼），不许华人进入，后华商也仿俱乐部形式创办了夜总会。汉口的打球场，打的是回力球，也是西方人首先兴起的。

西人爱上打球场，蹴鞠从来捷者强。
偌个圆形为满月，任人抛击自回翔。

（罗汉：《汉口竹枝词·西人打球场》）

翻花

谈起翻花的游戏，会勾起许多成年人如诗如梦般的童年回忆。过去，这种游戏很普遍。有时，妈妈做针线活累了，和孩子们玩一会儿，拿出一根彩线，绕成一个圈，翘起手指，穿上彩线，手指翻飞间，变幻出七彩花样。小伙伴之间，父母与孩子之间，手与手相连，贯穿起人与人之间的纽带。孩子们的梦想和希冀如这花样般涌现。

组建军乐队亦是从西方传来的风尚，有了军乐队以后，官方集会、公众活动以及民间婚丧嫁娶都能派上用场。比如在武汉劝业奖进会上的军乐队，就为展览会制造了声势，吸引了更多的参观者。

与当时的“高科技”声、光、化、电相结合的新式娱乐活动，如留声机、电影、氢气球、西洋景、哈哈镜、照相等，非常吸引人，尤其是电影，人们趋之若鹜。儿童对气球最感兴趣，过年时节，到处气球飞舞，满街儿童追逐，为节日增添了不少喜庆气氛。

照相也是一种与光、电、化结合的技术，人们通过赠送照片来交际，传统订婚礼仪在交换“八字”以外又增加了互赠照片的程序。

家庭娱乐，除了传统的打麻将、牌九、撮牌以外，又增加了扑克，当时称为“颇克”，玩法有“梭哈”“十点半”“百分”等，有的人打起来不分昼夜：

麻雀挼挲颇克飞，金钱消长不胜肥。
晨昏颠倒翻无虑，哪管世衰与道微。

（赞庵野禅胡震三：《汉口新年竹枝词》）

欣赏型娱乐最普遍的是观剧。自清末以来，城市里戏院、剧团逐渐增多，观剧之人亦有增加，市民喜闻乐见的剧种有楚剧、汉剧以及北方流传过来的京剧、江浙流传过来的越剧和鄂东、安徽一带的黄梅戏。市民中涌现出一批戏迷和票友，前者为某剧种或某名角的忠实观众，后者常进行业余性质的登台演出或台下清唱。此外还有特殊的戏剧傀儡戏（或称木偶戏）、皮影戏等。傀儡戏，道具小者一人擎之，大者十余人举之；另由上而下以线牵引者曰“提线戏”，均唱动如生，金鼓并作，然造型、服妆、机括多苟简，观众以少儿为多。皮影戏在茶馆等场所演出，多演历史故事，老少咸宜。

节日放焰火也是一种大型群众性观赏型娱乐活动。焰火是利用制纸炮之火药造成种种形色，高竿上悬，引火一发，变为各样美丽花朵和造型，或似云中仙女，或似高大宫殿，或似五色之花。元宵节在广场、公园常举行焰火晚会，观者如云，散场时丢了鞋子是常事，踩伤人的事也偶有发生。

下面介绍几种富有地方特色的戏剧和曲艺。

放风筝

“二三月内喜天晴，草色青青画不成。一碗粗茶嗑瓜子，布棚厂下看风筝。”放风筝的游戏很早便在汉口流行。江河边、湖边都是放风筝的好地方，各时期武汉都曾出现画制风筝和放风筝的高手。

二、风靡全城的楚剧

随着经济的繁荣，越来越多的民间戏曲艺人聚集于汉口，戏院、剧团逐渐增多，观剧之人亦有增加，即使是在兵荒马乱的年月里，戏园也常常座无虚席。后湖乃娱乐胜地，周启高在叶调元《汉口竹枝词》题辞中也写道："后湖亦是销金锅，鱼龙百戏相婆娑。游观士女纷如织，茶坊无日无笙歌。""沿湖茶肆夹花庄，终岁笙歌拟教坊。"山陕会馆、药帮会馆等行业聚会场所也筑有戏台，山陕会馆的戏台还不止一个，甚至清净的寺院也出现了"紫檀版叶昆腔曲，佛号经声何处闻"的景象。同时，民众也对各门类戏剧表现出了浓厚的兴趣，楚剧、汉剧、昆曲、弦索、梁山调、徽调、京戏等南腔北调在武汉交替上演。

武汉市民多喜欢观看的楚剧，原名黄孝花鼓、西路花鼓戏，流行于鄂、川、湘、赣、豫部分地区，由鄂东高跷、竹马、采莲船等民间歌舞发展而成。约在清道光年间流入武汉附近的黄陂、孝感一带，鄂东的"哦呵腔"与黄陂、孝感一带的乡音土语融合，从而形成独具特色的地方剧种黄孝花鼓。叶调元《汉口竹枝词》卷五中即有关于花鼓戏的描写：

俗人偏自爱风情，浪语油腔最喜听。
土荡约看花鼓戏，开场总在两三更。

花鼓戏早期的演出者是在农村演出的草台班子，如光绪年间黄陂的艾九爹和张面组织的两个戏班。班子不大，一般七八个人；唱腔形式少，只有哦呵腔、悲腔、四平以及一些小调；常演的剧目也不多。光绪二十六年（1900年），草台班开始进入汉口附近的沙口、水口镇，在茶馆演唱。两年之后首先进入汉口德租界的清正茶园，开创了黄孝花鼓戏进入城市演出的先河。辛亥革命后，戏园开始在租界内出现，如四海升平楼、共和升平楼、玉壶春等戏园最先演出花鼓戏，上座率还比较高。

黄孝花鼓戏由农村步入城市演出是其发展史上的重大转折。1922年后，花鼓戏受京剧、汉剧及文明戏（话剧）的影响，逐步发展提高。演员和音乐工作者开始分工，并采用一些京剧、汉剧的道具。唱腔上创造了"打腔"和"起腔"等腔调，板腔、小调、高腔是其主要唱腔，板腔中的连腔更能代表其音乐风格。剧目也开始变单出戏为本戏或连台本戏。1923年，在陶古鹏、章炳炎、沈云陔等知名演员的努力下，在人声帮腔、锣鼓伴奏的基础上，增加丝弦（主要是胡琴）伴奏，获得成功，演出形式基本定型。

湖北大鼓

架起一面小鼓，艺人一手执云板击节，一手拿鼓签击鼓，应着节奏，操一口道地的黄陂腔，说唱古今事。湖北大鼓，原称鼓书、打鼓兼唱、说善书，近百年流行不衰，也成就了时代的名角、名篇。

相传道光年间北方鼓书艺人丁海洲来武汉卖艺，教授了黄陂人黄玉山、孝感人赵保亭、新洲人李世雅等几个徒弟。徒弟们为取悦本地观众，由京腔改成黄陂、孝感腔，为行艺方便，由大鼓改成小鼓，沿袭演变，形成富有湖北地方特色的大鼓，受到百姓的喜爱，成为湖北“四大曲种”之一。

湖北大鼓有《包公案》《三国演义》《西游记》《水浒》《宋十回》《林十回》等许多传统的曲目，现代曲目有新编创的《新儿女英雄传》《丰收场上》等。

楚剧定名经历过一番周折。1926年，北伐军攻克汉口、汉阳后，黄孝花鼓戏艺人向市总工会申请建立自己的工会组织。市总工会批准成立“花业工会”，花鼓戏同仁觉得不妥，拒不接受饱含歧义的“花业”二字，根据陶古鹏的建议，取名为“湖北进化社”。其时，湖北剧学总会筹备会召开，出席会议的有新剧、京剧、汉剧的代表，而黄孝花鼓戏代表用的却是湖北进化社之名。汉剧代表傅心一提议湖北进化社应该确定一个剧名，为此大家进行了认真讨论，有的说叫“鄂剧”，有的说叫“黄陂戏”，还有的说干脆叫“湖北地方戏”，也有的说叫“楚剧”，因为李百川率团到上海演出时，其班名就叫“楚歌社”。众说纷纭，莫衷一是，最后傅心一一锤定音：“湖北古地名为楚，叫‘楚剧’比较好。”王若愚首先表示赞同：“楚剧这两个字既大方，又文雅。”于是大家一致同意将花鼓戏正式定名为“楚剧”，并将“湖北进化社”更名为“楚剧进化社”，加入湖北剧学总会。楚剧进化社随后进入血花世界（即原来的新市场，后来的民众乐园）演出，获得了在租界外公开演出的合法地位，并在李之龙、陶古鹏、王若愚等的帮助和推动下，在提高演员素质、剧目质量及开展社会活动、团结艺人、改革艺术等方面作出了成绩。此后一二十年中，楚剧流行地区迅速扩大，以武汉、黄陂、孝感、黄冈等为中心扩散到鄂城、大冶、红安、麻城、云梦、应山、大悟、天门、沔阳等地，成为深受湖北百姓欢迎的地方代表性剧种之一。

1949年后，楚剧得到了空前的发展。先后成立了湖北省楚剧团、武汉市楚剧团和一批县级专业剧团。民间自娱自乐的业余剧团也不少。经过整理的传统剧目《葛麻》《百日缘》《泼粥》《狱卒平冤》及现代戏《双教子》《追报表》等影响较大。楚剧在发展过程中，先后出现沈云陔、关啸彬、高月楼等著名艺术家。楚剧的普及，丰富了广大民众的休闲娱乐生活。

三、老少皆宜的皮影戏

皮影戏是武汉较有特色的戏剧之一。一面铜锣，两把镲子，一幅白布做成的影窗，几十个皮革制作的皮影，就可以唱一台“大戏”。这就是从前武汉人喜闻乐见的皮影。皮影是一门古老的传统艺术，是民间广为流传的傀儡戏之一，主要分“门神谱”（大皮影）和“魏谱”（小皮影）两大类：“门神谱”主要集中在湖北中部、东部的仙桃、天门、云梦、应城、黄陂、孝感、汉川等地；“魏谱”主要分布在鄂北和鄂西北的竹溪、竹山、谷城、保康、远安、南漳、

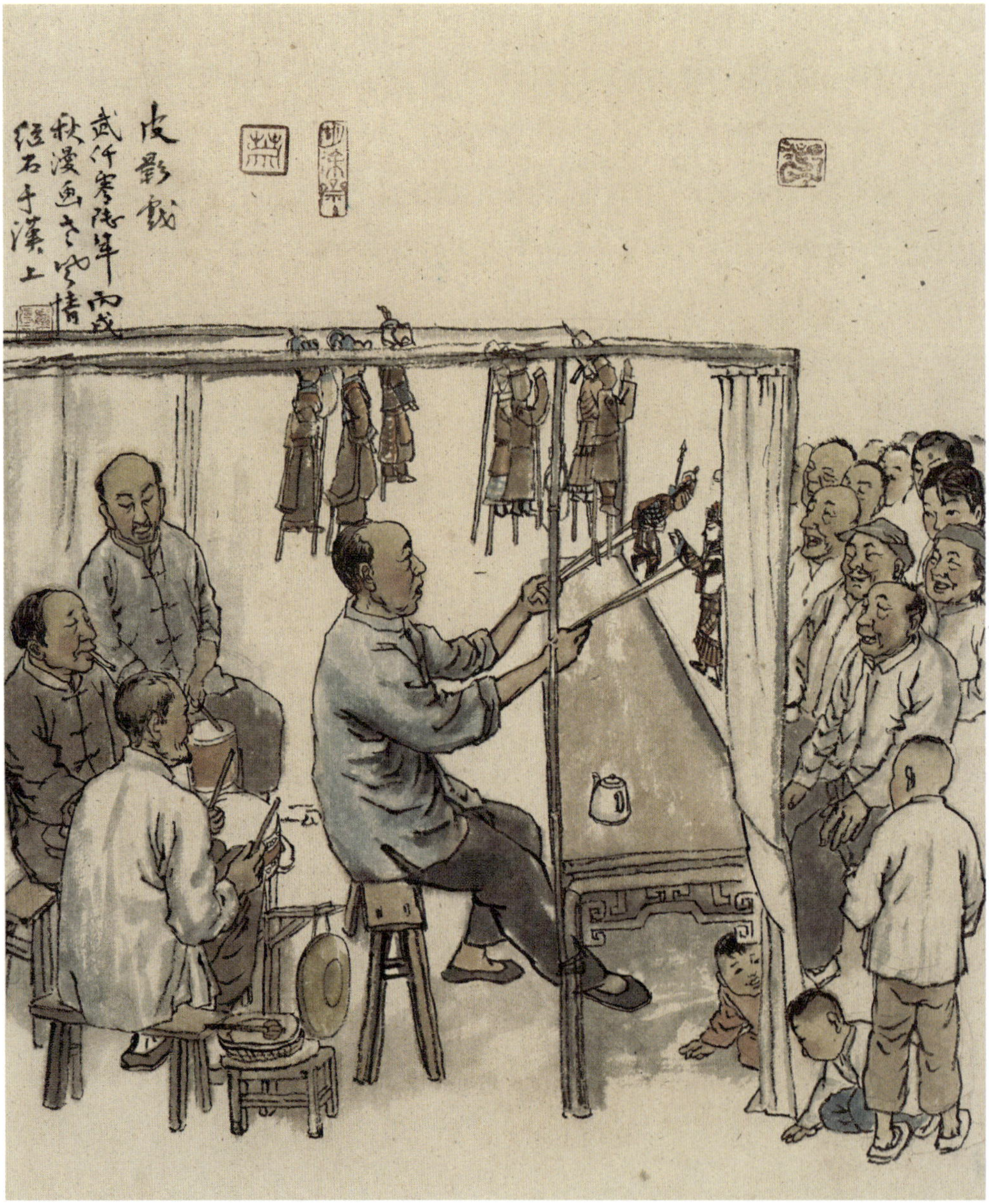

皮影戏

民国时期，皮影戏常常登场于武汉的茶楼、街区、剧场，直到“文革”前，还时有演出。唱皮影戏的艺人，多为周边乡村农民，农忙时耕作，农闲时进城开唱。

皮影艺人三五搭班，人少的班子，一人顶仨，一个乐手手脚并用，操弄锣、鼓、钹、梆、板四五种乐器，还兼伴唱。玩影人一人控制两张影，兼唱生、旦、净、丑四种腔调，边操作边说唱，唱得洒脱自如，演得活灵活现。那带烟味、酒味的嗓子，唱出的是善恶、悲欢；曲折的戏剧、浓厚的原生态味道，透出的是古韵民风。汉川、云梦、潜江、天门的皮影造型在全国颇具影响。

襄阳、随州一带，其形制及风格与陕豫皮影相似，是陕豫鄂三地民间文化交流融合的结果。江汉平原属于荆楚腹地，楚文化底蕴丰厚，古代的青铜、竹木硬雕和皮革、雕花剪纸等软雕工艺为皮影的诞生准备了良好的前提条件。据说在明成化年间，在竹溪丰坝乡和中峰镇就有皮影戏班。鄂西北一带有“西革”“汉革”两种皮影戏班。“西革”影偶小巧，唱“山二黄”腔，属陕西影系；“汉革”影偶较大，唱本地高腔，属江汉平原影系。湖北皮影戏融传统绘画、雕刻、美术于一体，具有浓郁的民族气息，是我国艺苑中的一朵奇葩。沔阳皮影戏中的各种人物、动物和道具是用雕花剪纸的工艺手法在上等黄牛皮上精心雕刻而成的。正派人物用阳刻手法，花脸、丑角等用阴刻手法，各行当脸谱造型和行头源于戏剧，文影装一只手，武影装两只手，雕刻工艺总体上讲究圆润，既要有装饰美，也要充分体现夸张、浪漫的特征。操作技巧按生、旦、净、丑四大角色分类。演出内容丰富，有《楚汉相争》《三国》《水浒》《西游》等300多个剧目。这些“剧本”实际上只有剧目的条文，在表演时全靠艺人根据历史故事展开情节和刻画人物，唱、做、念、打浑然一体，其口头文学艺术形式是江汉平原皮影戏的又一主要特征。武汉皮影融黄陂皮影戏、孝感东乡皮影戏于一炉。表演时无固定本子，凭韵律随口编唱。在孝感，也流传着“一评二鼓三皮影，智胜项羽三千兵”的民谣。云梦旧时有26台皮影戏。生于皮影世家的老艺人陆春元能雕会唱唐、宋、元、明、清等各朝历史故事。雕镂，作为皮影戏的主要艺术特征之一，以汤玉堂、郭大彪最为有名，因其二者自成一格，故有“汤格”“郭格”之誉。

四、汉味评书

评书，即说书，明末清初盛于江南，最有名的如柳敬亭。评书虽然是口头讲说的表演形式，但其表演者却多为“唱曲”转行。湖北评书用湖北方言讲故事，由一人表演，只说不唱，以一块木头为道具，每到关键时刻，猛击一下醒木，听众为之一振。湖北评书流布于武汉、沙市、宜昌等长江沿岸城市，与之相近的荆州、孝感、黄冈、宜昌等地区也有一些艺人从事演出活动。

武汉的湖北评书的源头可追溯到明代成化年间。后有崇祯时名将左良玉兵驻武昌，招江南著名评书艺人柳敬亭为幕客，在军中说书的记载。钱曾笺注钱谦益诗《左宁南（即左良玉）

湖北道情

湖北道情是湖北“四大曲种”之一。道情最早为道教徒传教、化斋的一种基本技能，后逐步衍变为传统的民间说唱艺术。如一首《竹枝词》中这样描写：“竹筒渔鼓腋下抄，俚语乡音满巷跑。说道灾年伤心事，伊里哇啦哭伤腰。”后来湖北道情广泛地吸收了洪湖打硪号子、沔阳渔鼓、天沔花鼓等民间曲牌的精华，形成了具有江汉平原独特韵味的曲艺唱腔。经过整理衍化后的湖北道情曾经在武汉风靡一时。

画像歌为柳敬亭作》云：

> 宁南既老而被病，惟怏然一榻，柳生敬亭者善谈笑，军中呼为柳麻子，摇头鼓舌，诙谐杂出，每夕张灯高坐，谈说隋唐间遗事。宁南亲信之，出入卧内，未尝顷刻离也。

明亡，柳敬亭曾在黄鹤楼等地说过书，因此南派说书艺人尊他为本行业始祖，称为柳祖。另有记载，明崇祯八年（1635年），汉阳通判袁焻在夏口督修长堤期间，就有艺人胡某在民工、船夫中说书，很受欢迎。长堤建成后，胡氏自行留在堤边摆场说书谋生。据范锴《汉口丛谈》记载：清嘉庆十三年（1808年）今硚口一带，有周在溪说《红楼梦》野史，雅致缠绵，感人至深。道光末年，打鼓说书艺人丁海洲（人称“丁铁板”）、龚柏庭（人称“鬼打响”）先后由河南来汉演出，推出了一批大书，如《五女兴唐》《八窍珠》《大红袍》《薛刚反唐》等。市民称他们的演出为“打鼓京腔”。丁海洲、龚柏庭在武汉传艺，所收的学徒都是本地人。当他们入主书坛以后，顺应听众的要求，改用地方语言演出，同时根据自己说优于唱的条件，干脆放下鼓、钢镰，以说为主，遂开湖北评书之滥觞。

从晚清到民国，武汉三镇的茶馆都争相邀请评书艺人演出，这种环境使湖北评书形成以下三条师徒链：丁海洲传徒杨云山，龚柏庭传徒任春山，顾轩南传徒刘维舟。其后经过数代人的传承，不但推动了湖北评书的发展，而且出现了不少杰出人才。如当今评书表演艺术家何祚欢，实际上是丁海洲的第四代传人，丁海洲—杨云山—容宗圣—李少霆—何祚欢。

武汉评书表演善于模拟书中的各种人物，并借助手势、身段、口技等渲染气氛。其描叙景物时喜欢使用骈体、叙述，对话时则使用来自民间的汉腔，颇具“汉味”。在发展过程中，形成两类书目：一是根据演义小说讲述的“底子书”和在这种基础上加工发展的“雨夹雪”，书目有《三国》《水浒》《说唐》《岳飞传》等；一是自编自演的“路子书”，此类书追求情节的惊险热闹，书目有《王莽忠孝图》《八门斗智》等。湖北评书早期著名民间艺人童雪松、王丹普、刘维舟、夏秀峰被称为评书“四杆旗”，孝感何玉山、天门蒋春山、应城徐振山被称为评书“三大山”。20世纪30年代，出现了以荣忠圣、陈树堂、江云卿为代表的荣、陈、江三大流派。李少霆吸取三派之长成为武汉著名评书艺人，沈邦寿的评书则善于营造舞台效果而深受欢迎。新中国成立后，湖北评书逐步整理了一些传统书目，并上演了《铁道游击队》《烈

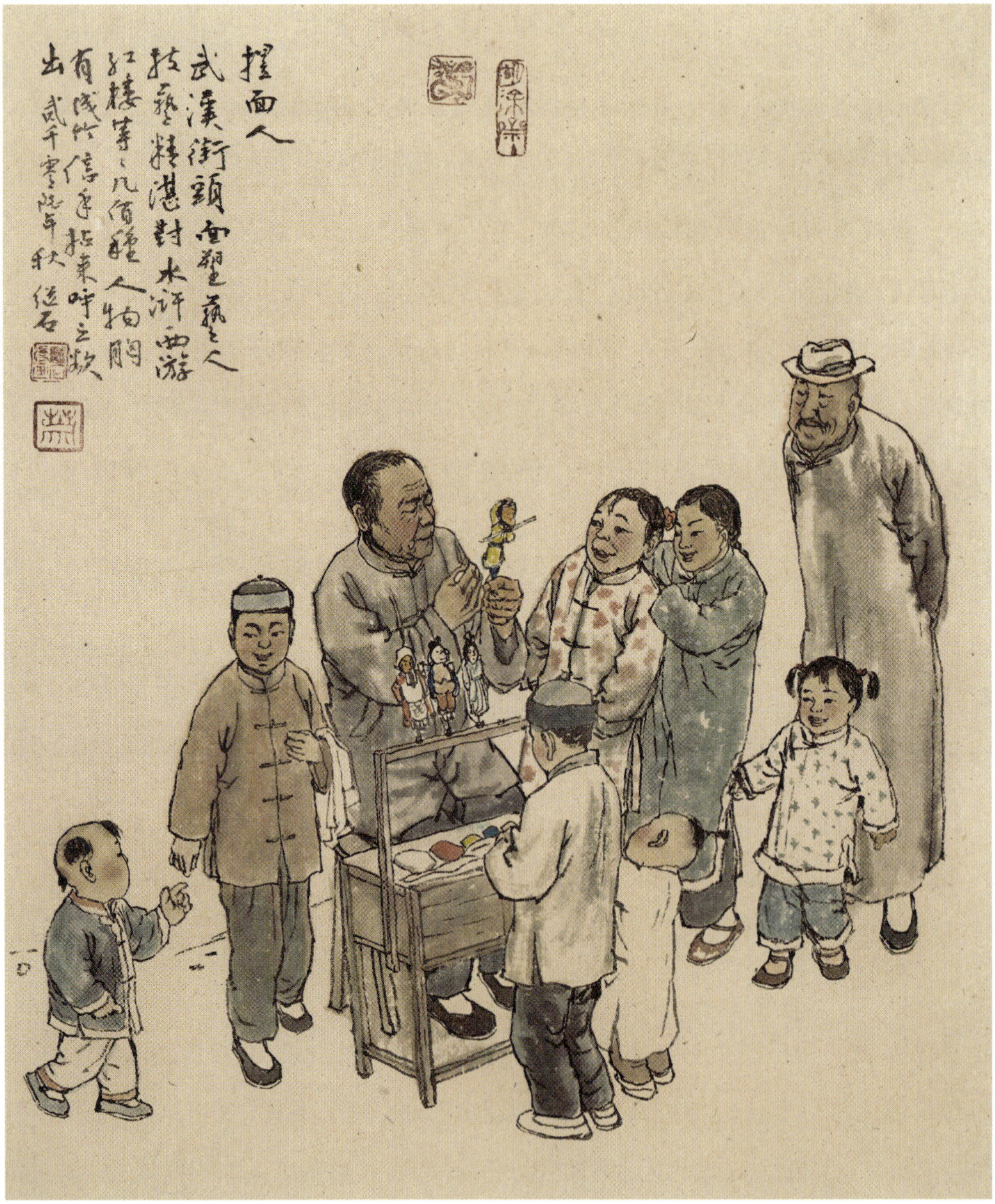

捏面人

武汉常有捏面人在街头卖艺。一个“捏”字道出了他们全靠手指间技艺挣生活的现实。这些艺人可以说个个都是真正的民间微雕艺术家，五色面团在他们手指间，须臾变成惟妙惟肖的人物、动物及各类道具，吸引大小顾客。一天，我在面人摊子边，看得入神。两父子变戏法似的，片刻捏出姜太公、猪八戒、奥运福娃。姜太公的那张老脸，呼之欲应，还有他垂钓的那条红鲤鱼，刚拉出水似的。技艺的精湛让人咋舌。我问老师傅能做多少种脸谱，他说封神榜、三国、西游等传说、典故人物几百种都能做出，现代的只要看到画即可做出。

火金钢》《林海雪原》等一批新书目，也出现了一些优秀短篇书目，如《智闯鄱阳》《芒种喂马》《挂牌成亲》等，使湖北评书得到发展。

武汉评书艺人众多，名家辈出，各流派自怀绝技，各有代表书目，这正是经济发展促进民间艺术成熟的标志。新中国成立后吸收知识分子加入，使其别开生面。自1958年后，不断有作品和演员在全国获奖，并有人被列入“中国评书评话十大名家”。著名湖北评书表演艺术家何祚欢博采众长，将湖北评书提高到一个新的高度，深受广大观众的喜爱。2008年，湖北评书入选“第二批国家级非物质文化遗产名录”。

五、湖北渔鼓

道情，因其主要道具为渔鼓和两块简片，又名“渔鼓”，流行于浙江、山西、湖北、湖南、四川、江西等地。源于唐代的道士曲，是道教徒传教、化斋必备的一种基本技能，以道教故事为题材，宣扬道家绝尘离俗的思想，是鼓词、鼓子词的一种。宋代开始有道情之名。自南宋开始以渔鼓、简板为主要伴奏乐器。唱词基本为七字句、十字句。明清以来，一批文人雅士介入道情创作，使道情得到了很大的发展，流行极广。近代出现了众多以地方名命名的支派，如温州道情、义乌道情、洪赵道情、临县道情等，湖北沔阳道情是其中一个支派。

据《中国音乐词典》载：湖北渔鼓，沔阳道情在清朝乾隆年间传入沔阳后衍变发展而成。历史上还成立过“沔阳渔鼓行会”。1911年前后，渔鼓曾与皮影戏合流，常为皮影戏伴唱。1931年后，沔阳渔鼓流传到武汉、宜昌、沙市、黄石、鄂城等地，其影响逐步扩大。至1940年前后，盛行于鄂中江汉平原地区。1952年以后获得进一步发展，除继续为灯影戏伴唱以外，又恢复了独立的说唱形式。湖北道情多在舞台上演唱，以一人站唱为主，演唱者左手环抱渔鼓并击竹简，右手中指、无名指、小指并拍渔鼓；另有高胡、三弦等数件丝竹乐器伴奏。湖北道情用沔阳地方语言演唱。唱词以七字句、十字句为主，一般可在此基础上灵活运用。全篇通常为一道韵辙到底。

沔阳渔鼓艺人周忠全、黄玉堂、李海林、李福林、荣廷清扎根在武汉，成为表演沔阳渔鼓（湖北道情）的曲艺家。1953年，周忠全、黄玉堂加入武汉市曲艺队，即现武汉市说唱团。后来，又有蔡贤臣、邹立等专业渔鼓演员加入。邹远宏丰富了道情的唱腔曲牌，编创了一批

看戏

随着经济的繁荣，越来越多的民间曲艺人聚集于汉口，戏院、剧团逐渐增多，观剧之人亦有增加，戏园常常座无虚席。

新的道情唱段。1958年，沔阳渔鼓参加全国曲艺会演，皮影艺人龚本槐、胡桃芝演唱的《选车记》被中央人民广播电台录音制成唱片，面向全国播放。由于沔阳渔鼓好唱、好听，深受群众喜爱，由湖北省音乐协会正式改名为“湖北渔鼓”（即“湖北道情”），因此沔阳渔鼓被全省各地传唱。

武汉休闲娱乐文化与各地一样，也有群体区别，不同人群，因身份、地位、财富、知识、教养、年龄、性别等的不同而有不同的休闲文化。有文化的儒商和文人学士的休闲方式带着儒雅之风，富商大贾的休闲方式通常较为奢侈，普通百姓的休闲娱乐则较为通俗大众。休闲娱乐方式也带有很强的时代性，武汉人的休闲生活和娱乐项目从明清时代到近现代发生了许多变化。拿饮宴场所来说，明清时期主要是酒楼、饭馆，进入民国后，开始有了向居民服务的西餐馆。明清时期人们多到茶馆品茗，民国后咖啡馆受到年轻人喜欢。再拿看戏来说，明清时期人们只有传统戏剧看，民国期间，又多了电影这一选项。由于这种群体的区别和时代的变化，武汉的休闲娱乐活动具有多元化、传统与现代并存、高雅与庸俗杂糅等特点。

数罗汉

汉阳归元禅寺内供奉贴金泥塑五百罗汉，真人大小，有的神态各异，有的和颜悦色，有的慈眉善目，有的满目沧桑，有的喜笑颜开，真是千姿百态。香客、游人长年不断，香火甚旺。武汉人来归元寺有“数罗汉”的习俗。“数罗汉”是一种类似占卜问卦的迷信方式，各人按自己的年龄随机从某尊罗汉数起，可向任意方向数，多大年龄数多少尊，以相应的罗汉名号，预测自己的运程。各人也可以按自己设想的方式数。现今，多数人把“数罗汉”作为游戏而已。

第七章　民间信仰

这里的民间信仰不是指民众的政治信仰，而是指民众对佛教、道教、基督教等宗教的信仰与仪式参与，对白莲教、一贯道等民间宗教和淫祠邪祀的信仰与仪式参与，此外还有迷信、俗信等，属于一种特殊的社会意识形态和文化现象。近代以来，随着科学的昌明、教育的普及和社会的进步，正常的宗教信仰走向规范，淫祠邪祀遭到取缔，迷信心理和迷信活动则逐步消解消失。

第一节　“信巫鬼，重淫祀”的传统

楚地自古以来即有“信巫鬼，重淫祀”的传统。虽然随着时代的变迁、教育事业的发展和人们观念的转变，迷信之风有所减少，一些淫祀也已废止，但从近代来看，这种传统仍然深深地影响着武汉居民。在多数人身上，各种迷信思想根深蒂固；在不少地方，各种淫祠仍然香火不绝。

根据各种史料记载，武汉民间迷信习俗主要有如下一些：

茶馆

旧时，汉口、汉阳、武昌等地茶馆业最为兴盛。茶馆常开堂说书，评书艺人一部书说七八堂，长的可说60堂甚至更多，就像时下一些电视连续剧。长篇大书如《水浒全传》《三国演义》《说唐》一类有文本，俗称“底子书”。还有一类无文本的如《七剑十三侠》《双官图》《五英传》由师傅口授过书，称“路子书”。

星命迷信：古代人对每个人的生辰八字特别重视。所谓“八字”，就是出生的年、月、日、时的天干地支的八个字。人一降生，父母即为其推算八字，如有犯关煞等事，便急忙请人渡关，为婴儿解煞。有些父母将小儿投寺记名，即是这种迷信的表现。男女婚姻亦必须八字配合而后定，是否配合由算命先生推演而出，不论其推演是何结论，皆信之。女方若有八字不佳者，则常有窜改时日，经过媒妁报于男家的。居家、谋事或有不遂意处，皆认为是八字不好，命运使然。

择日迷信：结婚、出行、开市、建房、丧葬等事，必须选择吉日良辰，并有忌避生肖之说。

巫祝迷信：每遇疾病，不施医药，反求巫婆、神汉驱鬼祛邪，以黄纸为神符，以香灰为灵丹，如果无效，则谓“遭天谴”。请神汉“下马”之方法是在室内焚香燃烛，一人鸣锣，一人挥舞刀剑，口中喃喃念咒语，念咒毕，狂跳不止，称“神附体”。被“附体”者俗称“马脚”，亦有写作“祃角”的，其来历无可考证。有些“马脚”虽目不识丁，但做降神附体状后，即能出口成章，开出良方，好像并非庸医之流，时人觉得不可思议。其实这种人多少懂得点草药偏方，根据病人状况开出药方，总会有些作用，故能唬人。

占卜迷信：求签、问卜、摇钱、雀啄、拆字、扶乩之类皆是。除了问卜于职业术士外，并有在家自己卜筮者，用金钱课、吕祖课、马前课等书占卜之，更有赴庙抽签打卦者。以占卜结果附会所问之事，指导婚姻、财运、交友、避祸、行旅，等等。

鬼魅迷信：若有人患病历久不愈，疑有狐鬼作祟者，由是迁避入寺庙，或求活菩萨，问灵姑，赴阴司，游花园等，以求驱狐逐鬼。视黄鼠狼为大仙者，不敢得罪，礼拜甚勤，恐其入宅叼鸡。问灵姑就是请巫婆“过阴”。巫婆说一句“到阴间去”，伏案片刻，醒来做亡魂附体状，所言家事，竟令当事人觉得暗暗相符，以至深信不疑。

禳解迷信：过年时有人书“童言无忌”贴之，认为此举可禳解小儿言语触犯的禁忌。或贴“姜太公在此诸邪回避”，认为可以避邪。小儿夜啼则书“天皇皇，地皇皇，我家有个吵夜郎。过路君子念一遍，一觉睡到大天亮”数语，贴到大街上请过路人念。家人若生小病，则自家采取禳解措施。最为普遍的方法是“立水碗”（或称“立水柱”）。其法：将三根筷子并拢竖立在盛有清水的碗中，不断用手从上向筷子浇水，口中则交替念叨着各位已故亲友的名字。若念到某亡灵名字时，筷子竖立不倒，则认为是该亡灵作祟，便请其不要纠缠家人，以使病人早日痊愈，并许以烧寄纸钱。然后将水碗倒扣，在上面压一把菜刀，随即至屋外焚烧纸

踢毽子

儿时的许多游戏，虽离我们已远，但仍时常在记忆里浮现。读小学时，课间操场上常见许多学生比赛踢毽子。踢毽子是同学们最喜爱的游戏之一，虽规则简单，但技巧、花样却不少，常见的有单脚踢、拐脚踢、双脚踢、倒踢……有的学生回到家里，还会与家长比试比试。

毽子一般都是自己动手做的，四五根羽毛，加上一个布头包着的铜钱底座，不一会儿工夫，一个毽子就完成了。毽子制作虽然简单，但是踢毽子愉悦身心、强健体魄的功用不可小看。

钱，认为如此病人就会康复。有的地方在玻璃板上竖铜钱，方法类似。若小儿生病，便以为在外受了惊吓，丢掉了魂，需要招魂，俗称“叫魂”或“叫吓”。家人到野外焚烧纸钱，由一人在前呼唤小儿名字，喊“某某回来”，一人在后持小儿衣裳应声“回来了”。一喊一应，一直喊到小儿床前。若生有大病或家有灾难，就要“点天灯”，即在房前屋后择一高树，长期点一盏清油灯，保持不灭，以祈求上苍保佑，赐福消灾。

还有请僧侣、道士禳解者。家有病人经久不愈，亦有请道士做“十保福”的。所谓“十保福”，就是由病家延请十人至家，以酒饭款待，每人出钱百文，遂以该十人名义，向东岳神求寿。武汉地区有一种邪病，叫“挂影”，病人称亲见龙蛇等物，很是恐惧。时人认为此病惟道士能禳解。每年于农历六月二十四日举行法会，道士身披法衣在前，病者捧黄表跪后，表上书写病者姓名及病症等。道士诵经毕，焚表上天，祷告天尊，人们认为这样病可痊愈。据说此症楚人以外无染者，不知确否。汉阳西门外有一朱姓道士，每年六月二十四日在家举行法会，请同行两三位参与其事，信众从汉口、武昌来者络绎于途。信众缴钱后，书写黄表，排队做法事，事毕还在其家购买麻花带回家。一个法会下来，该道士家七八口人一年的生活开销全有了。当时竟无人能识破其借神敛财之骗局。

镇压迷信：有石刻“泰山石敢当”五字于巷陌者，有书“一善”二字于门墙，或置“吼狮瓦将军”于屋脊者。下灶脚须用福字大钱；营造新房，启工时必书“甲马将军”字样贴于墙址；新房落成，又必延道士镇土而后人才进入。这些均属于所谓“镇压迷信”。

祈请迷信：禳火于回禄，洪水求龙王，旱灾祷雨，久雨祈晴，都属于祈请迷信。凡地方有不顺事，往往禁屠宰，设大醮，请颁赦，以保清洁。汉口有座龙王庙，每到涨水季节，人们便前往烧香，求龙王保佑。1929年修马路时，龙王庙被拆除。1931年夏天洪水袭来，民间盛传因拆了龙王庙，开罪了龙王的谣言。政府派武汉警备司令夏斗寅负责防汛，他对谣言深信不疑，亲自到江边设案焚香，三跪九叩，祈祷龙王宽宥拆庙之过，保护武汉三镇。事后他并不组织人力物力保堤防洪，而是把希望寄托在龙王的保佑上。结果可想而知，当年还是发生了水淹汉口的特大水灾。

香忏迷信：是指由香头组织的集体朝山进香活动。武汉地区最有名的，就是朝木兰山的“亮子会”。远的就去朝拜武当山。

风水迷信：阳基、阴宅均有很多忌避，其选址必经堪舆师相定，而阴宅尤甚。家有祸福，

跳房子

我们儿时喜欢打弹珠、跳皮筋、滚钢圈、踢毽子、跳房子，这些游戏几乎不花什么成本，也无需增加家长的花销，既让我们益智强体，又给予我们无穷乐趣，让人回味。

跳房子的游戏只需孩子们用一块碎瓦在空地上画出几个连续的格子，游戏便可开始了。有淘气的学生，盯着老师的粉笔盒，趁老师一不注意，赶紧摸出几只粉笔，下课后，就在地上画出彩色的房子，这让参与游戏的同学兴致倍增。老师们常常不解为何粉笔消耗得那么快，有的老师知道了也睁只眼闭只眼，让孩子们玩去吧。

皆以为风水所致。为求好风水，以至亲死停柩至数年数十年不葬，葬而争地涉讼，导致家破人亡的事时有发生。《点石斋画报》刊载“秀才难得”图画一幅，说明文字谓：湖北“江夏南乡有李姓者聚族而居，烟户数十家，自明季以来从无采芹折桂之人。至辛卯岁有族中少年应试获售，忝列黉宫，阖族欣喜过望，预探其回乡之期，咸衣冠整肃，集于张公渡堤畔迎舆而拜。旋至祖茔拜祭毕，族老偕新生登茔顶左右视。一老曰：‘风水之妙至于此乎？’一老曰：‘闻祖言，始葬之时，堪舆家已云寅葬卯发。’新生随接口曰：‘大抵应在斯矣。’各喜露眉宇而归”。

预兆迷信：以睡梦、现象为种种预兆，如喜鹊噪鸣，为有客来临之兆；梦虎、梦棺材，为升官发财之兆；眼跳耳热皆为不祥之兆，俗谓“左眼跳财，右眼跳祸”，耳朵发烧是背后有人咒骂，打喷嚏亦预示有人思念或诅咒。他物若有异常变化，必疑虑百出，附会吉凶，如认为母鸡打鸣不吉，狗学人哭不吉，灯烛开花则大吉大利，等等。

神权迷信：民间敬奉各种神祇且各有理由，如认为天神可调风雨，灶王可主家政，财神司财源，火神司火烛，宅神保院庭，门神掌门禁，井王管水泉，土地司五谷，他们各司其职，各掌其事，对于人类之祸福、生活之安危，均有绝大之关系，故人们对这些神祇奉令唯谨。由于有以上种种迷信，人们常常求助于各种神怪，或卜休咎，或祈禳解，或求保护，于是各地寺观林立，每村必建土地祠，还有庙宇供奉其他神祇。乡人即使家中鸡犬失踪也要向土地菩萨祈祷，并贿以三牲、挂红。

武汉三镇迎神赛会也比较多。遇有某神（地方保护神、行业祖师神等）诞辰，必有迎神会。事前制作数十个台阁，每个台阁内藏有一丈多长的铁杆，用彩布遮掩，外面看不出来。因小儿站立其上，演绎历史故事，故又称作“故事台阁”。前面有仪卫、鼓棚、彩亭、高跷、秧歌、采莲船、“蚌壳精”等表演队伍引导，极为壮观。神像则端坐于神座之上，一少年衣着华丽，手捧铜盘立于神像之后，称为“踩盘”。台阁由人抬到各富户门前，富人以为荣，竞相投以金钱，糜费不赀。有些迎神赛会队伍后面跟着一群披枷带锁的人，在武昌还有人抬着沉重的磨子跟随队伍行进，那都是自认有罪来赎罪的。本地有一种迎神活动为其他各地所没有。据晚清《点石斋画报》载：鄂省每届秋闱放榜之前，向来有迎“五经魁”之俗。考其形式，实为士绅们的一种迎神赛会。前面一班锣鼓导引，后面五个乞儿扮五魁星，身着蟒袍，头戴面具，执笔坐在纸扎鳌头上，以方桌抬了游行。随后一个身着古代冠服，手执笏版的长须老者，

小风车

武汉过去凡遇庙会、节日，热闹处会见到卖风车的。他们手握长竹竿，竿头捆扎草把，草把上插满五颜六色的各式风车，一起迎风飞转，引来许多小顾客。

小朋友们手握彩色小风车，迎风奔跑，小风车“呼呼”转得更欢。回到家里，插在墙头、窗口，风车依然在那里快一阵、慢一阵地迎风转动。

成年以后，风车成为他们五彩童年回忆的一部分。

扮“文昌神”，端坐在纸亭内，亭匾上大书“天开文运”四字，由四人抬着。最后有湖北首县江夏县右堂（县丞）坐轿子随行，遵循旧制，至各宪衙门报告发榜之期。揭晓之后，举行鹿鸣宴，初时所扮五经魁、文昌神还要到场。

向神许愿后，如果应验，酬神者要到庙里立匾挂红，重塑金身，紫冠、彩衣、旗伞、执事，无不尽心竭力。至于集体的演戏酬神，年景好自然办得很起劲，即使年成稍不好亦不停废。城里各行各业往往在行业神诞生日，在会馆或公所集会演戏酬神。乡下有庙的地方则每年必演戏，各村有时甚至因争夺演戏筹办权而酿成械斗，夺得者在旷野搭建高台，全村各户筹集戏台款。是时昼夜连演，商贩蝇集，男女蚁附，赌徒及斗牛者亦乘机活动，赌风颇盛，官绅不能禁。

武汉人除信仰佛、道外，尚有“斋公”邪教，分大乘、姚乘两门，还有清净门。一些邪教经文粗俗不堪，实为糠秕，所以常常遭到官府的禁止。

第二节　木兰山上亮子会

黄陂木兰山，是传说中女扮男装代父从军十二载的巾帼英雄木兰将军的家乡。从隋唐至明清，山上先后修建了“七宫八观三十六殿”，共有神像上千尊，形态各异，栩栩如生。众多道教宫观中，供奉真武大帝的金殿影响最大。也有佛教寺庙，有的还是佛道合一的庙宇。所有殿宇和山寨的寨墙完全不用泥沙浆黏合，都是以青岗石大小交错、互相嵌压、干砌而成。这分明是古代能工巧匠们聪明才智的结晶，却被说成：“要不是菩萨保佑，哪个不用泥沙能砌墙呢？”帝主宫下的乌龙泉，是不含或仅含少量可溶性钙盐与镁盐的软水，把硬币轻轻放在水面，可以浮住不沉，缺乏这方面知识的人偏把它当作“仙水”。加上祈嗣顶、磨针涧、百子殿、棋盘石等有

抓籽（子）

抓子是武汉妇女儿童喜欢玩的一种游戏。“子”可以是石子、杏核、李子核等。抓子游戏一般有“七子”和“五子”两种玩法，动作不外掷、抛、拾、承等，承载了很多人的回忆。

关的神话传说，把木兰山的菩萨渲染得神乎其神。清同治十二年（1873年）刊行的《续辑黄陂县志·山川》也像这样介绍木兰山：“上有玉皇阁、真武殿，四方朝谒者多灵验。”因此号称“荆楚名岳”的木兰山，从封建时代到近代社会，曾经吸引了近到武汉，远至其他几省的香客，一年四季，络绎不绝。每到木兰山“开山门”的时期，都有众多信众前来朝山进香。

木兰山香客的进香活动主要有进散香、进会香、进苦行香、进禁忌香、敬献金钱财物等多种形式。进会香是指同一地区的香客为了朝觐木兰山一众神灵组成的香会组织，集体上山进香，其中规模最大的是“亮子会”。亮子会既是指朝山进香组织，又是指朝山进香活动。所谓“亮子”，就是上面雕刻着真武神像和五百灵官（永乐太子的五百名御林军）像的木牌，下有柄，可扛着上山。所有神像雕刻在一块木牌上叫小亮子，一人可扛。大亮子则有五百零一块木牌，分别为真武大帝和五百灵官像，需要五百多人擎举上山。亮子平时放在会首家里。进会香之前，要选择良辰吉日通知会众，收取会费，起程时要集合会众诵读祝词，祈求木兰山神灵保佑进香顺利、平安。一张老照片显示，武昌朝山进香的香客集中地点在奥略楼下。胡朴安《中华全国风俗志》下编记载：民国时期，“邑人之迷信，与五台、九华并重。农事毕，即举行朝山礼。每社香头四人，四人中有一领袖焉。某社于某日上山，住某宫，皆有定期。未上山之前，先期斋戒，祭在如在，无敢做一戏语者。起行之日，沿途鸣锣称佛号。远者百余里，近者数十里，必一路呼号至山，方昭诚敬。其香客以农人为多，前清时冠染麻红缨，凉帽草履，天青布单套，其形似沐猿而冠，令人可笑。朝山毕，必携山上所售木喇叭、木刀、木枪、筷子、汤勺之类，馈赠亲友”。武汉市文史专家徐明庭先生在他的回忆性文章《木兰山进香话旧》（载《武汉掌故》）中对此一进香形式也有所涉及：“在队伍出发的前两天，由头人（一称会首）延请僧道设坛打醮，名为‘祈脚力’，求菩萨保佑他们腿脚有劲，能够上木兰山。凡是参加进香的人，先期必须斋戒沐浴。‘祭如在，祭神如神在’，他们认为，不像这样不足以表示自己的虔诚。队伍起行后，有人沿途打锣，有人带头高宣佛号。一人先念‘南无阿弥陀佛’，众人接念‘无量寿佛’。好像领唱和齐唱一样，既整齐，又有节奏感。有人即令累了，声音嘶哑，仍然跟着念佛，唯恐菩萨听不到他们的声音。这还不算，一路上还要来上好多次的‘匍伏叩首’，每次磕头前，有人发号施令，大家都听他指挥。队伍中虽然年龄层次不同，但面容都非常严肃。”会香组织有大有小，大到两三千人，小的只有百十来号人。会香队伍遍布湖北省内外。

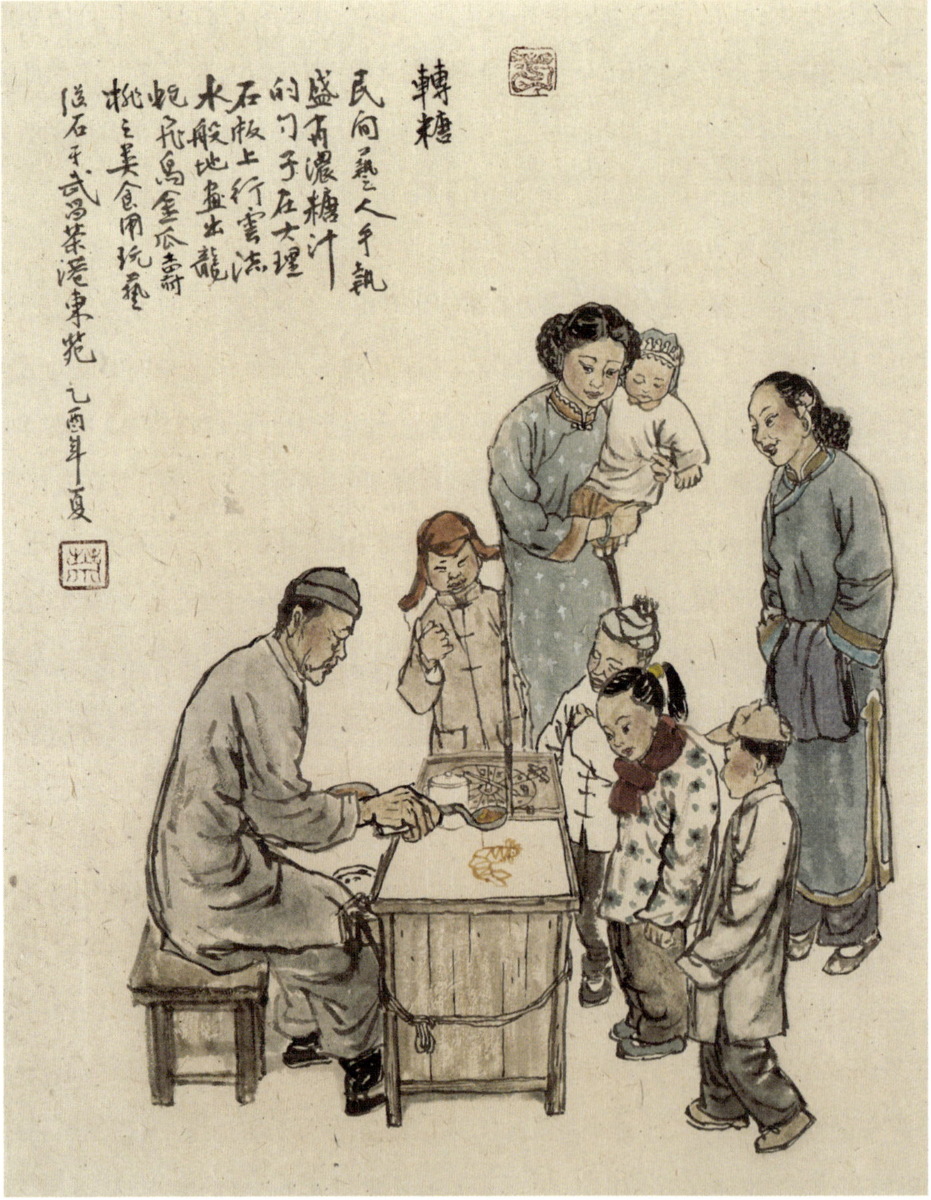

转糖

转糖手艺人挑担落脚到集市、学校边，支起摊子，在炭火炉上化开糖稀；小朋友们围过来，交几分钱，在转盘上拨动指针；转盘上格子里画有鸡、鱼、飞机、金瓜、龙，指针定在一处，软糖艺人就手握装糖稀的勺子在石板上浇滴糖稀，以糖勺为画笔，糖稀为翰墨丹青，动作干净利落，如行云流水，一会儿的工夫小客人转中的物品便被“画”出来了，支上小棍，待糖稀冷却变硬后再用小铁板按平，铲起，交给小客人。软糖艺人靠一技之长仅能赚点小钱糊口，生活十分清苦。

第三节 放焰口与放河灯

从前，武汉和各地一样，农历每年七月十五日，要举行放焰口法会，也要放河灯。这些活动的来历是这样的："放焰口"，本是佛教的盂兰盆会中一种"施食饿鬼"的仪式，道教在中元节这天也举行普度孤魂野鬼的施食科仪，民间不察，也把它称为"放焰口"。这是典型的佛道不分，混为一谈。

民间流传着一个《盂兰盆经》故事："有目连僧者，法力宏大。其母堕落饿鬼道中，食物入口，即化为烈焰，饥苦太甚。目连无法解救母厄，于是求教于佛，为说盂兰盆经，教于七月十五日作盂兰盆以救其母。"佛教僧人为纪念目连举行的法会就是盂兰盆会。它与中国传统伦理中的孝道相契合，所以甚为流行。

道教将七月十五作为中元节，认为阎罗王这天会给鬼魂放假一天，打开鬼门关，鬼魂可以到阳世接受亲友的奉祀。所以百姓要烧包袱，认为可以让逝去的亲人得以享用。斋主则举行水陆法会，请道士念咒施法。

武汉地区，这一天晚上，"僧道满街，纸钱遍地"。民众纷纷去做法事的地方凑热闹，也会花钱买一盏河灯放到水里或路边。

晚清沈子星专门为汉口盂兰会写了十二首《竹枝词》，我们可以根据这些《竹枝词》还原晚清时期武汉放焰口与放河灯的情景：

当天黄昏操办法会的首士要鸣锣，家家户户在街头巷尾点起莲花灯。在街口村前搭起高台（主坛），作为法师座，座前供奉着超度地狱鬼魂的地藏王菩萨塑像。另搭地台一座，即施孤台，上立一尺五寸长的招魂幡，下面供着一盘盘食物。主坛上的法师称为座主，又称为金刚上师。做法时，法师头戴毗卢帽（因帽有毗卢佛小像，故名），身披华丽袈裟，敲响引钟，带领座下众僧诵念各种咒语和真言。然后施食，将一盘盘食物撒向四方，反复三次；还用指甲轻弹祥瑞的露水（醍醐甘露），以此"施展法力"。放焰口都在黄昏或夜间进行，一般需要四个小时以上才能完毕。然后，首士在丝弦班宴请参加活动的僧道及打杂的人众。归元寺的僧人

捉知丫(了)

盛夏之时，树上知了鸣叫，不知疲倦，小伙伴们对这“自动口哨”颇感兴趣。捉到手，很好玩，再瞧一瞧这哨音从哪里发出。人们为了逮知了想出许多招。有“老顽童”教你一招：用马鬃固定在竹竿顶端，打一个活套索扣，悄悄地伸向枝头的知了，在知了伸动前爪瞬间，扯动套索，便能逮住知了。此外，有小伙伴将竹竿顶端劈开，拿横杆撑开一个三角形，用来收集蜘蛛网粘知了。当然，身手敏捷的淘气伙伴会用最原始的办法“螳螂捕蝉”，攀上树枝捉拿。

小淘气们把抓到手的知了，浑身打量，就是找不到这口哨的“哨”在哪里，看不出个究竟，只有变着法整得知了“哟哟”地叫。

就在庙内举行经忏仪式，收取信众的钱财。写《竹枝词》的沈子星是基督教会中人，他写这些《竹枝词》，既记载了放焰口的现场情形，又带有批评的意思，认为举办这种活动花费许多钱财，并无鬼魂来享用，而现实生活中，穷人饥寒交迫，更值得救济。

以上介绍的是武汉人的信仰，有的属于迷信，有的属于俗信。随着教育事业的发展、科学文化知识的逐步普及，许多人已认识到鬼神的子虚乌有，认识到迷信的危害性，自觉地破除迷信，相信科学。在破除迷信的时候，我们要充分发挥科学的功能和作用，大力普及科学精神和科学知识，让人们远离迷信带来的恐惧心理，心情舒畅地享受幸福生活。

白鹅和黑鹅

河里两只鹅，白鹅和黑鹅，一同去过河，白鹅去捡草，黑鹅去搭窝。

第八章　社会万象

本篇介绍的有武汉人的日常语言、民间歌谣、传说故事等，它们是武汉风土民情的特殊载体，颇具地方色彩。至于毒、赌、娼等恶风陋俗，则是武汉风俗的糟粕，是需要通过移风易俗来消除的丑恶现象。这些内容难以综合表述，姑且用“社会万象”一语概括之。

第一节　爱说俏皮话的武汉人

什么是“俏皮话”？一种解释是，含讽刺意味的或玩笑的话，被称为“俏皮话”。晚清小说家吴趼人曾撰写了一百多篇“俏皮话”，起初发表在各种报刊上，后经其辑录，重新修订，刊于《月月小说》。1958年，卢叔度根据光绪年间《月月小说》原刊本裒辑成《俏皮话》一书，由广东人民出版社出版。卢叔度在前言中介绍说：“吴趼人的《俏皮话》，是中国近代一部比较出色的‘寓言’。他继承了中国古代‘寓言’的优良传统，发挥了‘寓言’的讽刺作用，有力地撕破了封建统治者的画皮，揭露出他们各色各样的丑恶面目，对各种不合理的人情世态，也给予辛辣的讽刺，使他的‘寓言’成为真实反映生活的作品，具有一定程度的人民性，因而在当时曾产生过很大的影响，为广大读者所爱好。”

绊根草

绊根草，节疤多。人家说我姊妹多，我里姆妈说不多。驭三个，抱三个，堂屋三个陪客坐，房里三个包裹脚，塘里三个摘菱角，稻场三个拍梿枷，山上三个捡柴禾，楼上三个绣花朵，你说我姊妹多不多。

还有一种解释，“俏皮话”就是歇后语，采取歇后语的形式，后面半截让听话人去想。它是国人特有的智慧与趣味语言，也是民间爱用的一种语法。如，“空棺材出葬——目（木）中无人”“小葱拌豆腐——一清（青）二白”之类。武汉也有这样的歇后语，如：下河（倒马桶）的来了——要人屎（死）；光棍梦到娶媳妇——尽想好事；茅厕里荡（读音如“趟”）桨——撬屎（找死）；背锄头进庙门——挖神；三十斤的鳊鱼——莫把人看扁了；刷子掉了毛——光板眼；狗子坐轿子——不受抬举。

武汉还有一种俏皮话与上面两种解释不同，它往往出现在日常生活的对话中。据武汉方言专家朱建颂老先生说，武汉人的对话中，有时出现一种带调皮味儿的俏皮说法，把严肃的话语一变而为玩笑，本来平淡无奇的话语竟顿生波澜，不妨称之为“俏皮话”。他认为这种俏皮话有相声色彩。当甲发话后，乙即把甲话中的个别词故意加以歪曲，或仿拟，或拈连，或折绕，或双关，自己当上了捧哏的角色，并把对方推到逗哏角色的地位。用得恰当时，显得幽默、机警、风趣，十分俏皮；用得不当时，显得油滑、庸俗、无聊，令人反感。

有的对口相声，一方故作耳聋，发生一连串的误会。武汉的俏皮话与之类似。汉剧《打灶神》中有田永（大伯）和李三春（三弟媳）的对话，就是例子：

田永：弟妹呀！

李三春：地肥好栽萝卜。

田永：咳！

李三春：亥属猪。

田永：唉！

李三春：矮了长（音掌）长（音肠）一点儿。

田永：哦！

李三春：慢点（等会）还鸭子呃！

武汉方言专家朱建颂总结了武汉的俏皮话，大概有三种情况。

一是有些字的音相同或相近，利用这种条件，说话时用同音字或近音字代替原字，就会使话里产生另一种情趣。譬如：

你为么事（为什么）不作声？

——做生面贵了！

你说的是些么话？

背背佗（驮）

背背驮，换酒喝；酒冷了，换茶喝；茶冷了，我不喝，还是要我的背背驮。

——唐伯虎的古画。

房里好臭哇!

——好醋烹鱼吃。

他明年毕业吧?

——毕业?滗茶叶!

我都晓得了!

——小(晓)得是大得的弟弟。

你们都还好吧?

——鞋(还)好,袜子破了。

二是有些词语不止一种意义,或者是同音同形词,利用这种条件,说话时把这一种意义附会成那一种意义,就会使话里产生另一种情趣。这类例子虽不算太多,但使用的频率却很高。譬如:

我这回真划不来!

——划不来过(用)桨荡。

你像这样还得了!

——得不了,得末会(民间集资的一种方式"标会")。

你能不能快一点?

——快了割手。

这样做蛮不好吧?

——不好,吃点药。

三是有些字有几个声调,声调不同,意思也不同。利用这种条件,说话时把一个字的声调改变了,就附会出另一个意思。常见的例子虽不多,但下面这个例子却很常用:

这菜蛮好(上声)吃!

——好(上声)吃?好(去声)吃!(由可口附会成馋)

每则俏皮话的形成,起初可能出于偶然,目的无非是为了把话题岔开,所以一上口便由说话人任意发挥,甚至漫无边际。然而某种说法一旦流传开了,便不再容易改变。例如上面举的例子,已经相沿成习,几乎成了俗语。

扯糖

糯米饧糖，越扯越长，扯到汉口，扯到汉阳。

第二节　富有特色的歇后语

一些武汉独创的歇后语，带着本地色彩或者使用方言，只有武汉本地人听得懂。

带着本地色彩的如：

"四官殿的——活的。"四官殿是汉口的一处地名，过去每到正月十五前后，会有许多小贩在那里卖各式各样的灯笼，有虾子灯、鲤鱼灯、兔子灯、乌龟灯、蜻蜓灯……惟妙惟肖，生动逼真，"活的活的"卖灯的叫卖声此起彼伏，好不热闹。后来人们形容某种东西像活的一样，就讲"四官殿的——活的"。叶调元《汉口竹枝词》有一首诗咏其事："四官殿与存仁巷，灯挂长竿样样全。夹道齐声呼'活的'，谁家不费买灯钱。"注曰："两处乃灯市集场，卖者不呼灯名，但呼'活的活的'。"

"高黏除的膏药——贴得紧。""高黏除"是以前武汉很有名的一家膏药店，其招牌既揭示老板姓高，也宣扬该店制作的膏药黏上后就可解除病痛。该店的膏药黏性特别强，贴上后绝对不会自行脱落，所以在武汉的老辈人中流传着"高黏除的膏药——贴得紧"这样的歇后语，用来讽刺喜欢拍马屁的人。

"集家嘴的划子——顺倒来。"集家嘴是一个地名，在汉水靠汉口一边，不仅是一个很繁忙的码头，也是从汉口到汉阳南岸嘴的必经之处，河边停着很多木划，它们按照顺序载客过河，绝不许"插队"抢顾客，所以说"集家嘴的划子——顺倒来"，强调做买卖要讲究先来后到。

"谦祥益的房子——内外强。""谦祥益"是汉口汉正街上的一家老字号绸布店，其建筑高大，人们在店外能看见其厚实高大的墙壁，进入店内看见的除了成堆的布匹外也是墙壁，后来人们为了说明某人处处占便宜，就用"谦祥益的房子内外强（"墙"的谐音）"的歇后语来形容。

"黄陂到孝感——现过现。"黄陂与孝感是从前武汉附近毗邻的两个县，人们为了说某事物是现成的或者做生意要立即交易，就说"黄陂到孝感现过现（县过县的谐音）"。

"庆生祥的帽子——包斢（音tiǎo）换。""庆生祥"是汉口一家有名的帽店，其生产的

虫虫飞

虫虫飞，虫虫飞，两个虫虫到一堆。虫虫咬了伢伢的手，爹爹牵着满街走；婆婆在屋里纺棉花，纺得棉花哇哇哇。

帽子于1928年在湖北省区第一次国货展览中曾获一等奖。该店服务周到，顾客买的帽子如果有问题，包调换。

“汉阳门的车子——留倒。”汉阳门是武昌的一座城门，门外是繁忙的码头，那里的车子太多，车夫常用“留倒”招呼提醒，免得跟后头的车子撞了。所以人们要别人把东西留存起来，就说“汉阳门的车子——留倒（留着）。”

使用本地方言的：

“许仕林的姆妈——折（音shé）人。”许仕林是《白蛇传》中许仙和白素贞之子，其母白娘子是“蛇人”。这句话是说那些做了不光彩事情的人“折（“蛇”的谐音）人”，武汉方言把丢人、丢面子称为“折人”。

“炭圆铺的儿——吓（音hé）大的。”“炭圆铺”是煤球店，店里长大的孩子常常是一身黑。武汉话“黑”和“吓”都读hé。这是不怕狠的人爱说的话，“我不是炭圆铺的儿”，意思是你吓不到我。

“婆婆的棺材——只讲吃。”老婆婆为身后准备的棺材很讲究油漆。武汉话“吃”和“漆”同音，“婆婆的棺材——只讲吃”，是说人嘴馋。

“阴沟堵了——欠通。”武汉话有时说“欠”表示“想”“缺少”的意思，如说“我欠你”就是“我想你”的意思；“骂人”有时叫“通”。这句歇后语的意思是说你是不是想挨骂了。

“酥京果冇（音mǎo，没有）康（盖住）盖子——一股嗝（音gě）味儿。”

京果是武汉一种点心，新做好的很酥很脆，装在盒子里如果不盖上盖子，很快就会受潮变嗝（不脆）了。这句歇后语是比喻某人装腔作势，有一种“嗝味儿”。

类似歇后语还有很多，限于篇幅，不一一罗列。

推磨

推个磨，扯个磨，磨的粉子白不做，做的粑粑甜不过；爹爹吃了十三个，留了三个给婆婆，婆婆吃了心里磨不过，半夜起来摸茶喝，门闩撞破后脑壳，哎哟哎哟疼不过，跑到医院贴膏药。

第三节　独特的缩脚语

“缩脚语”，是民间一种诙谐幽默的表达方式，各地都有。它有点像准隐语，使用的不多。武汉从前称军人为“太上老”，采用的是藏词法，实际说的是“太上老君”末字的谐音字“军”。同样称母为“梨山老”，称豆为“芝麻绿”，称胎为“十月怀”，称味为“辰巳午”（“味”与“未”谐音），称命为“瞎子算”，称黑为“乌漆抹”，称鱼为“年年有”（“鱼”与“余”谐音），称蛋为“穿绸摆”（“蛋”与“缎”谐音），称脸为“死不要”，称雨为“花言巧”（“语”与“雨”谐音），称瓜为“汴梁西”（开封古称汴梁，所产西瓜为武汉人称道），称纸为“苍蝇生”（纸与苍蝇生的“子”谐音），叫娘为“孟子见”（孟子曾见梁惠王，“娘”与“梁”谐音）。到今天还有称钱为“角子洋”的。

武汉还有许多语言习俗，查查其来历，品品其含义，也是很有意思的。

“刮胡子”有特殊含义。清代定期选拔秀才为贡生，称为“拔贡”。拔贡对文章水平固然要求高，但对长相也十分挑剔，别说残疾不拔，就是生有络腮胡子的人也不能参加考试。传说武昌王秀才熟读经书，苦练制艺，梦想拔贡，应试前竟忍痛将络腮胡子拔光，但仍落第。他后悔不迭，作顺口溜自嘲道：

未曾拔贡先拔胡，贡生未拔胡已无。
早知拔胡不拔贡，何必痛拔络腮胡。

后来，人们把考试不中、求人不应等遭遇就称为“刮胡子”。

打蹬蹬

宝宝打蹬蹬，奶奶腰不疼。

第四节　奇怪的方言

方言各地都有，很多方言只有本地人能听懂。武汉（包括或广或狭的周边地区）的方言中也有许多只有本地人听得懂，而外地人听了感到莫名其妙的话。

武汉及其周边的人把红薯称为“苕”，把土豆称为“洋苕”或“洋芋”，但恐怕只有武汉一带的人才用“苕”“苕货”或者“洋苕”“热窝苕”来指人傻或不聪明，把外表好看但肚无才学的人叫“体面苕”。

在人的称谓上，您为“您家”，男人为“男将”，女人为“女将”，小孩为“小伢”，男孩子为“儿子伢”，女孩子为“姑娘伢”，祖母为“太”，姨祖母为“姨太”，外婆为“家家”，外公为“家公爹爹”，岳父为“老亲爷”，哥哥为“拐子”，内兄内弟为“揪辫子”，稽查为“鸡杂”，不明事理的人为“生把子”或“半吊子”，不像话的人为“坯子”。

在用具方面，尿布为“片子”，毛巾为“袱子”，小手巾为“手袱头”，背心为“领褂”，方凳为“杌子”，扫帚为“条举”，勺子为“条根”。

在动作方面，很用劲为“铆起来”或“恶奢的”，出言阻挠为“打破”，占便宜为“占相因”，人去世为“过了脚”或“翘辫子”，劝架为“转弯”，蹲着为“窟倒”，敷衍为“闹呵子”，装糊涂为“马倒搞”，冒充为“诈倒裹”，倒马桶为“下河”（因为从前乡下收粪的船停在河边），谢谢为“劳为”，什么事为“么事”，没有为“冇得”，游戏中不守规则为“毛痞”，出洋相为“出挺”，好得不得了为“听了头”，了不起为“傲”，肮脏为“拉瓜”，乱说为“鬼款”，装入口袋为“统倒”，等等。

许多方言要用方音读出来才像，此处将方音的注音省略。

打豆腐

打，打，打豆腐；哪边高？右边高！哪边低？左边低！
打，打豆腐；哪边高？左边高！哪边低？右边低！
打豆腐，打豆腐，豆腐打好快来买。一升豆子打几块？打三块……

第五节　江城民谣

武汉民谣（包括儿歌）很多，此处根据各种汇编武汉民间歌谣的书籍，摘引部分与风俗关系密切的民谣。

指纹有不同形状，圆形指纹称为“箩”，簸箕形指纹称为“箕”，还有弓形的。人们相信十指指纹的形状和数量可以反映个人命运，因此各地均有关于指纹的歌谣。武汉流行的一首歌谣是：

一箩穷，二箩富，三箩四箩开当铺，五箩六箩驾盐船，七箩八箩讨牢饭，九箩十箩做大官。

过去小儿断奶较晚，而上学却比较早，于是便有了这样的儿歌：

鸭（伢的谐音）弟弟，穿红孩（鞋的谐音），摇摇摆摆上学来。
先生先生莫打我，回去吃口妈（乳汁）再来。

从前婚俗中有一种大媳妇小女婿的陋俗。这种婚姻常发生在经济贫困地区，有的急于增加劳动力，男女结婚时，往往男的尚未成年，女的已逾30岁，故谚语又有“细娃讨个大婆娘”之说。1947年7月27日《正谊晚报》上刊载了一首题为《童养媳》的歌谣，描写的正是这种大媳妇小女婿的现象：

十八岁的姐六岁的郎，夜晚扶抱上牙床；
叫你是郎你年纪小，叫你是儿你不喊娘。

描写人们腊月下旬忙年的歌谣，许多地方都有，只是版本不同。即使在武汉也有几个版本，其中之一是这样的：

二十四，打扬尘；二十五，打豆腐；二十六，年办足；二十七，年办毕；二十八，把蜡插；二十九，样样有；三十夜，桃花谢；初一早，拜年了。

打掌掌

打掌掌，百花开，田里种，岸上栽。船在江中走，花在园中开，风吹船儿过江来，伢伢是我的好乖乖。

有一首写年关逃债的歌谣，腊月下旬是另一番景象：

二十七，莫着急；二十八，我想法；二十九，有有有；年三十，不见面；初一碰到拱拱手。

旧时代，经济往来，年关是结账的时候，欠债也须在此时还清。故对于穷人来说，年关就像鬼门关，无计可施，只好用拖欠、躲避的办法熬过年关，到了大年初一债主就暂时不讨债了。

汉口作为大都会，在商业化风尚的影响下，早就对妇女游玩持一种宽容态度，晚清后湖一带常有妇女结伴闲步，倦即憩坐茶寮，换烟品茗，不以为嫌。到民国时期，年轻妇女追逐时尚，更是成为风气。有一首《姑娘谣》唱道：

汉口的姑娘生得傲，麻纱裤子穿一套；红缎子鞋，皮底绞；燕子头，反镜照；新市场里买戏票，三层楼上靠一靠。

儿时父亲教唱的一首儿歌，笔者至今还能完整唱出，而一些汇编武汉歌谣的著作却不见收录。

天上的星，颗颗黄，地下的幺妹无爷娘。有爷有娘金和宝，无爷无娘靠哥嫂。堂屋里洗脸哥又骂，房里梳头嫂又嫌。哥啊哥，你莫骂，缓不得三五年就嫁；嫂啊嫂，你莫嫌，还缓不得三五年。搭金轿，我不回，搭银轿，我不回，等你屋里铁树开了花，我再回娘家。

这首儿歌，反映的是旧时代，在重男轻女传统观念影响下，女子在家里的地位低下，尤其是失去爹娘呵护的女子，更不被哥嫂待见。

大头

大头大头，下雨不愁。人家有伞，我有大头！头大头大，下雨不怕，人家有伞，我有头大！

第六节　风物传说

一、楚庄王的“不服周”与武汉人的不信邪

武汉人打架，占上风的人会对对方说：“你服不服周？”对方虽然处于劣势，但仍会回击：“不服周，老子就是不服周！”“不服周”就是不服气、不服输。据说，“不服周”这句方言来自古代楚国对中央王朝周王室的挑战。周成王时，周王室为赏赐开国功臣的后代而分封诸侯，将曾经辅佐周文王的鬻熊曾孙熊绎封在南方蛮荒之地，赐给他土地仅有五十亩的子爵爵位。熊绎就这样在荆山一带建立了楚国政权，居于丹阳（今湖北秭归县东南）。周成王在岐阳（今陕西岐山县东北）盟会诸侯，楚子熊绎很高兴地按期赴会。各诸侯依次就座完毕，熊绎却被安排同东夷鲜牟国君到会场上安放蓍草、木牌，然后再去看守大庭前的火炬。他还被周的大臣奚落：“小小楚子，蛮夷之族，何以入席？”熊绎忍气吞声地回国后，向文武大臣们讲述周王室欺他国小位卑，不给席位的情况。他明白受中原欺凌，是因楚国资源贫乏，兵微将寡。欲求生存，不受欺侮，唯有同心创业，奋发图强。于是，他带领楚人在荆山中“筚路蓝缕，以启山林”，艰苦创业。楚人跋山涉水向周天子进贡，并与齐、鲁等国国君共同辅佐周康王。经过熊绎至熊渠数代君主的努力，楚国疆域不断扩展，国力不断增强，终于发展成大国，有了挑战周王室的实力。楚王不但自己不派人去进贡，也不让南方其他部族进贡。为惩处不听话的楚国，周昭王亲率大军，三次向楚国发兵。楚国奋起迎战，楚军消灭了最精锐的王师，周天子也落江而死。这就是楚人“不服周”的来源。楚国强大以后，熊渠摆脱周王室的控制，用有利于本国发展的政策来治理国家，并自立为王，在诸侯中第一个与周王室平起平坐，又一次显示了“不服周”的精神。公元前606年，楚庄王熊旅借伐陆浑之戎之机，把楚国大军开至东周的首府洛阳南郊，举行盛大的阅兵仪式，并问“周天子的鼎有多大，有多重”，要与周天子比权量力，进而挥师伐郑，以问郑背叛楚国投靠晋国之罪，再次体现“不服周”精神。楚人靠这种“不服周”之精神，成就了八百年的基业。

武汉人作为楚人后代，继承了楚人“不服周”的精神，具有一种天不怕、地不怕、不服

牴脑壳

唆唆！触断窝。铜锣打，铁锣敲，一闹闹到张家庙。张三姐，不在屋里，大牯牛触断角，二牯牛触断脚，三牯牛不放草，四牯牛满山跑。触到山，山亦崩；触到地，地亦昏；触到人，不能行，触到狗子啺啺神。

输、不信邪，敢为人先、敢把皇帝拉下马的英雄气概，所以能在1911年发动武昌首义，得到全国响应，推翻统治中国两千余年的君主专制制度。有武汉网友这样评价武汉人："楚人敢放第一枪，说的就是武汉人不怕鬼、不信邪、敢说敢做、有韧性、有蛮劲、不达目的决不罢休的性格。"

二、九头鸟与湖北佬

历史上，人们对九头鸟十分迷信，民间往往不让小儿的衣服露天晾晒，担心九头鸟的血滴在小儿衣服上会带来灾祸。《荆楚岁时记》上介绍的禳解驱除之法就是"家家槌床打户，捩狗耳，灭灯烛"，以驱赶九头鸟。

传说中的"九头鸟"是一种不祥的怪鸟，原名"鬼车"，长有十个脖子、九个头，据说它的第十个头是被狗咬掉的，那个没有头的脖子不断地渗出血，血滴到哪里，哪里就有灾祸。宋周密《齐东野语》卷十九："鬼车，俗称九头鸟，……世传此鸟昔有十首，为犬噬其一，至今血滴人家，能为灾咎。"

另一种传说正好相反，认为九头鸟是吉祥鸟——凤的化身。九头鸟形象的出现，最早源于九凤神鸟。《山海经·大荒北经》中载："大荒之中……有神，九首，人面鸟身，名曰九凤。"又说三凤九头，"其志大兮，其慧远兮"。可见在《山海经》中，九凤形象是很正面的——志大慧远。徐珂《清稗类钞·讥讽类·九头鸟》引张君房《脞说》谓："时人语曰：'天上有九头鸟，人间有三耳秀才。'按《续搜神记》，兖州张审通为泰山府君所召，额上安一耳，既醒，额痒，果生一耳，尤聪俊，时号'三耳秀才'。盖时人以九头鸟能预知一切，故以之比聪俊者。后更转以讥狡猾之人，而曰：'天上有九头鸟，地下有湖北佬。'盖言楚人多诈故也，其实也不尽然。"看来，九头鸟的形象是很复杂的，可以从多角度去理解它。除了是妖鸟或不祥之物外，还可用来比喻奸诈狡猾的人，也可以比喻聪明能预知未来的人。

不知从什么时候起，外界将"天上九头鸟，地下湖北佬"这句俚语用来说湖北人。有的说是指湖北人像九头鸟一样聪明或者狡猾；有的说是指湖北人像九头鸟一样有九条命，生命力很强；也有的说是指湖北人像九头鸟一样，九头各奔东西南北，互斗互殴，不同心同德而好窝里斗。九头鸟似乎成为湖北人的代称。

点点窝窝

点点窝窝，油炸面窝，猫儿吃饭，狗儿唱歌，把点葱，把点姜，把点酱油把点醋……

但现在也有湖北人自己从正面来利用九头鸟形象的，如，一些企业用“九头鸟”做名称，网络上可以查到有些湖北公司的名称中就有“九头鸟”字样。还有不少产品用“九头鸟”作商标，什么九头鸟鞋子、九头鸟胶带、九头鸟医疗器械等。

如今，对九头鸟的迷信已经不复存在了，但关于湖北人是九头鸟的说法仍在流传。其实，无论在哪个地区，狡猾奸诈者都只不过极少数而已。况且，人们也并不把九头鸟看作绝对的坏，如有的产品敢以“九头鸟”作商标，就是要把湖北人生命力顽强的名声打到全国去。有的报纸则开辟“九头鸟”专栏，专门揭露社会的不良现象，与九头鸟（湖北佬）的陋习做斗争。还有学者认为，用九头鸟比喻湖北人，是指湖北人可以用九个脑袋来思考问题，可以把流程设计得更科学，把事情做得更完善。

三、黄鹤楼与黄鹤楼情结

关于武汉名胜“黄鹤楼”名称的来历，除了基于史实的“因矶（黄鹄矶）为楼”和“以山（黄鹤山）得名”的说法外，还有一种出自传说的说法。传说有仙人在此跨鹤飞升，“遂以名楼”。关于黄鹤楼的各种传说流传了一千多年，随着时间的推移、历代时势的变迁、社会文化心理和风俗习惯的演变，传说的内容也发生了很大的改变。历代传说很多，此处仅以宋元话本《报恩录》为例：

> 黄鹤楼原为辛氏楼。辛氏市酒山头，有道士数诣饮，辛不索赀。道士临别，取橘皮画鹤于壁，曰：“客至，拍手引之，鹤当飞舞侑觞。”遂致富。十年，道士复至，取所佩铁笛数弄，须臾，白云自空飞来，鹤亦下舞，道士乘鹤去。辛氏即其地建楼，曰“辛氏楼”。

在《湖北民间故事传说集·武汉市卷》中有一篇“黄鹤山的故事”，说武昌蛇山原名黄鹄山，辛氏夫妇在山头开了一家酒馆。他们为人很厚道，有个道士多次来喝酒不给钱，他们也不索要。一天，道士用橘子下酒，顺手用橘皮在墙上画了一只金黄色的鹤，并告诉辛氏夫妇，所欠酒钱以此抵偿，此鹤能从墙上飞下来为客人起舞助兴，酒馆后面那口井里的水也会变成好酒。道士说完飘然而去。从此来辛氏酒馆喝井中好酒，并欣赏黄鹤跳舞的客人络绎不绝，酒馆生意兴隆。辛氏夫妇逐渐变得贪心，等道士再次来时，他们提出过分要求，道士很不高兴，骑着从墙上下来的黄鹤腾空而去。道士走后，井中所打上来的又是普普通通的水了。辛氏夫

丢跤

丢跤，丢跤，丢到地下一大包。

妇追悔莫及，便用赚来的钱修建了黄鹤楼。

这个故事里辛氏夫妇好心得好报的情节，显然吸收了《报恩录》中因果报应的思想，但又将该思想发展了，以这个故事告诉人们，即使是自己付出后得到的回报，也要适可而止，不能贪得无厌。这种改造加强了故事的思想性，其教育意义有了进一步的深化。

黄鹤楼在光绪年间被烧毁后，一直到20世纪80年代才新建了一座钢筋混凝土的黄鹤楼。在没有黄鹤楼的日子里，武汉人都把清末为了纪念张之洞而在黄鹤楼旧址上建的奥略楼称为黄鹤楼。笔者把这种现象称之为武汉人的“黄鹤楼情结”。这种情结还表现在关于辛亥革命武昌首义和关于武汉解放的史书中，人们常用红旗插上黄鹤楼来表示革命的胜利。1949年由“中华邮政”华中区发行的“武汉解放纪念邮票”，其中两枚是武汉知名景点“黄鹤楼”。但“黄鹤楼”邮票上的黄鹤楼，并非大家熟知的清代同治年间建造的黄鹤楼，而是清末建造的奥略楼与警钟楼。

武汉人的黄鹤楼情结还反映在民间语言方面。如有一首歌谣反映了黄鹤楼是武汉人的骄傲：

四川有个峨眉山，离天只有三尺三；
湖北有座黄鹤楼，半截插在云里头。

还有一些关于黄鹤楼的歇后语：

刘备上了黄鹤楼——胆战心惊。
黄鹤楼上看翻船——幸灾乐祸。
黄鹤楼上的赵子龙——英雄无用武之地。
黄鹤楼上吹喇叭——吹到天上去了。
黄鹤楼赴宴——假相好。
黄鹤楼顶摘星星——高手。
黄鹤楼上看行人——把人看矮了。

还有一则关于黄鹤楼的谜语：“一拳捶碎黄鹤楼”，打俗语四字。谜底是“有所突破”。

更有以黄鹤楼为商标的烟、酒，它们是许多武汉人的最爱。“黄鹤楼”深入到了武汉人的日常生活中。

一面鼓

墙上挂面鼓，鼓上画老虎；老虎抓破鼓，拿块布来补；不知是布补鼓，还是布补虎？

四、"贱三爷"的故事

武汉有一个家喻户晓的名字——"贱三爷"，很多时候，"贱三爷"是形容一个人不知好歹的代用词。譬如，要说某人犯贱，又不点破，就笑着说："你是汉阳过来的吧？"因为一般认为贱三爷是汉阳人，说某人是汉阳来的，就暗指其为贱三爷，犯贱。但另一种说法，贱三爷是湖北的一位机智人物，就像新疆的阿凡提一样。于是，关于贱三爷机智、幽默的故事被挖掘出来，而且赋予他一个正式的名字——健三。在他的故乡蔡甸（原属汉阳县），人们认为"贱三爷"是生活在明朝中期汉阳县的民间机智人物，他豁达豪爽、机智幽默、聪明能干，兼有舍己为人、扶危济困、富贵不淫、贫贱不移的品德，并具有"越是狠的越不怕"的豪气。他没有固定职业，干过百行百业，他斗地主豪绅、奸商高利贷者、流氓地痞从不手软，帮助穷苦人从不吝啬，宁可自己挨饿受冻，也要资助受苦难的人。他到处行侠仗义，为民除害，在民间留下了极为丰富的故事与传说。

沈远义所编著的《贱三爷——机智人物的幽默故事》受到读者欢迎。著名民俗专家、时任湖北省文联副主席的鄢维新这样评价沈远义："竭十数年之力，忖度贱三爷足迹所至之处，网罗贱三爷之轶闻，又历数年之奔波，弘扬贱三爷之'贱气'，终于将本来面目的贱三爷请至旧事重提的舞台上，为观众们奉上了一盅'原汁原味'的滑稽幽默醒世汤，并以旧时民俗风情画佐精神之餐。"

关于"贱三爷"名字来历的两种说法，本身就是很有趣的故事。

说法之一：从前有一个汉阳籍的秀才在省里做了大官，因为此人在家排行老三，所以人称三爷。由于汉阳和武昌相距不远，三爷老家的乡亲常有事找三爷帮忙，但要见大官不是很容易，所以三爷的乡亲见三爷时每次都会受到看门人的盘问，三爷的乡亲每次都回答：我们是汉阳来的，我们是来见三爷的。时间长了以后，三爷的乡亲与看门的都认识了，不用打招呼也可以进去了，如果这时有人问看门的，怎么随便放他们进去？看门的就会回答：汉阳的，见三爷。后来就演变成了：汉阳的贱三爷。

说法之二：有一年，正是春播大忙时节，健三家贫，没有牛耕地，他就自己拉着犁来回跑。财主刘善人想雇用他看家护院，七找八找找到地头上，啧着舌头说："啧啧！健三，你真是造孽呀！绳子勒进肉里，天上太阳晒，地下水汽蒸，黑汗水流的，晓得几苦哟！干脆到我家里帮我吧，有你吃，有你喝，不晓得有几好。看，这是定钱。"健三撇撇嘴："就这么一点点

金钩钩

金钩钩，银钩钩，吃碗米，尽馋你。

呀！”刘善人连忙说：“好办，只要你肯到我家里来，一切都好商量。”“这个商量只怕是打不过来哟。”健三嘿嘿一笑，指着脚说：“我拉一天犁，可以耕这么大一块地，秋天就收这么大一块地的谷，你能用元宝把这么大一块地铺满吗？”“么吵？”刘善人吓得舌头伸出来一大截，半天缩不回去。“我说这个商量打不过来吧。还是把你的几个臭元宝拿回去，用盐腌起来，莫长了蛆！”刘善人气得直跳脚，恨恨地说：“健三哪，健三！你真是生得贱哪！”健三大笑道：“哈哈！我就是贱三爷嘛！”从此，贱三爷的名字就传开了，而且越叫越响，他的故事也越传越多……

第七节　旧汉口的“三鸟”之害

鸦（鸦片烟，泛指吸毒）、雀（麻雀牌，泛指赌博）、鸨（娼妓业主，泛指卖淫嫖娼）“三鸟”是旧社会影响巨大、危害严重的社会问题，也是旧汉口的一种严重的社会弊端，正直的人们对其深恶痛绝。近代史上曾发动过声势不小的禁烟、禁赌、禁娼运动，可是，直到新中国成立之前，“三鸟”之害依然存在。“三鸟”之害固然是旧中国的社会痼疾，但在近代呈愈演愈烈之势，则与当时特定的社会环境有关。

一是西方社会不良风尚传入，加剧了“三鸟”之害的流毒。鸦片的大量倾销，赛马、轮盘赌一类西式“博戏”的泛滥，洋妓来华“开业”，洋商传播的纸醉金迷的生活方式，还有通过大众传媒舶来的西方社会丑恶现象等，在中国造成了恶劣影响，民国年间尤甚，汉口也不例外。道光年间，林则徐在湖广总督任上厉行禁烟，武汉地区鸦片流毒本来有所衰减，然而1861年以后汉口开埠通商，洋烟又源源不断地运来，租界内外烟馆林立，烟民人数猛增。民

过城门

城门城门几丈高？六七八九十丈高。骑白马，带钢刀，钻进来剁一刀！

两童双手相握高举做城门状，众童牵手成一圆圈，高喊一声“打鼓进城”，大家边唱边分别从“城”下穿过，歌毕，关闭“城门”，被关住者必须接受惩罚。惩罚方式不同，有回答问题，有唱歌表演，有退出游戏，有罚做“城门”等。

国年间，吗啡、红丸之类毒品又从国外传来，加剧了对国人的毒害。外国侵略者在租界开设了几间“波罗馆”，在牌室大开轮盘赌，又在租界外建立“西商跑马场”，招徕中国人前往参与赌博。后来华商也有样学样开办了华商跑马场，购买马票参赌的人越来越多。即使中国当局严禁三害，租界内却依然持放纵的态度。抗战初期，国民党在汉口发动“除三害”运动，法租界却一概不禁。虽然国难当头，但租界里依然吞云吐雾、呼幺喝六、倚红偎绿、一榻横陈，昏昏然不知国将亡之。

二是近代社会经济的畸形发展，也对恶习陋俗的泛滥造成了多层面的影响。一方面，商品经济的活跃，为奢侈性消费提供了经济基础。资产阶级化的地主、官僚和暴富的买办阶层都是烟、赌、嫖圈中的“风云人物”。近代企业的发展，使能够领得一份工资的工人增加了，农产品商品化后，部分农民手中多少有了活钱，下层群众中不少人在旧社会染缸里沾染上某些恶习，常常将自己微薄的收入交给烟馆、赌摊或娼寮的老板。这是社会经济发展带来的一种消极影响。另一方面，汉口都市化程度提高，市面繁华，娱乐场所增加，吸引更多的人投入奢侈性消费。城市流动人口的增加，也带来许多社会问题，那么多无家庭而在武汉务工的人，要娱乐，要社交，而烟、赌、娼恰恰可以满足他们的一部分需要，填补他们闲暇时的精神空虚。第三方面，与汉口的虚假繁荣、富裕阶层的穷奢极欲同时并存的是附近农村经济的凋敝、工人的失业和破产。半殖民地经济的畸形发展所造成的两极分化孕育了失业和破产这对孪生子，使流民无产者人数猛增，天灾人祸又造成大量灾民、难民，这些人有不少沦落到了烟、赌、娼从业人员的队伍中，正是他们“装点”了都市的繁华，满足了富人的奢欲。

三是在近代社会大变革的时期，传统伦理道德观念受到冲击，新旧道德青黄不接，人们的思想意识发生混乱，从而加剧了个人偏离行为的产生，“三鸟”之害乘虚而入，社会问题也便越来越严重。

四是商人有意识地利用人们的弱点或劣根性，开设一些迎合人们声色犬马之好的场所，给“三鸟”之害的泛滥推波助澜。烟馆、赌场、妓院常常扩大“业务”范围，集“三鸟”于“一笼”，让游乐者集烟、赌、嫖于一身，大量耗费钱财。一些正当行业也常以声色犬马招徕顾客。饭店、酒楼、茶馆多雇女招待陪抽（大烟）、陪舞、陪酒，搞变相的色情服务，从中抽头渔利。商业对恶风陋俗的迎合与利用，削弱甚至阻碍了社会控制功能与社会不良风气和丑恶现象所做的斗争，因此“三鸟”之害屡禁不绝。

好哭佬

好哭佬，卖灯草，卖到河边狗子咬。狗子狗子你莫咬，我把钱（给你），你去过早。

鸦片等毒品流毒汉口，始于晚清而盛于民国，尤其是日伪统治时期，大力推行毒化政策，上自伪省长、市长，下至贩夫走卒、家庭妇女，无数人沉迷黑籍之中。据曾协助其兄经营鸦片10年的吴楚卿介绍，鸦片流入武汉以来，种类繁多，计有川土、云土、广土和湖南土等几种。武汉是华中地区鸦片烟的一个集散地、中转站，四川、云南、广东、湖南所产烟土运到武汉集中，然后分运各省。外地烟土客商运至武汉的烟土，每次多则几百箱，少也有100余箱（每箱2000两），数量之大相当惊人。由于是军阀做的生意，烟土在运输途中，常有武装军队护送，到汉口后寄存“特业公栈”，再转售各土栈。烟土客商来汉，多住在“特业公栈”内，终日花天酒地，一掷千金。经营鸦片的坐商，俗称土栈，对外的招牌称为公司，而不注明业务性质，如“万镒公司”“国康公司”“信孚公司”等。日伪统治时期，在伪烟局登记领有执照的土膏店有32家，每月按规定配给进行烟土经销。售吸所有100多家，分甲乙丙丁四等，按不同等级配给烟土，所内设烟榻烟具，供顾客吸食鸦片。规模大者有烟枪100余枝，小的也有几十枝。瘾君子之所以喜欢到售吸所抽大烟，是因为那里有一般人家中所没有的“老枪”“热枪”。老枪是使用了多年的烟枪，热枪是别人刚刚用过的烟枪，瘾君子认为用其抽烟特别过瘾，有的人甚至守在售吸所门口等别人抽过的热枪。

赌博陋习由来已久，古代即有樗蒲、双陆、麻将等赌博形式，近代又增加了西式赌博方式。近代汉口比较普遍的是摇宝，此外是麻将和牌九，西式的则有轮盘赌、扑克打梭，影响广泛的是赌马。拿普通赌场来说，老板通常是黑社会人物，帮场的是一些没有正当职业的流氓、地痞、赌棍。赌场组织严密，分工细致。主持人称“郎家”，一至二人，负责场内外一切事务，包括结交警方，贿赂官员，应付其他黑社会分子等。摇宝的称为“皇帝”，一至二人，轮流掌盒子。还有看场的一至三人，负责巡视全场，招呼赌客，解决纠纷。照场的一人，清理赌注，负责吃钱赔钱。媒子数人，负责引诱赌客入局。引线数人，负责通风报信。交际数人，负责联络军警，招待外来赌棍。开赌场的目的当然是为了赚钱，其方法有“抽头”，即从一桌赌徒所下赌注中抽取一定份额的钱作为提供赌博场地的“回报”；有“吃钱”，即赌场作为参赌的一方，用各种作弊的方法赢赌客的钱。作弊方法多为做假骰子，如做单双点，即两颗骰子或者全是双点，或者全是单点，摇出来有双无单，或有单无双，总有一部分赌客押错输钱。还有给骰子灌铅，摇起来听声音的疲脆就可以知道是单是双。赌博利用人们希望侥幸发财的心理，设局骗人，又用赚来的钱贿赂政府官员，以及干更多的坏事。虽然历届政府都有禁赌的

挤油干

挤呀挤，挤呀挤，挤出儿来吃白米。卡呀卡，卡呀卡，卡出油来炕豆渣。

法律规定，但由于沾染了此项的人恶习难改，经营赌业的不法分子诡计多端，与官员勾结，使禁赌常常变成一纸空文。赌博致使“士失其行，农失其时，工商失其艺”，人们痛恨之极。

据史料记载，汉口在道光年间已有妓院数百家，多分布在汉正街附近大火路、青莲路一带。汉口开埠后，其分布范围扩大，发展至后城马路（今中山大道）、歆生路（今江汉路）、大智门火车站一带。当时妓院称为“乐户”，经政府登记，领有营业执照，公开从事卖淫勾当。乐户业主亦多与黑社会有联系，并与官场相勾结。他们从人贩子那里买来女孩子，用各种残忍的手段强迫她们卖淫，掏空嫖客口袋里的钱，其危害性不亚于鸦片烟和赌博。还有少数妇女迫于生活压力，偷偷出卖肉体以自活，对向政府缴税的“公娼”而言，她们属于“私娼”，一旦被警察发现，将会受到严厉的处罚。徐珂《清卑类钞·娼妓类》所抄录的一则史料记载：汉口妓院规模宏大，有苏帮、川帮、湖南帮、江西帮、本帮之别。以龟鸨、乌师（乐师）、侍役、轿夫合计之，多者至百数十人，向以川帮为巨擘。光绪宣统年间，妓院分四等，一等有苏帮、湖南帮、四川帮、本帮之别，居歆生路、三分里、四成里、长怡里、通济里；二等有扬帮、湖南帮、本帮之别，皆居南城公所；三等为本帮，居武圣宫、天字巷。四等有湖南帮、本帮之别，皆居沙家巷。

以往人们对“三鸟”之害的批判，往往着眼于道德评价的层面上，常常拿儒家的伦理观念、佛家的因果报应和医家的养身之道来指斥烟、赌、娼等社会陋习。在这种认识的影响下，人们把烟、赌、嫖看作是个人的事，于是言者谆谆，听者藐藐，嫖者自嫖，赌者自赌。其实，烟、赌、娼之类的危害不仅仅是道德问题或个人问题，它还是社会问题，对中国社会经济的发展有很大的负面影响。贫穷落后的中国社会亟须资金和劳力来发展生产，而拥有厚资者将钱财大量送到鸦片贩子、赌棍无赖和妓院龟鸨的钱袋里，一大批青壮年从事不正当职业，不但不能为社会生利，反而分利，奢侈性消费之巨大和游民阶层人数之众多，对中国近代社会生产力的发展十分不利。只有从比较高的层次来认识社会问题的严重危害性，才能提高治理社会问题的自觉性，坚决地取缔烟、赌、娼一类社会公害。

马兰花开

马兰花开二十一，二五六，二五七，二八二九三十一。

第九章 结 语

前面我们回顾武汉地区的风俗，不仅是为了发思古之幽情，通过怀旧来慰藉乡愁，更主要是为了通过武汉风俗的具体事象来探讨社会风俗传承与演变的规律和特点。多年前笔者已对此做过一些研究，现在就节录旧作《近代武汉社会风俗的嬗变》（原载《江汉论坛》1990年第5期）来作为本书的结语吧。

第一节 社会风俗嬗变之滥觞

清末五十年（1861—1911年），是中国社会急剧变革的时期，也是武汉社会风俗由传统向近代嬗变的滥觞时期。城市近代化的历程，通过以下三个方面使武汉社会风俗发生了演变。

一、近代物质文明的冲击

1861年，汉口被迫开埠通商，大一统的封建秩序遭到破坏，社会出现躁动与不安，传统风俗在西俗的冲击下开始发生嬗变。物质生活条件的变化，是风俗习惯变化的首要前提条

一只鹅

南边来了一只鹅，一飞飞到柳家河。柳家河姑娘多，会打哈哈会唱歌。大哈哈，一斗米；小哈哈，一包盐，还说我的哈哈不值钱。

件。舶来的洋货输入了西方工业文明，在武汉人的生活习俗领域里打开了缺口，刺激人们改变传统习惯，社会上开始出现了趋新趋洋的风尚。汉口租界的建立，带来了一些西方都市文明，武汉人通过这个窗口看到了西方习尚。在租界里，“亚欧杂处，外交繁重，尺地寸天，阛阓日密，中西肆厂，角胜争奇”。在此影响下，民众的消费习俗为之一变。据民国《湖北通志》记载：“汉镇自中外互市以来，习俗益靡。阛阓多仿西式，服饰宴会，务为豪侈。歌馆、舞台、茶寮、酒肆之间，冶游者车水马龙，昼夜无有止息。”

这种新的风气与其说是崇洋的表现，毋宁说是久处农业社会的人们在西洋“奇技淫巧”的诱惑下激活了追求新的生活方式的心理，表现出崇尚近代物质文明的意向。长期担任湖广总督的张之洞看到了这一点，并从积极方面利用了社会心理的这种变化，决定用替代进口的办法使流行的机器制品国产化，以便振兴湖北的经济。他指出：“华民所需外洋之物，必应悉行仿造，虽不尽断来源，亦可渐开风气。”以各种新式工业的兴起为标志的生产方式的变革，带动了武汉经济的近代化，为民众生活习尚的改革提供了较丰厚的物质基础。这是武汉社会风尚进一步移易的深刻内在原因。

二、近代文化教育事业的促进

武汉近代文化教育事业由外国传教士兴学校、办报刊开其先河。张之洞督鄂后，创设了不少新式学堂，并积极提倡出国留学，选派优秀青年分赴东西洋各国深造。这对武汉社会风俗的移易起了促进作用。近代教育事业造就出来的一大批具有近代知识结构、思想开化、素质较好的新式知识分子，比较了解世界各地的风土民情，对中国那些落后愚昧的风俗十分不满，大多树立了以改造天下、改良社会为己任的志向，他们是改革旧俗、提倡新风的促进派。武汉的近代文化事业，如创办报刊、编译西书、设立图书馆、改良戏剧等，在帮助民众益智愈愚、开通社会风气方面也产生了良好影响。

三、社会改革运动的推动

19世纪末20世纪初，社会改革运动的浪潮滚滚而来。戊戌维新运动时期，维新派关于

拍拍掌

一拍拍掌，二拍拍胸，三绞绞，四拉弓，五搓陀罗，六打恭，七狮子镗，八相公，九打鼓，十撞钟。

“开民智、新民德、鼓民力”的思想得以在汉传播，质学会和不缠足会等团体以劝学和劝不缠足来提倡树立新的社会风气。在晚清地方自治运动中，工商界人士成立各种自治团体，把移风易俗、改良社会风气作为地方自治的重要内容之一。在预备立宪活动中成立的咨议局，以普及教育作为文明开化的前提，希望通过教育，达到“泽以诗书之气而人尽善良，纳于轨物之中而俗无桀骜”的境界。该局还通过“禁种洋烟案”等议案，要求查禁恶风陋习。在辛亥革命准备时期，湖北革命党人在武汉做了大量革命宣传工作，其中也包括动员民众挣脱封建习俗的束缚，投身反清革命斗争的号召，一些革命党人本身就是移风易俗的带头人。晚清十年的这一系列社会改革运动和湖北当局开办的“新政”一道，促使武汉社会风尚出现了如下初步变化：

1.生活方式出现趋新、趋洋取向。生活习俗是社会风俗领域里处于表层、较易变化的部分，而对于异质文化的接纳也往往从生活文化层面开始。艳羡和使用机制消费品，艳羡和模仿西方生活方式，使原本奢靡的习俗有增无减。据统计，1895年，汉口进口外洋消费资料价值为16，735，618海关两，十年后猛增为27，503，972海关两。这枯燥的数字透露了武汉及其周围地区民众生活习俗发生了某种变化的信息。比方说，洋布倾销以来，不仅武汉市内商民多改穿洋布，连“四乡之妇女老幼，其耕作用衣裳，皆使用自制土布，然其他或祭祀，或应酬，或往稠人广众之中，皆穿洋布细密光泽者，以为外观美丽”。衣料的变化自然引起服装样式的改变，“起居服御，颇乃改易旧观，更从新制”。时任湖北巡抚的端方认为出现这种趋势的原因在于“一起于新奇之俗尚，二出于便利之人情”，不仅表示理解，而且还提出紧追潮流改订学堂冠服的建议。同样地，英美烟公司的烟纸、法商法华康成造酒公司用新机酿成的中西名酒，“华人极为欢迎，销路畅旺无与伦比”。汉口“向来奢靡之风盛于吴粤”，在近代物质文明的诱惑下，“土著而不以农桑工业为务，君国不能纳民于轨物”，许多人“耳目欲极声色之好，口舌欲穷刍豢之味”，奢靡之风更盛于从前。

2.阛阓多仿西式，各种公用事业的兴办和新式交通工具的使用，标志武汉开始向近代化都市文明过渡。武汉本来是五方杂寓，杂有吴越川广之风。在近代经济交流日渐频繁的情况下，人口成倍增加。这对房屋建筑和市政建设提出了新的要求。武汉过去屋高，楼房很少，十不得一。汉口开埠后，不仅正街上洋式或半洋式建筑逐渐增多，而且还出现了一种民居建设的新形式——里弄。许多里弄一色二层楼房，中间留出笔直宽敞的通道，其整齐划一的景观与旧式

骑竹马

骑竹马，走人家，走到半路接家家，家家家家屋里坐，我跟家家烜粑粑。

小巷形成鲜明对照。拓宽街道，修筑马路，安装路灯，使用自来水电，武汉开始旧貌变新颜。台湾学者苏云峰在谈到武汉当时的变化时指出："传统的水路交通与商业，促成传统都市之兴起；近代工商业与轮船火车，加速了都市化的步伐，而使之慢慢变形。"这里的"变形"，当是指武汉由封建性商业城市向近代都市的转变。在这种转变中，武汉的风土民情也就自然发生了变化。如修筑马路后，"乘汽车马车者，男女杂坐不以为嫌"，"男女授受不亲"的陈腐观念和"男女不杂坐"的古老风习面临着新风尚的挑战，武汉市民逐渐走出封建保守的氛围。

3.妇女开始走上社会，妇女问题初步受到重视。妇女是受传统习俗束缚和压迫最深重的人。武汉妇女虽然原本已比较开放，但多表现在游惰之风方面，"地方稍有盛举，逐队成群，出头露面，谈笑无忌，饮啖自如"。这不能算真正走上社会。所谓走上社会，是指妇女能够走出家门，与男子一样接受教育，自谋职业，参与政治和社会活动。清末，新设的各类女学，"报名者颇不乏人"。1909年，鄂督陈龙夔设女子师范一所，举行开学典礼时，"女生均具冠服，济济一堂，颇极一时之盛"。虽然张之洞反对工厂雇用女工，但各种近代工厂里女工人数实际在不断增加，连官办的缫丝局和制麻局也招募了不少女工。由于封建守旧势力的严密控制，武汉地区妇女团体比较少，少数投身革命运动的女性也是外地人，这说明武汉妇女仅仅迈出走向社会的第一步。开明官绅提倡女学，劝诫缠足，则是妇女问题受到一定程度重视的表现。

4.恶风陋习受到批判而开始移易。在近代文明的启发下，人们对恶风陋习的危害有了进一步的认识。以张之洞名义编写的《学堂歌》号召，"第一诫，抛烟枪"，"第二诫，缠足放"，"第三诫，风水妄"。1907年，鄂省官绅在武昌创设改良风俗会，也把戒缠足、戒鸦片、戒迷信邪神列为该会"五戒"宗旨的重要内容。鸦片、缠足、迷信是当时影响国计民生的主要陋习，所以受到较多人的关注和批判。在官府饬令的压力和社会舆论的引导下，放足的人一天天多起来，吸鸦片的人日渐减少，光绪宣统之交已初见成效。顽固的吸食者感到压力，以致官吏中的烟鬼每逢上院晋谒督抚，不得不"薄调脂水"，略为涂饰，或饮酒数杯，使面上稍有红光。科学知识的传播使迷信活动有所减少。剪辫这一被清廷视为叛逆的行为，不仅在报刊上展开讨论，而且到20世纪初年，学生和新军士兵中已有不少人实行。1911年初，军校学生的剪辫热受到社会广泛欢迎，使得当局不敢开除学生，只得薄惩了事。

三岁伢

三岁伢，穿红鞋，摇摇摆摆上学来。先生先生莫打我，回去吃口妈妈再来。

第二节　社会风俗的飙转豹变

1911年10月的武昌起义，使武汉历史揭开了新的一页。进入民国以后，武汉社会风俗发生了比清末要迅速得多、深刻得多的变化。社会风俗的这种飙转豹变的动因何在？

首先，这种变化是革命运动的必然结果。在1938年底武汉沦陷之前，曾经历过两次翻天覆地的大革命。一是1911年到1913年的辛亥革命，一是1926年到1927年的大革命。随着每一次社会制度的巨大历史变革，人们的观点和观念也会发生变革，风俗习惯当然也要发生变革。辛亥革命中成立的湖北军政府在戎马倥偬中仍不忘改革社会风俗的工作。这是因为许多旧风俗实际上起着维护封建君主专制制度和清王朝统治的作用，不清除这些旧风俗，就不能比较彻底地扫除封建王朝的遗毒，就会妨碍民主革命的深入和共和制度的巩固。同时，当时风俗习惯领域里的革新与守旧的较量，实际上是资产阶级与封建势力之间的一场阶级斗争，革命使这些斗争白热化，因此风俗习惯的移易就显得特别急剧。1926年到1927年的大革命，由于有广大工农群众参加，有无产阶级政党中国共产党的领导，有武汉国民政府的大力支持，封建习俗受到比较广泛深入、彻底的清算。在这两次革命运动的推动下，武汉的社会风俗发生了巨大的变化。

其次，新文化运动的推动。“五四”前后，新文化运动在武汉产生了比较大的反响。一批进步青年和知识分子开始为探索建立一种能够克服东西文明的弊端的新道德、新风尚而努力奋斗着。恽代英、林育南等组织“互助社”“改造同盟”“共存社”等新型进步团体，通过办刊物、书社和学校，开展读书和演讲活动以及身体力行地戒除恶习等方式，向民众宣传改造社会、建立新生活的道理。抗日战争初期，从沦陷区疏散来汉的文艺界、教育界人士与武汉文化人一道，掀起了声势浩大的抗战文化运动的高潮。这两次文化运动对武汉社会风尚的转移产生了深远的影响。

第三，这段时间里武汉经济有了进一步发展，也为社会风俗的演变提供了条件。辛亥革命扫荡了妨害武汉资本主义发展的许多障碍，民国初年出现了一股兴办实业的热潮。第一次

甩甩

甩、甩，跑上海；走、走，下汉口。

世界大战期间，在西方列强放松了对华经济侵略的缝隙中，武汉民族工商业得到较快发展。20世纪二三十年代，虽然由于外货倾销卷土重来、战乱频繁和特大水灾（1931年），民族工业进入萧条时期，但因为武汉所处的地理位置较好，转口贸易和水陆交通仍有一定程度的发展。在国内整个社会经济演化的过程中，武汉工商业在曲折中得到复苏和发展，都市化进程继续推进，这就使武汉社会风俗处于持续演变之中。

民国初年至武汉沦陷前这二十几年时间里，武汉社会风俗的演变主要表现在以下四个方面：

1.封建习俗因君权被打倒而衰微。男子脑后的发辫是清王朝统治人们的象征。武昌革命军兴，新政权下令厉行剪发，一段时间以后，不肯剪发的人已经很少了。辛亥革命在中国历史上第一次推翻了封建帝制，与此相应，它也第一次革掉跪拜礼仪和某些封建性称呼。《夏口县志》载称："民国易拜跪为鞠躬，小礼一鞠躬，大礼三鞠躬，诚为简便。"起义后，"人人都讲平等，所有起义的同志，都能够以身作则，不许喊老爷，不许喊大人，不许坐轿，尤其不准坐四人大轿"。一些为贵族官僚服务的行业因贵族旧吏被打倒而有所改变，有些行业因与旧俗或不良习俗相关而受到打击。如经营满式服饰的帽庄、靴店、衣庄，因剪辫易服而没有生意；适应奢靡浮华风气的酒楼，因官俸廉薄，社会穷困而少人光顾；土膏店被勒令禁止；出租嫁衣的绣货庄，由于违背礼制而歇业，店中所存蟒衣、凤冠、霞帔等几成废物。

2.带有科学、民主色彩的近代习尚渐渐深入人心。武汉原有的不民主、不科学、不卫生、不文明的一些传统习俗，在社会近代化进程中渐渐遭到摒弃，而代之以带有科学、民主色彩的新风尚。科学的传播使迷信渐杀，于是一些庙宇在战争中被毁后未再修复，一些淫祠改为学堂，还有的改为忠烈祠，纪念革命烈士。业巫者日渐减少，医之为道慢慢为市民所普遍讲求。民国年间，自由恋爱、文明结婚的新风尚逐渐通行，许多男女青年冲破守旧势力的阻碍而自由结合，新式婚礼代替拜天地和闹洞房，简单易行，得到一部分开明人家的青睐。丧礼也进行了某些改革，"无五服详制，丧期亦无定数"。许多人家不再遵循古制，仪节大致疏简，并渐渐出现了送花圈、佩黑纱、参加追悼会等新礼仪。

3.妇女地位的提高，表明束缚妇女的封建礼教被进一步冲破。武昌起义后，即有女青年参军，投入守城等战斗。稍后，部分女子提出参政要求，"风起潮涌，无论自由党、社会党，均有女子入会，诚为数千年未有之举"，省议会还设女子旁听席，有关心国事之女子前往听会。

剃头三巴掌

剃头三巴掌，不打不肯长；剃头三巴掌，越打越肯长；剃头打三光，不长癞痢不长疮。

女子教育事业得到进一步发展。1922年，武昌高师首次招收女生，实行混合编班，开全省男女学生同校之风。青少年女子在北伐时期终于扔掉了裹足布，缠足作为一种习俗走到了它的尽头。妇女走上社会，以工人、店员、教师为职业者越来越多。1912年，女子即间有剪发着洋装者，后形成风气。1927年初，不少女子剪“搭毛”，穿短装，有的富家小姐挣脱封建枷锁，脱下时装艳服，穿上灰布军装，走向艰苦火热的斗争生活，向旧制度及旧礼教宣战，真乃“千年古国开新局，短发戎装看女兵”。

4.上层社会生活形态进一步洋化。除了帝国主义侵略分子和官僚外，工商界上层人士是武汉日益都市化的主要受益者。虽然买办和近代企业家的生活在清末已首先出现洋化的趋势，但在封建统治之下，他们的转变是很缓慢的。进入民国后，工商界人士在武汉资本主义经济的发展中获得厚利，加快了生活方式洋化的步伐。到20世纪二三十年代，他们的衣食住行以及家庭生活、社交活动洋化的程度已经很高了，当然这并不排斥中国的传统习尚对他们的影响。有些上层人士除了西式的华衣美食和狂嫖滥赌外，还以信奉洋教和说外语为时髦和接近、结交洋人的手段，过圣诞节也成为他们的时尚。中青年资本家颇有“小开”作风，他们养马、骑马、赌马，骑自行车牵了猎犬兜风，到郊区打猎，上庐山、鸡公山避暑。上层社会生活形态的洋化，是武汉社会趋新趋洋现象的缩影，它对中下层民众也产生了影响，以致民间流行“玩在新市场，吃进升基巷”的俗语。

近代以来，武汉的社会风俗发生了相当程度的嬗变。这种嬗变既是社会近代化的产物，又对都市化的进程产生了一定的反作用。它突破了传统文化的藩篱，促进了武汉及其周围地区经济、政治、文化的发展，带来民众物质生活条件和心理素质的提高。它是武汉近代文明形成和由封建城市向近代城市转化的标志之一。因此，我们对武汉近代社会风俗嬗变的意义应有充分的认识。

参考文献

1.沈远义编著:《贱三爷——机智人物幽默故事》,湖北科学技术出版社,1993。

2.肖志华、严昌洪主编:《武汉掌故》,武汉出版社,1994。

3.徐明庭辑校:《武汉竹枝词》,湖北人民出版社,1999。

4.严昌洪编著:《老武汉风俗杂谈》,中国档案出版社,2003。

5.朱建颂、朱学勉编著:《武汉民间游戏》,中国档案出版社,2004。

6.何祚欢:《江城民谣》,武汉出版社,2006。

7.朱建颂:《武汉方言概要》,华中师范大学出版社,2009。

8.朱建颂辑注:《武汉民间歌谣》,华中师范大学出版社,2011。

9.徐明庭:《老武汉丛谈》,崇文书局,2013。

后 记 1

我在乡村长大，爱好绘画主要是受父亲和叔父的影响。我所在的乡挨着有“小汉口”之称的府场镇，镇上的建筑、市井完全保留着晚清民国时候的风格。石板铺就的街道上聚集了各类工匠、手艺人，形形色色的摊贩和林林总总的作坊、店铺，与旧时线装书里木刻版画描绘的差不多。在儿时的记忆里，堂哥用肩头驮我走亲戚，父亲牵着我在布景前照相，伯父带我泡茶馆听评书。街上一些房子的装饰非常精致，上面有一些水浒、三国人物故事的雕塑。后来上小学天天背着书包从石板街穿过，有时在街道上小人书摊前坐下来花几分钱看一本书。小镇上有一位会画画的彭老先生，跟我的父亲很要好，他在街上摆一个摊子，刻图章、印板，还绘画。我父亲做过小学校长，草、行书写得很好，喜欢诗词。父亲时有兴致画一点画，有时到老先生那借一些绘画资料、范画来学习。乡间风和日丽，这些读书人偶尔雅聚，煮茶谈诗，苦中作乐。

我们乡的老百姓，都会制作手工艺品，每家备有绣花针、各色花线、各种花样，妇女们农闲的时候就坐下来，纺纱、织布，做小孩身上穿的衣服、脚上穿的绣花鞋之类。我从小就对这些东西感兴趣。

我是“老三届”的，“文化大革命”时期辍学回到农村，一边做农活，一边读书、练习书法和绘画。后来到了县城，遇到了王受之、文祥这些读读画画的朋友，一有闲暇便混在一块，海阔天空地神侃，谈画家及其作品，谈一些书籍。当时书刊少，只要有能够找到的书，我就拿来读。喜欢看一些法国和苏联作家的小说中大师笔下对人物场景的描写，也喜欢看《高老头》《堂吉诃德》《战争与和平》里面的一些人物插图，觉得画得太棒了，偶尔用钢笔临摹。住所对面有一个铜匠铺，匠人们每天一大早就开始叮叮当当忙起来，泡上一杯茶，一忙就是一整天。我岳父一家就住在我住所的不远处，以竹器手艺谋生。我女儿结婚时，三位住洪湖的舅舅来武汉做客，到湖北省博物馆参观了竹制艺术品后，回到家饶有兴致地谈论自己熟悉这些工艺，回去就能做出来……

“文化大革命”的时候，社会上闹来闹去，本人一心求清净，却无法推辞而应命画一些宣传画、油画、水粉画。假日到工厂、码头画速写，晚上到茶馆去写生。那些工厂的老工人和码头的老头在那里喝茶，他们汗渍渍地劳动，休息时喝一杯茶在一起谈天就算是一种享受了。我清楚他们的甘苦。湖区里面的人用梭子织渔网，有位老人住在湖滨的村里，常能看到他边听书边手工制作梭子，年纪大了，靠这手艺挣点小钱，一个人在茶馆里坐下来喝一杯茶，然后回家去。我就画这些普通人，我画的都是我身边一些非常熟悉的人。写生的时候，每画一个人我会有不同的感受。我可信手画出乡村和街巷人物百态。白统绪、邵声朗、汤文选等一些画家下乡以后，我们几个绘画青年请他们授课，陪他们写生，一起喝酒猜拳。文祥的舅舅苏朗从兰州寄来当时最新出的画册以及写的点评，我们一起细细品读。白统绪先生年年来我乡采风，后来同住一城，交往几十年，亦师亦友，无话不谈。我这一辈的人，青少年时代物质匮乏，生活劳作在民间，尝尽甘苦，学的东西杂，爱好也杂，对于我后来专注于画民俗，却也自然形成五味杂陈的笔墨底色。

我在武汉生活近四十年，之前画了一二十年的插图、连环画、木版画，后来画漫画、水墨画。这些东西好像自然而然地成为我后来画这些民间题材的铺垫或准备。我制作版画的时候，版画家蓝玉田和水彩画家白统绪来家做客，蓝先生翻看我的作品集后说了一句话：“你这些作品都很好，有生活气息，但是我们不能总是搞‘瓜菜代’。”他是借用我们那个困难年代“口粮不够瓜菜代”的说法，委婉地指出我的这些所作只不过是些辅食，不知什么时候能吃上主食，表达出老艺术家对我们年轻人的一种期待和鼓励。

后来这句话总是在我耳边回响，让我不断思考我到底能倾注一定的精力画点什么呢？

20世纪70年代初，省里举办粮食科技展，我被抽调到汉口参与筹备，写写画画。我在“老汉口窝子”花楼街旁边住了一年，每天早晨被江汉关的钟声唤醒，在小巷子小吃摊过早，走小巷到展览馆上班；晚上躺在旅店，静得能听见江边码头的叫卖声、吆喝声；周末逛纵横如网的街巷，有时被文祥拉去他在铭新里的家中，喝他大伯煨的汤。盛夏傍晚，在江汉路副食店花两毛钱喝一杯散装行吟阁啤酒，到码头吹会儿江风，步行到解放公园看露天电影《瓦尔特保卫萨拉热窝》，沿途居民露宿街头的竹床阵蜿蜒十多里，蔚为奇观。在旅店工作的富态祝姐（那时流行称祝师傅）总是笑呵呵的，一天她告诉我说：“我们家那位也是画画的，经常来写生。”后常见她丈夫程生达先生来探班、写生，还邀我到他六渡桥的小木楼看画，予我学习教益良多。

再后来我定居武汉，濒临东湖，南望洪山，东倚珞珈山。阳春时节，带女儿到八铺街舅妈家菜地挖地米菜包春卷，或骑自行车越过阡陌到大东门闲逛；腊月步行至姚家岭池塘采摘野梅花；重阳时，与世清老弟相邀到何祚欢先生那儿蹭酒喝，听他侃老武汉故事；春节时，中央美术学院姚治华先生回乡，常为我“把脉”鼓劲。

时光流逝，蓦然回首，沧桑巨变，尤其近十年，城市化、工业化速度加快，整个社会好像驶入了快车道，人心难免浮躁，眨眼工夫斗转星移、面目全非，让人怅然若失！岳父家临近码头石板街的砖木老房子被拆了，建了广场，我妻常一梦醒来说找不到家。乡愁悠悠，乡愁何寄？

我们祖辈过着农耕时代田园式的生活，简朴而散淡，世代因袭的民俗文化融入血脉，成为精神家园的一部分。因此，无论世事变化，总能保持几分坚守、几份闲适、几分淡定。时下步入城市化信息时代，往昔的民俗文化所存无几。我秃笔在手，愿意在回忆中思考，在思考中展卷，勾勒出令我难以忘怀的那些熟悉的面孔，那石板铺设的街道，那赚点儿小钱却神情专注的工匠……

于是十几年青灯躬耕，画武汉民俗画，画老字号、老民俗、老行当、老小吃、老游戏……创作过程是一个梳理、追忆、查找、走访、整理、思考、学习的过程。拾掇这些早已丢失的砖块与石子，搭建成一个为匆匆路人遮风避雨的茅草棚，寻找那些被人们遗忘已久、蒙满尘垢、散落各处的璞玉、珍珠，串起串儿挂在那儿，以期勾起对过往的丝丝回忆。

我的作品初稿出来后，首先给老武汉人看，还给武汉的历史、民俗专家、画界朋友看，许多作品数易其稿。白维纯、邹敬泉、王安平等诸兄漫友均是“老武汉”，他们常热心地出主意，提供素材。新作登场后，漫友们视如珍宝。走访一些“老武汉”，他们普遍都有很浓的怀旧情绪，对往日的东西如数家珍。这些往日的生活场景和物件牵动着他们的情思，连着他们的血脉。翻阅了成担的资料，拂去历史的尘埃，仿佛聆听到远去的脚步声，你会发现那些人、那些事，就像编织历史的经纬线，许多通连着这座城市的现在，许多已被割断。比如那些几百年的老宅，每座宅子就是一个故事。一些老字号及汉汾、汉绣、汉锣、汉裱，名扬四海，让“老武汉”引以为自豪，说起来一大串。这些就像这座城市的文化根系，有的虽然已经断了，但我们至少可以告诉后人，那些根，曾滋养着这座城市，构成这座城市性格的一部分。

老字号：几代人编织的商业梦想故事

武汉人耳熟能详的老字号，每个行业都有优秀的代表：匹头店谦祥益、药店叶开泰、副食店汪玉霞、钟表店亨达利、杂货店曹祥泰、饮食店老通城、蔡林记、老谦记、大有兴槽坊、高宏泰、四季美。老字号都走过艰辛的创业阶段，他们有着对商业理念和价值的坚守，也都善于把握各自领域的机遇，使自己在市场中占据一席之地。知名的曹祥泰靠卖蚕豆起家，蔡林记让热干面成为武汉味道，老通城夫唱妇随的发家传奇……老字号的兴衰成为时代的背影。

老小吃：武汉不变的“食”尚

要问最具武汉特色的小吃，大家会不约而同地点出来：热干面、面窝、豆皮……日常吃的多的还有豆腐脑、发糕、汤圆、藕元、汤包、豆浆等。这些是生活的一部分，不可或缺，并不留意，却最能勾起温暖的回忆。

老游戏：老一代童年的记忆

斗蛐蛐、打陀螺、滚铁环、跳绳、踢毽子、打弹珠、翻花、跳皮筋，这些老游戏伴随老一代人的成长，唾手可得，容易上手、环保，且能亲近自然，因细节不同，时代感不同，有不一样的记忆。

老风俗：传统规矩与习俗

旧时，时令节日、婚丧嫁娶各地有不同的习俗，随着时代的变迁而变化。过年、元宵节、清明、端午、中元节等，这里面的礼节、祭祀、庆典活动反映出尊老爱幼、孝敬长辈、敬畏自然、热爱生活等传统价值观。

有些习俗，如开脸，相当于女孩儿成人礼。

年俗，家庭社会的嘉年华，家人团聚，休养生息，回望往昔，迎接新年。

老行当、老手艺：来自江湖百业的非物质文化遗产

到新疆喀什去旅游，最具特色的是手工坊一条街。我的记忆中，各地20世纪五六十年代的市井，都有这样的手工业作坊，从武汉老地名一看便知，如“打铜巷”“筷子巷”“绣花街”。由于工业化的大生产取代了大部分手工业，一些有民族特色的手工业、手工艺走向没

落，甚至消失。这几年，一些人蓦然间发现，一些手工制作的东西不仅有使用价值，还有艺术观赏性。

我相继创作了《汉绣》《捏面人》《买蛔蛔》《篾匠》《薄铁铺》《染坊》《生漆店》《铜匠》《箍匠》《修伞》等武汉民俗画。通过这些创作，在绘画表现形式上收获颇多。对于创作风格与笔墨，见仁见智，但我力求民俗画的笔墨从属于民俗主题，表现朴实的民风，使人物与画面的时代感相符，不能像演员穿的是旧的衣服样式，眉眼间、举手投足却是今天的时尚与气质，我力图让画中人物骨子里透出那个时代的气息。

《武汉晚报》副刊主编马里波、袁毅开专栏连载了我的这些民俗画，《湖北日报》对我的创作成果进行了追踪介绍。2008年，受文祥与市博物馆馆长刘清平邀请，在市博物馆举办了《萧继石老武汉风情画展》，展出画作110幅。新华社《每日电讯》发表了记者方政军采写的通讯《110幅画，唤醒一座城市的记忆》。此后我又专心创作老武汉童谣画，一晃又是几年光景。受江汉关博物馆朱莉、赵大明两位馆长力邀并由他们策划举办了《萧继石老武汉童谣画展》，长江日报传媒当晚以《童谣入画 温暖三镇》为题进行了报道。知名出版人张福臣兄策划，崇文书局出版了我的绘本《武汉老童谣》，媒体、民间好评纷至沓来，暖我心田。我由壮年笔耕到两鬓斑白，淡泊中，生活平添了些亮色与体悟。

有天我接到一个陌生电话，交谈后才知是泰山出版社李北山总编谈约稿，希望将作品纳入本卷。又过了几年，泰山出版社相邀各地作者于北京香山研讨，我与北山先生相谈甚欢，许多想法不谋而合。这次我有幸与武汉民俗史学家严昌洪先生合作此卷，亦十分欣喜。其实，我创作之初，严先生的著作《武汉掌故》已在武汉洛阳纸贵，此次能共为本埠民间百姓生活立传尽绵薄之力，不胜荣光，我珍惜这个缘分。

对于本人绘画的部分评论存录节选如下：

萧继石先生来北京时，我看到他画的一套有关武汉市民往日生活的画卷。看了使我感到惊奇和钦佩。这是一部十分难得、令人欣赏、具有文化内涵的艺术品。画家经过长期的苦心操劳，才获得如此丰腴的成果。

——方成（漫画家）

萧先生是一位非常接地气的艺术家，《老武汉》这部书我读过，他的一些作品非常震撼！湖北人感到很亲切，那种对生活的感悟，对历史的把握，对民俗风情的那样一种再现和艺术表现能力，确实是我们很多所谓身价不菲的画家所画不出来的。萧先生在这方面做得非常突出。

——夏朝（中国文联副主席）

非常可贵的城市记忆。

童谣入画，用心良苦，功莫大焉。

——何祚欢（作家、评书表演艺术家）

武汉九省通衢，两江交汇，是拥有悠久灿烂历史文化的华中重镇，涵养了丰富的民俗民情和传统的城市文化，武汉的商业文化、码头文化、市民文化很具特色，萧继石先生用他睿智的心灵和非常具有感染力的笔调再现了这些历史民俗，留下了城市的宝贵记忆，使我们重拾这些失落的印象。

据我所知，萧继石先生是第一个以漫画的形式来展示老武汉民俗风情的画家。在现存的历史文献资料中，找不到一套这样的系列。上海有画家以零星的画作在报纸上展示这些东西，萧继石画系列的，可以说是第一个。萧继石先生把绘画视野瞄准市井普通百姓，表达了一个画家的人文观察与情怀，这是非常可贵的。

——涂文学（学者）

萧继石的画继承了清代以来的传统人物画的特点。我本身研究历史，认为这一点非常不易。他不经意之间把中国传统，把歌谣融入了他的绘画。

——陈锋（学者）

继石是我的老朋友老画友，他的画有学究气，值得研究。

——钟孺乾（画家）

继石的风俗画，以线描立骨，加敷彩渲染，诸多人物，有幽默趣味，但无变形与夸张，骨子里透出的，仍然是中国人物画的水墨神韵，古朴而雅致。反复品赏，真的好生喜欢。

——董宏猷（作家）

萧继石的《老武汉风俗画》，是近几年打捞“记忆”的一种，各地都有画家在为社会历史形态留此存照，如北京的马海方、上海的贺友直都是其中的著名者。

这类民俗画，上乘之作应有“旧味”，也就是过去时代的味道能从画上扑面而来。萧继石的《老武汉风俗画》即属这类。

民俗画要有民间的品格，记录民间生活形态，萧继石的《老武汉风俗画展》在武汉博物馆展，普通百姓也蜂拥而至，其画具有直达草根阶层的力量。

——文祥（学者）

萧继石先生画《老武汉风情》，与《汉口竹枝词》和《点石斋画报》一脉相承，同时又有所超越和突破，是一种更为自觉的，属于现代人的梦寻与追怀。我们从中感受到的是一种温润的、温暖的、温情的美。不仅给我们带来心旌摇荡的怀旧之情，同时也促使我们关注这座古老的城市的文明的延续性，对它的许多“非物质文明”的被忽略、被遗忘，甚至被毁弃，而有所反思，有所检讨。

——徐鲁（作家）

我看了继石画的老武汉风情童谣画，他与丰子恺的想法是一样的：淡淡地、朴实地抓起了生活。让我感受到了生命和生活中很可爱的美好东西。

——刘柏荣（画家）

他的画里面既有中国的漫画形式，又应用了中国绘画的一种线形，去表现这种民俗的东西。他在艺术上表现的是一种很有意味的形式，这个方面应该是一个创举。

——魏金修（画家）

他用的绘画语言是非常质朴的，绘画达到最高境界就是用最质朴的语言表现最真挚的情感，他的这组画就有这个特点。他的画你初看的时候会觉好像表现很平常，你仔细琢磨，他那些画里面，有很深厚的文化含义。

——孙恩道（画家）

谨以此作献给亲爱的家人与朋友，感谢你们的支持与帮助！

萧继石

己亥岁腊月于武昌湖滨朴树书屋

后 记 2

从1982年开始，我就关注武汉、湖北乃至全国的社会风俗，并进行了一定的研究，出版过《西俗东渐记——中国近代社会风俗的演变》（湖南出版社，1991年）、《中国近代社会风俗史》（浙江人民出版社，1992年；台北南天书局，1998年）、《在商业革命的大潮中——中国近代商事习惯的变迁》（华中理工大学出版社，1997年）、《中国鼓文化研究》（合著，广西教育出版社，1997年）、《老武汉风俗杂谈》（中国档案出版社，2003年）、《20世纪中国社会生活变迁史》（人民出版社，2007年）、《世纪映像——衣食住行百年图史》（武汉出版社，2009年）等著作，发表了《关于社会风俗史的研究》《中国风俗与传统文化——风俗与儒、释、道的关系》《差异、冲突、融合——中西风俗在近代中国的遭遇》《辛亥革命与移风易俗》《维新运动与移风易俗》《义和团运动与民间风俗》《五四运动与社会风俗变迁》《20世纪30年代国民政府风俗调查与改良活动述论》《社会转型与风尚演变——民国社会风俗变革的若干特点》《民国时期丧葬礼俗的改革与演变》《传统祭礼及其在20世纪的革废》《旧式婚礼所折射的妇女地位问题》《中国近代社会转型与商事习惯变迁》《近代东南社会“贱民”群体的复权意识与复权斗争》《谈谈近代的“三鸟”之害》《清末民初湖北社会风俗的演变》《近代武汉社会风俗的嬗变》等论文。

然而，出于众所周知的原因，这些学术论著受众甚少，除了对个人晋升职称有些作用外，在社会上很少有人阅读，加上印数又少，就是圈子内的朋友们也不见得都看见了。我试图通过自己的学术研究参与社会上的移风易俗，促进社会主义精神文明建设的初衷并未实现，不能不说是莫大的遗憾。

现在乘泰山出版社编辑出版《中国风俗图志》之机，与以画老武汉民俗著名的绘画大家萧继石先生合作，将本人以前发表的关于老武汉风俗的著作经过整理、修改、补充，通过文字+风俗画的形式再次向社会推介，我想，其影响力将会扩大，精美的画作定会增加对读者的吸引力。这样，就能让更多的人通过风土民情进一步了解武汉的历史文化，参与武汉的社会主义物质文明与精神文明建设，我也就能在把武汉打造成一座伟大的“历史之城”“当代之城”“未来之城”方面尽一分绵薄之力。这是要感谢泰山出版社及李北山先生，感谢画家萧继石先生的。

书中错漏之处定有不少，敬希读者批评指正。

严昌洪
2018年12月于武昌桂子山忍斋

作者简介

萧继石，画家，中国美术家协会会员，曾用名肖继石、肖继时，1952年生于湖北洪湖。1986年毕业于华中科技大学，1997年获华中师范大学硕士学位。1980年开始绘画创作。作品多次在国内外展览获奖，近20年来，主要致力于本地民俗画创作，为第一位系统画老武汉民俗风情画的人，再现了旧时老武汉的老字号、老小吃、老民俗、老游戏、老童谣等，出版有《老武汉风情》等多部著作，受聘于湖北书画研究院、子恺画院，是中南财经政法大学客座教授。

严昌洪，华中师范大学教授，博士生导师，享受国务院政府特殊津贴专家。1965年大学毕业，1981年研究生毕业，师从著名历史学家章开沅先生。曾任华中师范大学历史研究所所长，兼任辛亥革命史研究会副理事长兼秘书长、中国社会史学会理事、武汉市文史研究馆馆员等职。以辛亥革命研究及中国社会风俗史研究为主要研究领域，并热心于湖北、武汉地方史研究。出版有《西俗东渐记——中国近代社会风俗的演变》《中国近代社会风俗史》《在商业革命的大潮中——中国近代商事习惯的变迁》《20世纪中国社会生活变迁史》《中国鼓文化研究》（合著）、《癸卯年万岁——1903年的革命思潮与革命运动》（合著）等，主编有《东方商旅丛书》《武汉掌故》等著作，参编有《中国历史大辞典·清史（下）》（编委）、《辛亥革命辞典》（常务编委）、《中华文化辞典》（副主编）等；发表学术论文近百篇。

图书在版编目（CIP）数据

中国风俗图志. 武汉卷 / 刘晓峰，李北山总主编；萧继石绘；严昌洪著. —济南：泰山出版社，2020. 8

ISBN 978-7-5519-0595-4

Ⅰ. ①中… Ⅱ. ①刘… ②李… ③萧… ④严… Ⅲ. ①风俗习惯—武汉—图集 Ⅳ. ①K892-64

中国版本图书馆CIP数据核字（2020）第022857号

ZHONGGUO FENGSU TUZHI · WUHAN JUAN

中国风俗图志 · 武汉卷

策　　划　胡　威
绘　　者　萧继石
著　　者　严昌洪
责任编辑　王艳艳
装帧设计　路渊源

出版发行　泰山出版社
社　　址　济南市泺源大街2号　邮编　250014
电　　话　综 合 部（0531）82023579　82022566
　　　　　市场营销部（0531）82025510　82020455
网　　址　www.tscbs.com
电子信箱　tscbs@sohu.com
印　　刷　东港股份有限公司
开　　本　890毫米×1240毫米　16开
印　　张　16.5
字　　数　290千字
图　　片　119幅
版　　次　2020年8月第1版
印　　次　2020年8月第1次印刷
标准书号　ISBN 978-7-5519-0595-4
定　　价　106.00元